SOZIALDEMOKRATIE
UND
AGRARPOLITIK

VON DEN ANFÄNGEN BIS 1918

Johann MAYR

SOZIALDEMOKRATIE
UND
AGRARPOLITIK

Eigenverlag
Linz 1987

Gesellschafts- und sozialpolitische Texte, Band 5
Herausgegeben von Univ.-Prof. Dr. Josef Weidenholzer
Forschungsinstitut für Sozialplanung
Johannes-Kepler-Universität Linz
in Zusammenarbeit mit der Sozialwissenschaftlichen
Vereinigung

Gefördert durch das Bundesministerium
für Wissenschaft und Forschung, Wien

Gefördert durch die OÖ. Landesregierung
Kulturabteilung, Linz

Medieninhaber: Sozialwissenschaftliche Vereinigung
Copyright 1987 by Johann Mayr
Satz: E. Heuschober   Umschlag: H. & W. Winkler

Druck: Denkmayr, Katsdorf

ISBN 3-900581-06-1
Printed in Austria

INHALTSVERZEICHNIS

Geleitwort

Vorwort

Einleitung

1.	Historischer Überblick	1
1.1.	Die Entwicklung der Leibeigenschaft	2
1.1.2.	Die Entwicklung im heutigen Österreich	4
1.1.2.1.	Soziale Unterschiede innerhalb der Bauernschaft	6
1.1.2.2.	Der Waldraub der Fürsten	8
1.1.2.3.	Erneute Ausdehnung der Gutswirtschaften	9
1.1.2.4.	Die landwirtschaftliche Produktionstechnik	13
1.2.	Vom Absolutismus zum Kapitalismus	14
1.2.1.	Der Absolutismus	14
1.2.1.1.	Die ökonomischen Veränderungen während des Absolutismus	17
1.2.1.2.	Die Zeit der Reaktion	19
1.2.2.	Der Übergang zum Kapitalismus	20
1.2.2.1.	Die Revolution 1848 und ihre Folgen	20
1.2.2.1.1.	Die Aufhebung der Untertänigkeit, die Grundentlastung und die Abwendung der Bauern von der Revolution	21
1.2.2.2.	Die Konterrevolution	23

1.2.2.3.	Der Liberalismus	26
1.2.3.	Die Landarbeiter	27

2. Sozialistische Theorien   31

2.1.	Marx und Engels und die Landwirtschaft	31
2.1.1.	Die marxsche Ökonomie	32
2.1.1.1.	Der Besitz von Grund und Boden	35
2.1.1.2.	Die Rententheorie	37
2.1.1.2.1.	Die Differentialrente I	38
2.1.1.2.2.	Die Differentialrente II	39
2.1.1.2.3.	Die absolute Grundrente	40
2.1.2.	Das politische Programm für die Landwirtschaft	43
2.2.	Die Agrarfrage in der Deutschen Sozialdemokratie (Kautsky im Streit mit Vollmar und Genossen)	44
2.2.1.	Die Agrardebatten	47
2.2.2.	Kautskys Analysen	52
2.2.2.1.	Großbetrieb und Kleinbetrieb	52
2.2.2.2.	Die Kleinbauern und das Proletariat	59

3. Die Agrarfrage und die Sozialdemokratie in Altösterreich   63

3.1.	Die Situation der österreichischen Landwirtschaft von der Grundentlastung bis zum Ende der Monarchie	71
3.1.1.	Die Landarbeiter und Dienstboten	75
3.1.1.1.	Die Ursprünge der Gewerkschaft der Land- und Forstarbeiter	77

3.2.	Die Agrarpolitik der Sozialisten in Deutschösterreich	81
3.2.1.	Die Sozialdemokratie zum objektiven Klasseninteresse der Kleinbauern	88
3.2.1.1.	Exkurs: Konsumgenossenschaften und Produktivassoziationen	99
3.2.2.	Friedrich Otto Hertz - Ein erster theoretischer Versuch	102
3.2.2.1.	Die theoretischen Aussagen von Friedrich Otto Hertz	111
3.2.2.2.	Entwicklungstendenzen und sozialdemokratische Agrarpolitik im Kapitalismus	112
3.2.2.3.	Die Landwirtschaft und der Sozialismus	125
3.2.2.4.	Kapitalistisches und sozialistisches Eigentum	127
3.2.2.5.	Die landwirtschaftliche Betriebsorganisation im Sozialismus	134
3.2.3.	Die große Agrardiskussion am Grazer Parteitag 1900	137
3.2.3.1.	Ziele der Agrarpolitik	144
3.2.3.2.	Wer soll angesprochen werden?	146
3.2.3.3.	Wie erkläre ich unsere Ziele?	148
3.2.3.4.	Wodurch unterscheidet sich die Sozialdemokratie in der Agrarpolitik von anderen Gruppierungen?	150
3.2.3.5.	Soll ein sozialdemokratisches Agrarprogramm aufgestellt werden?	151
3.2.3.6.	Das Verhalten zur Religion bei der Landagitation	153
3.2.3.7.	Die Bedeutung des Grazer Parteitages für die Agrarfrage	156

3.2.4.	Nach Graz bis zum Ende der Monarchie	157
3.2.4.1.1.	Exkurs: Die Teuerungs- und Schutzzollproblematik	164
3.2.4.1.2.	Exkurs: Antisozialistische Hetze am Beispiel der Bauernzeitung	170
3.2.4.2.	Weitere Parteitagsdiskussionen der Agrarproblematik und der Lebensmittelteuerung	172
3.2.4.3.	Wiederbelebung der Landagitation	178
3.2.4.4.	Innsbruck 1911	181
3.2.4.5.	Sträflinge als Lohndrücker	184
3.2.4.6.	Der Kriegsparteitag 1917	185
3.3.	Zwei sozialdemokratische Dringlichkeitsanträge im Reichsrat im Jahre 1907	191
3.3.1.	Der Dringlichkeitsantrag Schrammel und Genossen	193
3.3.2.	Der Dringlichkeitsantrag - das Agrarprogramm - von Renner und Genossen	197
3.4.	Zusammenfassung	205
4.	Zum Vergleich: Grundzüge sozialdemokratischer Agrarpolitik nach dem Ersten Weltkrieg	209
4.1.	Sozialdemokratische Aktivitäten in der Agrarpolitik	210
4.2.	Exkurs: Der Kampf und Wald und Weide	216
4.2.1.	Die Forstwirtschaft	217
4.2.2.	Die bäuerliche Landwirtschaft	219
4.2.2.1.	Die Grundrente in der bäuerlichen Landwirtschaft	219

	4.2.3.	Die politische Position der Sozialdemokraten	222
5.	Schlußwort		227
6.	Anhang		233
	6.1.	Das parlamentarische Agrarprogramm von 1907	233
7.	Fußnoten		239
	7.1.	Kapitel 1	239
	7.2.	Kapitel 2	242
	7.3.	Kapitel 3	245
	7.4.	Kapitel 4	266
	7.5.	Kapitel 5	269
8.	Literaturverzeichnis		271
	8.1.	Zeitungen, Zeitschriften, Statistiken und Protokolle	271
	8.2.	Literatur	273

Zum Geleit

Schon länger als die Industrie leidet die Landwirtschaft in der westlichen Welt unter einer tiefgreifenden Krise. Es mangelt nicht an Bucherscheinungen, die sich damit beschäftigen. Kaum ein neues Werk aber nimmt sich der Geschichte des Agrarsektors in einer Weise an, daß diese Geschichte in ihren Auswirkungen auf die Gegenwart untersucht wird. Auch sozialdemokratische Autoren machen dabei keine Ausnahme; die letzten bemerkenswerten Aussagen und Analysen in diesem Sinne stammen von Ernst Winkler.
Mit diesem Buch liegt nun eine Studie vor, die sich mit dem relativ unerforschten Gebiet der Agrarpolitik der österreichischen Sozialdemokratie bis 1918 befaßt. Meines Wissens gibt es darüber außer der Diplomarbeit von Marianne Elisabeth Kager überhaupt keine zeitgeschichtliche Untersuchung. Die vorliegende Arbeit räumt mit dem oft wiederholten Vorurteil auf, die Sozialisten hätten sich lange nicht um die Bauern gekümmert, es dürfe sie daher nicht wundern, daß diese fast geschlossen hinter deren politischen Gegnern stünden. Diese Arbeit zeigt vielmehr durch ständige Verweise auf die Vergangenheit und durch Vergleiche mit der Gegenwart eine durchgehende Linie im Ringen der Sozialisten um eine solide Bauernpolitik auf. Wären unsere Forderungen nicht so oft auf taube Ohren gestoßen, wäre manch schmerzliche Situation ausgeblieben.

Drittens ist es dem Autor, der mütterlicherseits aus einer Bauernfamilie, väterlicherseits aus einer Arbeiterfamilie stammt, sichtlich darum zu tun, Mißverständnisse zwischen diesen beiden Berufsständen aufzudecken und Verständnis für beide zu vermitteln. Schließlich gewinnt dieses Buch noch zusätzlich durch die verständliche Sprache, in der es geschrieben ist.

Karl Grünner

Vorwort

Es mag verwundern, in den gesellschafts- und sozialpolitischen Texten einen Titel zu finden, der sich mit agrarpolitischen Fragen, noch dazu in historischen Perspektiven, auseinandersetzt.

Es gibt gute Gründe. Der gegenwärtige Wohlfahrtsstaat befindet sich in einer schwerwiegenden Krise und mit ihm jene politische Kraft, die Sozialdemokratie, die als sein Schöpfer und Garant angesehen werden kann.

Der Wohlfahrtsstaat basiert auf dem Prinzip der Absicherung der Risken, welche sich aus dem Lohnarbeitsverhältnis als gesellschaftlicher Zentralinstanz ergeben. Mit der Krise der Lohnarbeit gerät er genauso ins Wanken wie die politische Bewegung, die sich Arbeiterbewegung nennt.

Die vorliegende Arbeit beschäftigt sich mit einem Zeitraum, wo sich die Arbeiterbewegung soeben zu formieren begann. Sie zeigt entgegen langläufiger Meinung der Experten eindrucksvoll auf, wie sehr sich die Sozialdemokratie im status nascendi auch um die Agrarpolitik bemühte. Dies bedeutet nichts weniger als, daß sie sich keineswegs auf eine Agentur der Vertretung von Lohnarbeiterinteressen reduziert wissen wollte.

Gerade in einer Gegenwart, wo Sonderprobleme und Sonderinteressen das Allgemeine überdecken, ist es nicht uninteressant, wie die frühe Sozialdemokratie mit partikulären Problemstellungen umzugehen gepflogen hat.

Nicht von diesem allgemeinen Gesichtspunkt ist die Publikation der Arbeit begründbar. Der Autor zeigt, wie sehr es den frühen Sozialdemokraten zumindest in der Gedankenführung gelungen ist, die sozialen Momente herauszuarbeiten und den gesamtgesellschaftlichen Widerspruch von Kapital und Arbeit auf die Agrarverhältnisse analytisch zur Anwendung bringen.

Dabei wird bereits eine Form der Arbeit anerkannt, die in der Terminologie des gegenwärtigen Diskurses über die Arbeitsgesellschaft Eigenarbeit heißt. Schon dadurch wird eine wünschenswerte Organisationsform ins Auge gefaßt, welche sich sowohl von privatkapitalistischer Selbst- und Fremdausbeutung als auch von der Ineffizienz des entprivatisierten Großbetriebes abheben soll: die Genossenschaft.

Die Arbeit zeigt freilich auch die Wurzeln jenes Mißverständnisses auf, das Sozialisten gemeinhin dem Agrarsektor entgegengebracht haben, nämlich in der Industrialisierung des Agrarsektors das Allheilmittel zur Lösung der Ernährungsprobleme zu sehen.
Gerade die epochalen Probleme der Sicherung ökologischen Gleichgewichts hängen wesentlich mit der Anwendung dieses Prinzips auf die Landwirtschaft zusammen. Schon längst ist diese Frage keine rein agrarpolitische mehr, sondern hängt zutiefst mit dem Bestand der Gesellschaft zusammen.
Die Sozialisten haben zwar nicht die Industrialisierung der Landwirtschaft vollbracht, sie haben sich aber auch nicht dagegen gestellt.

Josef Weidenholzer

Es ist rein historisch bemerkenswert, daß sowohl bei dieser ersten, ernsthaften Auseinandersetzung, die die marxistische Lehre erlebte (Kongreß der Sozialistischen Internationale 1867 in Lausanne), als auch später in den Anfängen des Revionismus die Agrarfrage den Ausgangspunkt für die Entwicklung der Gegensätze bildet.

MAX KEMPER 1929

EINLEITUNG

Viele bedeutende Frauen und Männer haben immer wieder Versuche unternommen, die bestehenden sozioökonomischen Verhältnisse zu analysieren, nach deren geschichtlicher Entwicklung zu forschen, um so Gesetzmäßigkeiten ableiten, Aussagen für die Zukunft treffen und Präventivmaßnahmen gegen gefährliche Entwicklungen anbieten zu können. Wir kennen deshalb auch eine reiche Zahl an Geld-, Handels-, Wirtschafts- und Gesellschaftstheorien, allein der Sektor "Landwirtschaft" scheint allen diesen Theoretikern, zumindest seit der einsetzenden Mechanisierung und Industrialisierung (von den Physiokraten wollen wir hier absehen), erhebliche Schwierigkeiten zu bereiten; so auch den Liberalen und den Sozialisten.

Ging der wissenschaftliche Sozialismus in Anerkennung und Erweiterung vieler liberaler Theorien von der immer rascher fortschreitenden Konzentrierung des Kapitals bis hin zur Monopolisierung und von der dadurch bedingten Möglichkeit der aus dem Konkurrenzkampf siegreich hervorgehenden Monopol- und Kartellkapitalisten aus, die Besitzer der Arbeitskraft immer mehr ausbeuten, aber auch den Endbereich der Produktion, den Markt, beherrschen zu können, wogegen zur Befreiung der so unterdrückten Massen nur die Revolutionierung der auf Privateigentum an den Produktionsmitteln beruhenden Gesellschaftsform in eine auf Gemeineigentum beruhende möglich ist, so entzog sich der Bereich der Landwirtschaft auf wesentlichen Gebieten dieser aus der industriellen Entwicklung deduzierten Gesetzmäßigkeit:

1. Die Konzentration tritt nicht in dem von der Industrie bekannten Ausmaß ein,

2. der Großbetrieb produziert nicht in jedem Fall produktiver

als der Kleinbetrieb,

3. zur Konzentration ist zuerst, nicht nachher durch die übermächtige Konkurrenz, das Abwirtschaften der Kleinbesitzer erforderlich, da Grund und Boden nicht beliebig vermehrbar ist,

4. der Großbetrieb benötigt die im Gegensatz zu freien Lohnarbeitern nicht so flexiblen Kleinbesitzer als billige Arbeitskräfte,

5. der Kleinbetrieb kann auch dann noch bestehen, wenn er nur dem Besitzer die Reproduktion seiner Arbeitskraft ermöglicht; der Zwang zur Kapitalakkumulation trifft die Landwirtschft nur abgeschwächt,

6. die meisten Kleinlandwirte sind Selbstarbeiter und nicht Ausbeuter fremder Arbeitskraft, außerdem Polypolisten und

7. die landwirtschaftliche Produktion muß schon im Kapitalismus von den Sozialisten unterstützt werden, weil
   a) dieser Bereich die lebensnotwendigsten Güter produziert, ohne welche auch die Beschäftigten der anderen Sparten nicht leben können,

   b) ein Produktionsabfall in diesem Sektor größte Auslandsabhängigkeit nach sich ziehen müßte,

   c) die Mehrzahl der Bauern - die Kleinbauern - eine auf Grund ihrer Lebensumstände durch Sozialisten unterstützungswürdige Gruppe sind und

   d) die Erringung und Behaltung der Staatsmacht vermittels demokratischer Wahlen gegen diese Gruppe ausgeschlossen ist.

Karl Marx, der die Verhältnisse der englischen Großpachtwirtschaft studiert hatte, zu der vergleichenden Analyse der russischen Agrarverhältnisse, die er vorhatte, nicht mehr kam (Friedrich Engels), stellte, durch obgenannte Untersuchung bestimmt, auch für die Landwirtschaft die Entwicklung zum Großbetrieb fest. Es zeigte sich aber bald, daß dieser Entwicklung, wie oben angedeutet, in der Landwirtschaft natürliche und ökonomische Grenzen gesetzt sind: z.B. die Unvermehrbarkeit von Grund und Boden oder der im Großbetrieb auftretende Zwang zur Extensivwirtschaft.

Bald wurde dieser Widerspruch zwischen Theorie und Praxis offenbar, doch viele Sozialisten vertraten weiterhin dogmatisch auch für die Landwirtschaft die Konzentrationstheorie, bestärkt durch den Glauben, daß das Sich-Halten-Können des Kleinbetriebes nur eine Zeiterscheinung sei. Andere hingegen sprachen sich sehr bald für eine Revision der marxschen These hinsichtlich der Landwirtschaft aus.
Dieses Problem beschäftigte auch sehr bald die österreichische Sozialdemokratie, wie außerdem die Feststellung, daß es neben der proletarischen Lebenshaltung auch viele andere Berührungspunkte bezüglich der Klassenlage von Arbeitern und Kleinbauern gibt; alles Gründe für eine sozialistische Partei, neben der notwendigen Wahlwerbung sich für die Arbeitsbauern einzusetzen.

Auch kann es nicht Ziel der Sozialisten sein, die mit ihren Produktionsmitteln Selbst-Arbeitenden von diesen zu trennen, sondern die von den Produktionsmitteln getrennten Arbeiter wieder in den Besitz derselben zu bringen, allerdings in der höheren Form des Gemeinbesitzes. Dafür bot sich für den Bereich der Landwirtschaft die eben aufkommende Genossenschaftsbewegung geradezu an, welche nach anfänglichen Widerständen auch von den meisten Sozialdemokraten als dem Sozialismus nicht widersprechend - besonders in Verbindung von ländlichen Produktivgenossenschaften mit städtischen Verbrauchergenossenschaften - akzeptiert wurden.

Es ist hinreichend bekannt, daß heutzutage die Sozialistische Partei Österreichs diese besonderen Entwicklungsgesetze in der Landwirtschaft anerkennt und diesen Rechnung trägt, unrichtig ist aber die verbreitete Auffassung, daß die österreichischen Sozialisten erst nach dem Ersten Weltkrieg diese Besonderheiten erkannt hätten.
Es ist durchaus richtig, daß diese Tatsachen erst in den zwanziger Jahren dieses Jahrhunderts von der österreichischen Partei programmatisch akzeptiert wurden, unrichtig ist aber die ständig wiederkehrende Behauptung, daß sich die Sozialdemokraten während der Monarchie nicht um diese Dinge gekümmert und sich nur dogmatisch dazu geäußert hätten.

Ganz im Gegenteil dazu sind die Wurzeln der heute allgemeinen Haltung der österreichischen Sozialisten zu den Bauern in der Zeit der Monarchie zu finden.
Dies zu beweisen und einen geschichtlichen Überblick über die Agrarpolitik der österreichischen Sozialdemokraten im Kaisertum Österreich zu geben, ist das Ziel dieser Arbeit. Demgemäß ist auch der Aufbau:
Der Kern unserer Darstellung und Beweisführung ist das dritte Kapitel: "Die Agrarfrage und die Sozialdemokratie in Altösterreich."
Um Vergleichsmöglichkeiten mit den agrarpolitischen Aussagen der sozialistischen Klassiker und jenen der österreichischen Sozialdemokraten der Ersten Republik zu bieten, wurde das Thema mit dem Kapitel (2.): "Die sozialistischen Theorien" eingeleitet und dem Kapitel (4.): "Zum Vergleich" abgerundet.

Da die sozialistischen Theoretiker die wirtschaftliche Entwicklung als historische, aber doch beeinflußbare Notwendigkeit ansehen sowie zum besseren Verständnis der Problematik an sich, wurde eine kurze Geschichte der Entwicklung des Bauerntums der Arbeit vorangestellt.

Weiters waren wir bemüht, bei der Betrachtung der historischen und ökonomischen Probleme, wenn möglich, einen Bezug zur Gegenwart herzustellen.

Abschließend möchte ich mich bei allen bedanken, die mir bei der Bearbeitung dieses Themas behilflich waren und die Arbeit gefördert haben.

1. HISTORISCHER ÜBERBLICK

Hier wird ein kurzer Abriß der historischen Entwicklung der Landwirtschaft aus sozialistischer Sicht in unserem Raum gegeben, aber auch die nichtsozialistische Forschung berücksichtigt.

Dies ist deshalb wichtig, weil sozialistische Denker überzeugt sind, die Erklärung der zu bearbeitenden Zeit nicht allein in der jeweiligen Gegenwart, sondern genauso in der Geschichte zu finden.

Für die Behandlung der Bauernfrage erscheint uns dies nicht zuletzt deshalb wesentlich, als Karl Marx selbst in der frühneuzeitlichen Enteignung der Bauern die Basis für die kapitalistische Entwicklung sieht: "Historisch epochemachend in der Geschichte der ursprünglichen Akkumulation sind alle Umwälzungen, die der sich bildenden Kapitalistenklasse als Hebel zu dienen: vor allem aber die Momente, worin große Menschenmassen plötzlich und gewaltsam von ihren Subsistenzmitteln losgerissen und als vogelfreie Proletarier auf den Arbeitsmarkt geschleudert werden. <u>Die Expropriation des ländlichen Produzenten, des Bauern, bildet die Grundlage des ganzen Prozesses.</u> Ihre Geschichte nimmt in verschiedenen Ländern verschiedene Färbung an und durchläuft die verschiedenen Phasen in verschiedener Reihenfolge und in verschiedenen Geschichtsepochen." (1)

Unser historischer Bogen beginnt mit der bekannten Besiedlung unseres Lebensraumes und reicht in die zweite Hälfte des 19. Jahrhunderts; bis in jene Zeit, in der unsere Forschung beginnt.

1.1. DIE ENTWICKLUNG DER LEIBEIGENSCHAFT

Die germanischen Stämme, die vor ungefähr zweitausend Jahren Mittel- und Nordeuropa dünn besiedelten (solange sind sie in der Literatur durch den Einfall der Kimbern und Teutonen ins Imperium Romanum gesichert (2)), kannten noch kein Privateigentum an den Arbeitsmitteln. Die Markgenossenschaften, zu denen man sich zusammengeschlossen hatte, waren die Eigentümerinnen von Grund und Boden. In den "Kommissionen" jener Zeit, den "Things", trat man zusammen und teilte den einzelnen Genossen ein Stück Land für eine gewisse Zeit zur Bearbeitung zu, und zwar möglichst äquivalenter Größe und Qualität; sogenannte "Gewannen". Eine Art Planwirtschaft sorgte dafür, daß der Anbau einheitlich geregelt vor sich ging; dies ist umso verständlicher, wenn man bedenkt, daß die Verteilung der Anbauflächen in zeitlichen Abständen neu erfolgte, und wohl niemand auf schlecht bewirtschaftete Böden Wert legte. Der größere Teil des Bodens wurde jedoch nicht verteilt, sondern blieb der gemeinsamen Nutzung vorbehalten: die Weide, die Flüsse und der Wald.
Die Nachkommen der Markgenossenschaften haben ihr Gemeineigentum lange und zäh verteidigt, und Reste davon sind uns heute noch als Gemeindealmen und Gemeindewälder bekannt.(3)

Im Zuge der Völkerwanderung des 4. bis 6. Jahrhunderts und des Bekanntwerdens mit fremden Sitten und Gesetzen, besonders römischen, entwickelte sich eine Wirtschaftsform, die wir als Feudalismus bezeichnen.

Diese Wanderbewegungen der germanischen Stämme waren naturgemäß mit vielen, man kann sagen fast ständigen Kämpfen verbunden, die einer Anzahl von geübten Kriegern bedurften. In früheren Zeiten sammelte man sich bei gelegentlichen Kriegshandlungen an einem hierfür bestimmten Platz, und war der Feldzug zu Ende, an dem alle Wehrfähigen teilgenommen hatten, kehrte man wieder heim und bestellte seine Äcker; bei den fortwährenden Unruhen war diese Praxis aber nicht mehr beizubehalten. Es bildete sich eine Schicht von ständig Waffentragenden, die auch die Kriegshandlungen durchführte, und eine Schicht von ständig für den Lebensunterhalt Schaffenden.

Nachdem sich aber die Völker nach der großen Wanderung konsolidiert hatten, die militärischen Bedürfnisse besonders nach ständig einsatzbereiten Kriegern zurückgingen und daher die vorher durchaus berechtigte Arbeitsteilung, daß jene zum Erhalt des Gebietes, die anderen zum Erhalt der Menschen produzierten, ihre Berechtigung verlor, verlangten die nicht zum Erhalt der Menschen Produzierenden weiter ihre Rechte auf Unterhalt und wußten dies auch durchzusetzen, weil sie im Besitz der kriegerischen Machtmittel und im Kampfausbildungsvorteil waren. Weil ohne Waffen und Ausbildung, mußten die Bauern nicht nur für die nunmehrigen Schmarotzer produzieren, sondern, im Falle einer kriegerischen Auseinandersetzung, bei diesen um Hilfe flehen und verloren so immer mehr von ihrer ursprünglichen Freiheit. Anton Mell sagt über die rechtliche Umwandlung der ländlichen Bevölkerung während der Magyarenkriege folgendes: "Während der Zeit der Magyarenkämpfe war den herrschenden Verhältnissen der freie Kleinbauernstand fast völlig zum Opfer gefallen; der freie Landarbeiter suchte den Schutz der Mächtigeren und fand denselben auf dem Wege der Commendation - aber stets auf Kosten seiner persönlichen und wirtschaftlichen Freiheit."(4)

Weiters fanden die sich auf dem Boden des alten römischen Reichs sich gründenden germanischen Staaten die von den vormaligen Besitzern praktizierte Wirtschaftsform vor.

Auch die Römer waren bereits von der Sklaverei abgegangen, weil in der Spätantike diese Wirtschaftsform aufgrund der hohen "Angangsinvestitionskosten" zum Luxus wurde, den sich die Oberschicht kaum mehr, geschweige denn die Mehrheit der Grundbesitzer leisten konnte. Außerdem wußte man über die Rentabilität der "Investition Sklave" nicht im voraus

Bescheid. Der Staat der Spätantike hingegen brauchte zur lückenlosen Versorgung mit lebensnotwendigen Gütern den vollen Einsatz aller in der Landwirtschaft Tätigen. Daher begann die römische Militärdiktatur die Bindung der freien Colonen an ihren Landbesitz einzuführen, die nahezu unauflöslich war.(5) Diese unauflösliche Bindung des unfreien Bauern an sein Gut war ein hervorragendes Merkmal der germanischen Leibeigenschaft.

Drittens soll auch die Rolle der römisch-katholischen Religion nicht übersehen werden, die zwar gegen die inhumane Sklaverei auftrat, aber durch ihre Zwei-Staaten-Theorie, die für Himmel und Erde ein streng hierarchisches Prinzip fordert, die herrschaftliche Stellung der Bevorrechteten untermauerte. Ein Beweis dafür scheint uns die große Anzahl der Konversionen der Mächtigen zu dieser Religion am Beginn des Mittelalters.

1.1.2.   DIE ENTWICKLUNG IM HEUTIGEN ÖSTERREICH

In jener wechselvollen Zeit (6.Jhdt.) besetzten die Bayern das Land zwischen Lech und Enns und breiteten sich über Tirol, Salzburg und Oberösterreich aus. Im 8. Jahrhundert drangen die Deutschen in die slawischen Gebiete vor, woraus unsere heutigen Bundesländer Kärnten, Steiermark und Osttirol hervorgingen. Erst im 1o. Jhdt. begann sich unser jetziges Bundesgebiet - nach Siegen über die Awaren (9. Jhdt.) und die Magyaren (1o. Jhdt.) - abzuzeichnen.

Im Laufe dieses Kolonisationsprozesses wurde das bayrische Element in unserem Raume - bis auf die südlichen Bundesländer, wo weiterhin das slawische Volkstum vorherrschte - das dominierende. Auf jeden Fall übernahm man in unserem Land von den Eindringlingen vom Norden und Westen Recht und Sitte, weshalb die Geschichte dieses Kolonisationsprozesses die Entwicklung der Eigentumsverhältnisse darstellt.

Die Grundherrschaft als Institution fanden die Bayern in weiten Teilen unseres Landes als Hinterlassenschaft der Römer bereits vor. "Die Alemannen und Baiern vertrieben zwar die römischen Grundherren, setzten sich aber an ihre Stelle. Das eroberte Gebiet wurde von bairischen Herzögen an ihr kriegerisches Gefolge, an ihren Amtsadel und an Kirchen (Klöster) vergeben."(6)
Zuerst wurde das noch nicht in individuelle oder gemeinschaftliche Nutzung übergegangene Land ausgegeben; also das noch unbesiedelte Land. Doch bald stellte sich heraus, daß vielfach inmitten von weitem unbeanspruchten Land, das der Landesfürst verschenkt hatte, einzelne Ansiedler schon gerodet hatten. Diese stellte man nun vor die Wahl, entweder fronpflichtig zu werden oder das Gebiet als Freie zu verlassen.(7)
Für die bäuerlichen An- und Besiedler entwickelte sich daraus der Kampf um Grund und Boden: Da es nach dem alten germanischen Recht den Begriff des Privateigentums nicht gab, und der Besitz des Bodens aus seiner Nutzung bestand (es gibt im heutigen österreichischen Recht noch immer eine strenge Unterscheidung zwischen Besitz und Eigentum, was auf diese Entwicklung zum Privateigentum schließen läßt), das nunmehr geltende Königsrecht aber den Privateigentumsbegriff aus dem römischen Recht übernommen hatte, gab es einen ständigen Kampf der Untertanen um ihr Gewohnheitsrecht. Der Wald war jetzt Volksbesitz und Königsbesitz (zur hohen Jagd) zugleich. "Aus diesem Gegensatz zwischen dem Volksrecht und dem Königsrecht hat sich der tausendjährige Kampf um Wald und Weide entwickelt." Wo aber die Könige während der Besiedlung Wildland an Bischöfe und Klöster verschenkten oder an weltliche Große verliehen, "dort trat an Stelle des Königs der Grundherr, und der Kampf um Wald und Weide ward zum Kampf zwischen Grundherr und Bauern."(8)

Die ersten Bauerngesetzgebungen waren auch nicht zum Schutz der Bauern gemacht, wie vordergründig behauptet wurde, sondern sie sanktionierten meist jene Zustände im nachhinein, gegen die sich die Unterdrückten auflehnten.(9)

1.1.2.1. SOZIALE UNTERSCHIEDE INNERHALB DER BAUERNSCHAFT

Wie bereits erwähnt, drückte man die ehemals freien Bauern in ihrer sozialen Stellung soweit herab, daß sie nur mehr als dem Grund und Boden zugehörig aufgefaßt wurden und mit diesem behalten oder veräußert werden konnten.
Dennoch stand sich lange Zeit noch eine freie und unfreie Klasse gegenüber. Der Grundherr unterschied nämlich zwischen "liberi ac servi", bezeichnete aber beide als "homines suos"; als seine eigenen Leute. Beide Klassen konnten, wenn sie Zeitpächter waren, ohne Unterschied jederzeit abgestiftet werden.(1o) Des öftern tauchte für die unfreien Bauern das Wort "manicipia" auf, das durch sein sächliches Geschlecht offenbar der Geringschätzung der Bauern Ausdruck verleihen sollte.
Eine bestimmte Sonderstellung hatten die "Barschalken" und "Walachen", eine vorgermanische Bevölkerung, die beim Eindringen der Bayern ebenfalls einer Grundherrschaft unterworfen wurden, aber besser gestellt waren als unfreie Bauern. Am schlechtesten standen sozial und rechtlich die unbehausten Leute; das Gesinde.(11)
Die persönliche und rechtliche Stellung des einzelnen war also eng verknüpft mit seiner materiellen Situation. Es gab das sogenannte "Freistift", auf welchem der Gutsherr den Bauern jederzeit abstiften konnte. Besser gestellt war der Besitzer eines "Leibgedingegutes"; er war rechtlich zu Lebzeiten nicht abstiftbar. Am gesichertsten war der Bauer auf einem zu Erbrecht verliehenen Gut. Dieser konnte aufgrund des Erbrechts auch für seine Nachkommen sorgen.

Wegen der Verschiedenheit der sozialen Stellung der einzelnen Bauern fehlte die einheitliche Basis zur Herausbildung eines

Klassenbewußtseins. Zu verschieden waren ihre Verpflichtungen zu Naturalabgaben und Fronarbeit.

Auch später, als die persönliche Rechtsstellung der Bauern wegen des aufkommenden Geldhandelns und der dadurch bedingten Abkehr von der Fron sowie der Zunahme von Geldabgaben ausgeglichener wurde, blieben die Unterschiede des Besitzrechts an Grund und Boden bestehen, was sich erneut auswirkte, als der Drang der Gutsherrn zur Eigenwirtschaft wieder zunahm. Vorerst machte sich aber der gegenseitige Trend bemerkbar. "Mit dem Fortschreiten der Kolonisation wuchs die Zahl der Ansiedler, wuchs das Einkommen des Grundherrn aus den Abgaben der Bauern. Bald erschien es den Grundherrn vorteilhaft, die Äcker, die sie ursprünglich vom Herrenhof selbst aus durch ihre Hausklaven bewirtschaften hatten lassen, gleichfalls an Ansiedler zu vergeben, um ihr Einkommen aus den Abgaben der Untertanen zu mehren. Die Eigenwirtschaft der Grundherren schrumpfte zusammen. Damit wurden auch die Frondienste der Bauern immer mehr entbehrlich. Sie wurden durch Abgaben abgelöst."(12) Dadurch hielt bei uns eine Art Zinsgütersystem Einzug, das vorderhand die Rechtsunterschiede unter den Bauern de facto ausglich: Jeder zahlte nun mehr Zins. Dieser Prozeß war im 13. und 14. Jahrhundert bei uns abgeschlossen. Der weiterhin bestehende Unterschied de jure kam zu tragen, als es für die Grundherrschaften wieder günstiger wurde, die Landwirtschaft vom Gutshof aus zu betreiben.

Interessante Ansätze eines sich ausbildenden Frühkapitalismus scheint Ernst Bruckmüller festzustellen, wenn er sagt: "Getrennt vom Grundherrn war oft der Zehentherr. Der Zehent, der zehnte Teil der Ernte, war ursprünglich eine rein kirchliche Abgabe zur Bewältigung der kirchlichen Aufgaben, Versorgung des niederen und höheren Klerus. Mit zunehmender Ausstattung der Klöster und Bischofskirchen im Hochmittelalter wurde der Zehent immer weniger wichtig. Er gestaltete sich langsam zu einem Rentenbezug um. Das Recht auf den Bezug dieser Rente konnte nun frei verpachtet und verkauft

werden, zuletzt sogar an Bürger und Bauern."(13)
Es zeigten sich im Mittelalter schon Erscheinungen, die Karl Marx als die kapitalistische Ausdrucksweise in der Landwirtschaft ansah.

1.1.2.2.   DER WALDRAUB DER FÜRSTEN

Besonders nachteilig wirkte sich während der Zeit der Kolonisation aus, daß die einstmals gemeinsamen Wälder, worin die Bauern ihr Vieh weiden ließen und woraus sie ihren Streubedarf deckten, wo sie mitunter rodeten, um neues Ackerland zu bekommen, von den Fürsten beansprucht wurden. Und zwar deswegen, weil das vorher in Hülle und Fülle vorhandene Holz für die Landesherrn plötzlich als Geldquelle interessant wurde: sie konnten z.B. ihre Söldnerheere so bezahlen (durch die Söldnerheere war der Landesfürst von sein Vasallen unabhängiger geworden und hatte nun die Macht, die bestehende Rechtsordnung zu seinen Gunsten umzugestalten).
Aber warum wurde Holz plötzlich zu einer so guten Geldquelle? Durch den Aufschwung im Erzbergbau und die Übernahme der größeren Betriebe des Berg- und Siedewesens in die landesfürstlichen Kammern im 15. Jahrhundert (1449 nahm Friedrich der Dritte die Hallämter in Aussee, 1530 der Fürst-Erzbischof von Salzburg die Saline in Hallein, in die selbe Zeit fällt die Aufschließung des Bergbaues in Schwaz).(14)
Nun brauchte man gewaltige Mengen von Holz (Brennholz, Holz für Soleleitungen, für Zimmerungen und besonders für Holzkohle), und das Geschäft damit machte der Stärkere. Der Landesfürst erklärte zuerst die noch freien Hoch- und Schwarzwälder, woraus ehedem jeder umliegend Wirtschaftender nehmen konnte, was er brauchte, für sein Eigentum und erklärte die Nutzungsrechte daran, jene, die er nicht gänzlich aufheben konnte, weil sonst die wirtschaftliche Existenz der Berechtigten gefährdet gewesen wäre, als landesfürstliche Servituten (dies sollte sich besonders nachteilig bei der

Grundstücksablösung 1848 für die Bauern auswirken, weil sie kein Eigentumsrecht an den Nutzungsflächen hatten). Auch bemächtigten sich die Landesherrn der "Gemein". Den einzigen gemeinwirtschaftlichen Vorteil, den dieser gewaltsame Eingriff in das Gemeindeeigentum mit sich brachte, war eine bessere Kontrollierbarkeit der Schlägerung der Wälder. Kontrollierbarkeit heißt aber noch lange nicht, daß eine vernünftige Holzfällerei auch betrieben wurde, wenn Profitinteressen dagegen sprachen.

Da die Fürsten die Wälder an den für sie günstigen Stellen einzogen, wurden den Untertanen die Servitutswälder "sogenannte Gelacke" zur individuellen oder gemeinsamen Nutzung anderorts zugewiesen. So sind neue Allmendwälder entstanden.

Die soziale Wirkung dieser Massenenteignung ist eine nicht zu übersehende: Es wurde ein Proletariat geschaffen! Solange nämlich die Rodung frei war, konnten die Bauernsöhne, die nicht das väterliche Gut übernahmen, neue Bauernstellen durch Roden gründen. Jetzt jedoch mußten sie ihre Arbeitskraft als unselbständige Bergknappen an die Bergwerke verkaufen.(15) Von daher ist ebenfalls die Solidarität der Knappen mit den Bauern während der Bauernkriege zu sehen und zu verstehen.

1.1.2.3.   ERNEUTE AUSDEHNUNG DER GUTSWIRTSCHAFTEN

Wie erwähnt, gelang den Bauern der unterschiedlichsten sozialen Schichten eine de facto Angleichung ihrer Rechtsstellung während der Kolonisation des 12. und 13. Jahrhunderts. Die Gutsherrn gingen von der Fronhofverfassung ab und zum Zinssystem über. Die Bauern gelangten dadurch zu einem relativen Wohlstand - der Zins war stabil - und zu einer beschränkten Unabhängigkeit. Auch die Kreuzzugsbewegung von damals hatte ihre Vorteile für die Ernährungsproduzenten: der Papst schenkte ihnen seinen besonderen Schutz, viele Ritter waren im heiligen Land gebunden und fielen für die Ausbeutung ihrer Untergebenen zeitweise aus; viele unbekannte Artikel kamen ins Land, die auf den Märkten in den nun aufstrebenden Städten gehandelt wurden und zu denen sich die Bauern auch Zutritt verschafft hatten. Alle diese Faktoren förderten den Geldadel, somit den sich bildenden Warenmarkt, was sich bald zum Nachteil für die Bauern entwickeln sollte.

Die Kreuzzugsbewegung und die innere Kolonisation erloschen und auch das zentrale Kaisertum staufischer Prägung. Hingegen das Wesen der Söldnerheere blühte auf. Mit dem Übergang vom Vasallen- zum Söldnerheer hörten die Kriegsleistungen der Herren und Ritter auf und wurden abgelöst durch Geldsteuern an den Lehensherrn. Die Grundherrn, die in der aufkeimenden Warentauschgesellschaft mit den Zinseinnahmen ohnehin schon Schwierigkeiten hatten, ihre Wünsche am Markt befriedigen zu können, sollten jetzt noch Geldabgaben entrichten. Sie dehnten nun auf Kosten der rechtlich (!) schlecht gestellten Bauern und der "Gemein" ihre Eigenwirtschaft aus, damit diese nicht nur den Eigenbedarf der Herrschaft decke, sondern noch verkäufliche Überschüsse hervorbringe; jetzt wollte selbstredend der Grundherr den kaufkräftigen Markt, der durch das Wachstum des Bergbaues und der Städte geschaffen wurde, selbst ausnützen.
"Hatte die alte große Grundherrschaft in den Jahrhunderten der Besiedlung ihre Eigenwirtschaft immer mehr eingeschränkt, so haben die jüngeren kleineren Grundherrschaften seit dem 15. Jahrhundert die Eigenwirtschaft nun wieder ständig erweitert. Aber die Eigenwirtschaft, die sie nun ausbauten, war nicht mehr die alte Eigenwirtschaft für den Haushaltsbedarf, sondern schon Warenproduktion für den Markt."(16) Hand in Hand mit dieser Entwicklung ging der Bedarf an Arbeitskräften für die Eigenwirtschaft, und man dehnte daher die Fronpflicht wieder aus, wie man die Bauernkinder zum Gesindedienst einzog.
Wie schon die Fürsten bei der Inbesitznahme des Waldes ließen

auch die Grundherrn die Zeche der gesellschaftspolitischen Änderungen den Bauern bezahlen. Für die Untertanen wurden die Lasten so schwer, daß sie erstmals einheitlich darangingen, ihre ehemaligen Rechte zu fordern, was die Herrschaften meist mit neuen Unterdrückungen beantworteten.
Die Gutsherrn gingen jetzt dazu über, die einträgliche Marktbelieferung zu monopolisieren, indem sie den "Anfail- und Abnahmezwang" einführten; das heißt, der Bauer mußte seine zu vermarktenden Produkte zuerst seinem Herrn anbieten und wurde gezwungen, wenn er selbst etwas brauchte, um dieses Produkt erst bei seiner Obrigkeit nachzufragen und gegebenenfalls einen überhöhten Preis zu bezahlen: Nun konnte der Grundherr den Preis diktieren und den Mehrwert der bäuerlichen Arbeit sowie die Grundrente abschöpfen.
Der Entzug fast jeglicher Rechte, die Wegnahme der besten Wald- und Weideflächen, die Wiedereinführung der Fron, die Enteignung des Ackergrundes, der Diebstahl der "Gemein", der "Anfail- und Abnahmezwang", die Überwälzung sämtlicher Lasten (Steuern) auf die Untertanen verschlechterten die Lage der Bauern so sehr, daß diese sich erhoben. Vielfach geschah dies nur gruppenweise, aber im großen deutschen Bauernkrieg 1525 oder im oberösterreichischen Bauernkrieg 1626 stand eine ganze kämpferische Gemeinschaft von Unterdrückten auf. Krammer sagt, daß es wichtig ist, bei den Bauernaufständen zwei Richtungen zu unterscheiden:
- "Die eine Richtung ist an der Wiederherstellung der alten Zustände interessiert und kann daher als vergangenheitsorientiert bezeichnet werden. Diese Richtung ist die Stoßrichtung der nichtprotestantischen Bauern.

- Die andere Richtung stellt das bestehende kirchlich-feudale Herrschaftssystem grundsätzlich in Frage. Vorstellungen von einem demokratischen, sozialistischen Bauernstaat sind die Inhalte, für die gekämpft wird. Die Forderungen dieser Richtung gehen daher weit über die unmittelbaren Forderungen der ersten Richtung hinaus und können als "revolutionär" bezeichnet werden. Vertreter dieser Richttung sind in der Regel protestantische Bauern."(17)

Bauernführer wie Thomas Müntzer oder Michel Gaismair stellten in der Tat Forderungen, die man als kommunistisch bezeichnen kann. Als Beispiel sei hier der Artikel 5 von Gaismairs Tiroler Landesordnung 1526 zitiert:
"Zum funften sollen alle Ringmauren an den Stedten, dergleichen alle Geschlösser und Befestigungen im Land niederbrochen werden und hinfur nimmer Stedt, sondern Dorfer sein, damit (kein) Unterscheid der Menschen, also daß einer höher oder besser weder der ander sein wölle, werde, daraus dann im ganzen Land Zerruttlichkeit, auch Hoffart und Aufruhr entstehen mag, sonder ein ganze Gleichheit im Lande sei."(18)

Alle diese Erhebungen der Bauern, so auch der große deutsche Bauernkrieg, endeten mit Niederlagen und darauffolgend der völligen Unterdrückung der Bauern. Nun traten in der Habsburgermonarchie Zustände ein, die man als "Zweite Leibeigenschaft" bezeichnet.(19)
Hier soll eine kleine Übersicht zeigen, zu welchen Leistungen die Untertanen bis zu den Robotbestimmungen Maria Theresias gesetzlich herangezogen werden konnten; daß diese von den Gutsherrn ebenfalls gesetzmäßig überzogen wurden, sei ebenfalls noch erwähnt:

1. Hand-(Fuß-)Robot:
    Acker- und Felddienste
    Weingartenarbeit
    Waldrobot
    Baufrone (Herstellung von Gebäuden, Zäunen...)
    Herstellung der herrschaftlichen Wege
    Hausfrone (Arbeiten im Werkhause):
        Küchendienste
    Waschen und Schur der Schafe
    Fütterung und Aufziehung der Hofhunde

>   Spinnrobot
>   Jagd- und Fischereifrone
>   Schiffsdienste
>   Gerichts- und Botenfrone
> 2. Fuhr-(Zug-)Robot:
>   Acker- und Felddienste
>   Getreide- und Heufuhren
>   Zehentfuhren
>   Salzfuhren
>   Wein- und Holzfahrten."(20)

1.1.2.4. DIE LANDWIRTSCHAFTLICHE PRODUKTIONSTECHNIK

Als unser Land von den Bayern und Alemannen besiedelt wurde, betrieben diese den Ackerbau noch in der Form der Feld-Graswirtschaft: Man bebaute den Boden solange, bis der Ertrag nachließ und legte ihn dann brach. Hatte er sich wieder erholt, bebaute man ihn abermals. In den Wäldern gewann man neuen Boden durch Roden und Brennen; letztere Technik hat besonders bei den Slawen vorgeherrscht.

Im Zuge der Kolonisation kam es im größten Teil Österreichs zur Einführung einer neuen Produktionstechnik: der Dreifelderwirtschaft.

Die Dreifelderwirtschaft wurde nach einem strengen dreijährigen Zyklus betrieben: Im ersten Jahr wurde Wintergetreide, im zweiten Sommergetreide gebaut, und im dritten Jahr folgte die Brache. In den Gemeindewirtschaften wurde diese Form unter strengem Flurzwang betrieben: Jeder Bauer bekam je nach Größe ein oder mehrere Lose von jeder der drei Feldgattungen zugeteilt.(21)

Diese Produktionsweise war einer Gemeinschaft von Gleichen, die für den Selbstgebrauch produzierten, adäquat. Der Kapitalismus aber mit seinen liberalen Gesetzen sprengte diese Wirtschaftsform. Daß es in vielen Gebieten trotzdem bis in die Mitte des 19. Jahrhunderts dauerte, bis die neue

Produktionstechnik - die Fruchtwechselwirtschaft - siegte, lag an der Not der Bauern (Umstellungskosten) und an der Uneinsichtigkeit der großen Grundbesitzer.(22)

1.2. VOM ABSOLUTISMUS ZUM KAPITALISMUS

1.2.1. DER ABSOLUTISMUS

In der Zeit zwischen dem 16. und 19. Jahrhundert faßten neue Produktionsformen Fuß:
Verlagssystem und Manufakturen überboten produktionstechnisch das hergebrachte Zunftsystem. Besonders die Manufakturen wurden durch die absolutistischen Herrscher unterstützt, da man sich im Gegensatz zum Zunftgewerbe fiskalische Vorteile versprach. Für die vielen Kriege (z.B. Österreich - Preußen) brauchte man Geldmittel und Waren, die aufzubringen das Kleingewerbe überfordert hätte. Der Staat griff damals - man spricht auch von der damaligen Periode als merkantilistische oder kameralistische Periode - lenkend in die Wirtschaft ein. Auch das gutsherrschaftliche System konnte von dieser Entwicklung nicht verschont bleiben, weil:

- das rechtliche Verhältnis Grundherr - Bauer jede Grundlage verloren hatte. Ehedem entsprachen den Verpflichtungen der Bauern auch Leistungen der Herrn: "Er (der Herr) mußte seine Untertanen nach außen vertreten... Bei Einfällen feindlicher Scharen oder bei Fehden mußte er seine eigenen Bauern vor Schädigung bewahren. Bei Naturkatastrophen mußte der Grundherr den Bauern mit Saatgut und Bauholz aushelfen... Alle diese aus den ursprünglichen Schutzfunktionen des adeligen Hausherrn gegenüber den seinem Schutz Unterstellten abzuleitenden Verpflichtungen wurden in dem Maße geringer, als der "Staat" im modernen Sinne entstand,... und seit zur Bewältigung der staatlichen Aufgaben Ämter mit besoldeten Beamten anstelle von herrschaftlichen Dienern mit einigen Lese- und Schreibkenntnissen eingesetzt wurden."(23) Die öffentliche Funktion des Grundherrn wurde also ausgehöhlt und überflüssig, weil er die ursprüngliche "Schutz- und Schirm-Funktion" und die Gerichtsbarkeit an eine zentrale Instanz abgegeben hatte, und er wurde immer mehr zu einem reinen Parasiten.

- der Fiskus immer mehr Geld brauchte und jenes, bei der damaligen geringen manufakturellen (von industrieller kann ja keine Rede sein) Entwicklung, fast ausschließlich bei den Bauern zu holen war.

Da die Dominikalgründe (Gründe, die direkt zum Gutshof gehörten) steuerfrei waren, mußte der Staat darauf achten, daß die steuerpflichtigen Rustikalgründe (Bauernstellen) in ertragsfähigem Zustand blieben, was heißt, daß die Belastungen durch den Gutsherrn nicht ins Unermeßliche wuchsen und daß die Bauernstellen nicht von den Herrschaften zu deren steuerfreiem Besitz eingezogen wurden. Daraus entwickelte sich ein natürliches Interesse der Landesfürsten am Schutz der Bauern der Herrschaft gegenüber.

Auch die physiokratischen Ideen, denen zufolge die Landwirtschaft die einzige Quelle des Reichtums eines Volkes ist, hatten sich in der Umgebung der Herrscher durchgesetzt. Besonders Josef von Sonnenfels forderte vehement eine Erleichterung des Loses der Bauern. Als Haupthindernis einer prosperierenden Landwirtschaft betrachteten die Physiokraten die Frondienste, deren Aufhebung sie zum Wohle der Untertanen wie der Gutsherrn forderten: "Sie (die Frondienste) kosten den Pflichtigen mehr als sie den Berechtigten bringen."(24) Weiters verlangte man die Zerstückelung von übergroßen Latifundien zur Schaffung von Bauernstellen (Raabsches System, benannt nach Hofrat Franz Anton von Raab).(25)

Die Grundherrschaften hingegen legten den Bauern mit dem Hinweis, der Staat stelle immer höhere Forderungen und sie seien für deren Eintreibung zuständig, immer neue Lasten auf. Außerdem fürchteten auch sie, daß die Untertanen, aufgrund der hohen staatlichen Steuerlast, bald nicht mehr in der Lage sein könnten, die grundherrschaftlichen Abgaben aufzubringen. Mit dem Argument, die Bauern gegen die hohen Steuerlasten und gegen die Jagdlust der Fürsten, die schwere Flurschäden nach sich zog, zu schützen, traten die Grundherrn gegenüber dem Landesfürsten ebenfalls als Anwälte der Bauern auf. "So trat denn jede der beiden Mächte, die den Bauern ausbeuteten, gegen die konkurrierende Macht als Beschützerin des Bauern auf."(26)

Obwohl sich der absolutistische Staat anfangs kaum darum kümmerte, warum die Lage der Bauern so schlecht war, kümmerte es ihn, daß sie so war; nämlich, weil er um deren Steuerfähigkeit fürchtete.
Maßnahmen zum Schutze der Bauern wurden in größerem Maße aber erst unter Maria Theresia ergriffen. Keineswegs jedoch dachte die Kaiserin daran, die Erbuntertänigkeit aufzuheben, sie wollte hauptsächlich die Zahl der Wehrpflichtigen (das Heer wurde großteils aus Bauernsöhnen rekrutiert) und die Wirtschaftskraft der Bauern erhöhen. Natürlich bewirkten die Maria-Theresianischen Reformen zumindest auf den Staatsdomänen eine Erleichterung des Loses der Bauern.
Wesentlich weiter ging da Josef II., der schon an einem Großteil der Reformen unter Maria Theresia mitgearbeitet hatte: "So wandelte das 'Leibeigenschaftsaufhebungspatent' (1781) die Erbuntertänigkeit in eine gemäßigte Untertänigkeit um, d.h. Freizügigkeit in Bezug auf Verehelichung, Berufswahl und Niederlassung und Verschuldung; Aufhebung der Zwangsgesindedienste.(27) In die öffentliche Funktion der Obrigkeit wird durch das Leibeigenschaftsaufhebungspatent nicht eingegriffen, auch das Fronproblem wurde nicht angetastet."(28)
Steuer- und Urbarialregulierung (1789): Hier wurde festgehalten, wieviel Bauer (69 %), Staat (13,33 %) und Grundherr

(17,66 %) vom Grundertrag erhalten sollen. Weiters wurden Zwangsverhandlungen über Ablösung aller herrschaftlichen Ansprüche und ihre Überführung in Geldleistungen vorgeschrieben. Dieses Gesetz hätte zweifelsohne die Aufhebung der feudalen Verfassung bedeutet; Josef II. mußte es für Ungarn an seinem Sterbebett zurücknehmen, für die anderen Länder taten dies seine Nachfolger.

1.2.1.1. DIE ÖKONOMISCHEN VERÄNDERUNGEN WÄHREND DES ABSOLUTISMUS

Der aufgeklärte Absolutismus hat durch seine legistischen Maßnahmen den individuellen Besitz der Bauern gefestigt, aber auch dahingehend gewirkt, den Gemeinbesitz aufzulösen, wodurch viele Kleinbauern, der feudalen Garantien beraubt, in ihrer Existenz ins Dorfproletariat absanken.

Neben der allgemeinen Revolutionierung der Produktionsverhältnisse stand auch die Landwirtschaft unter dem Einfluß der großen technischen Umwälzungen, die sich seit der Mitte des 18. Jahrhunderts in Deutschland zu vollziehen begannen. "Es war die Revolution des Klees, die da einsetzte - eine agrikole Revolution, nicht viel weniger folgenschwer als die industrielle Revolution, die die Spinnmaschine und die Dampfmaschine eingeleitet haben."(29)

In Ländern wie England, die bereits einer kapitalistischen Landwirtschaft zustrebten, hatte man schon länger mit der Dreifelderwirtschaft gebrochen. Man pflanzte dort abwechselnd Sommer- und Wintergetreide und Futterpflanzen, vor allem Rot- und Weißklee. Der Anbau des Klees ermöglichte eine vollständige Umwälzung der Viehzucht.(30)
Bisher hatte man das Vieh im Winter im Stall gefüttert, im Sommer auf die Weide getrieben, jetzt wurde die Stallfütterung auch in der Sommerzeit möglich. Dadurch wurden

viele Weiden überflüssig, und es schien zweckmäßig, sie in Ackerland zu verwandeln.
Bei uns versuchte der absolutistische Staat unter Einfluß des Ökonomen Johann Schubart (Josef II. verlieh ihm den Titel "Ritter vom Kleefeld") den Anbau von Futterpflanzen auf der Brache zu fördern. Dem zu dienen, wurden die mit Futterkräutern bebauten Brachäcker vom Zehent befreit. Weil aber gerade diese Brachfelder es waren, die der gemeinsamen Weide offenstanden, wurde der Viehtrieb auf die mit Futterpflanzen bebaute Weide mit Erlässen von 1789 und 1793 verboten, ebenso wurde das Jagdrecht der Herren auf diesen Feldern untersagt. Der Absolutismus unternahm aber nicht nur Anstrengungen, den Übergang zur Stallfütterung zu fördern, sondern begann diesen förmlich zu erzwingen. Zu diesem Zweck wurde die Aufteilung der "Gemein" angeordnet. Uneinig war man, ob die gemeinen Weiden nur zur Sondernutzung ausgetan oder zu Sondereigentum aufgeteilt werden sollten. Man entschied sich für die zweite Variante, und die Erwerber wurden verpflichtet, binnen zwei Jahren ihren Anteil in Wiesen oder Kleeäcker zu verwandeln.
Die Hutweidepatente von 1768, 1770 und 1775 regelten die Aufteilung der Weiden so, daß die Herrschaften, ganz gleich, ob und in welchem Ausmaß sie die "Gemein" mitbenutzten, die Hälfte als Eigentum bekamen, die kleinen Häusler und Inleute ganz von der Verteilung ausgeschlossen blieben, was eine Verarmung der letzteren nach sich zog.
So wurde durch die Pauperisierung weiterer Schichten (nach der Waldenteignung) ein neuer Grundstein zum Entstehen einer industriellen Reservearmee gelegt. Doch auch die beteilten Bauern scheinen nicht gerade im Überfluß gelebt zu haben, denn sie benutzten den ihnen zugeteilten Part der Allmende weiterhin als Weide - trotz Strafandrohung -, zwar teils aus Bildungsmangel und Konservativismus, zum größten Teil aber, weil ihnen die Mittel zu Investitionen fehlten, die die Neuerungen gefordert hätten. Auch waren viele durch die Gemengelage ihres Besitzes einem gewissen Flurzwang

unterworfen.(31)

Der Absolutismus festigte so gesehen den herrschaftlichen und bäuerlichen Eigenbesitz und hob die Erbuntertänigkeit auf, andererseits enteignete er die ärmeren Schichten und schuf so durch die Erzeugung vieler freier Arbeitskräfte die Basis für den aufstrebenden Kapitalismus.

1.2.1.2.　　DIE ZEIT DER REAKTION

Eine völlige Stagnation der Reformen des Absolutismus trat mit dem Regierungsantritt Franz II. (seit 1804 Franz I. von Österreich) im Jahr 1792 ein. Geschockt durch die große französische Revolution verschloß er sich bis zu seinem Tod jeglichen Neuerungen.
"Die Grundherrschaft blieb als eine etwas kuriose Erscheinung im Gefüge des nunmehr vollendeten einheitlichen Staatswesens, als dessen Ausdruck die einheitliche Staatsbürgerschaft und das 1811 in Kraft gesetzte Allgemeine Bürgerliche Gesetzbuch gelten können, erhalten."(32)
In Böhmen und Mähren begannen sich einige Grundherrn für Unternehmen zu interessieren und traten als Kapitalisten wieder in Erscheinung. Die einzige Bedeutung, die die Grundherrschaft noch hatte, war die einer Verwaltungsinstanz, was aber viel Unzufriedenheit auslöste, weil eine moderne Behörde ein ausgeglichenes Verfahren gewährleisten sollte, was aber wegen des persönlichen Abhängigkeitsverhältnisses kaum möglich war, wofür die permanenten Beschwerden ein beredtes Zeugnis geben.(33)

1.2.2.   DER ÜBERGANG ZUM KAPITALISMUS

1.2.2.1.   DIE REVOLUTION 1848 UND IHRE FOLGEN

Im Schoße des Absolutismus hatte sich in den Städten bereits eine neue Gesellschaftsordnung, der Kapitalismus, entwickelt. Die Dampfmaschine hatte sich durchgesetzt, Fabriken wurden gegründet, die ersten Eisenbahnen gebaut. Die von Napoleon verhängte Kontinentalsperre beschleunigte noch diesen Prozeß, weil der Handel mit dem bereits industrialisierten England dadurch zum Erliegen kam.

Auch auf dem Land kam es, wie erwähnt, zu Umwälzungen, obwohl es legistisch zu schlafen schien. Die josefinischen Reformen schleppten sich dahin und kamen unter Franz I. überhaupt ins Stocken. Die Verwaltung und die Gerichtsbarkeit (außer in Salzburg und im Innviertel) lagen bei der Grundherrschaft, und das, obwohl die Leistungen der Untertanen an die Grundherrn jetzt privatrechtlich gedeutet wurden, was zwei gleichberechtigte Partner voraussetzen würde. Es herrschte keine klare Rechtssituation. Einerseits klammerten sich die Grundherrn an diese überkommenen Dinge, weil sonst ihre politische Vormachtsstellung obsolet geworden wäre, andererseits verursachten ihnen ständig neue Polizeiverordnungen derartige Kosten, daß sie sich ihrer Verwaltungsämter gern entledigt hätten. Es begann eine Zeit langer Verhandlungen.(34)

In einigen deutschen Staaten wurden Fron und Abgaben abgelöst, was auch die österreichischen Bauern hellhörig werden ließ.
Man probierte es mit kleinen Aufständen, die aber die Grundherrn mit Hilfe des Militärs niederprügeln ließen. Später wandten die Bauern auch das Mittel der passiven Resistenz an.
Hinweisend auf die 48er Ereignisse war aber erst der galizische Bauernaufstand von 1846. Dazu kam die Mißernte von

1847, verbunden mit der Hungersnot im Winter 1847/48.(35)
Der überlebte Absolutismus war nicht mehr fähig, der Schwierigkeiten Herr zu werden, geschweige denn, die Gesellschaftsordnung nochmals zu stabilisieren: Die Revolution war zum Kommen verurteilt.

1.2.2.1.1. DIE AUFHEBUNG DER UNTERTÄNIGKEIT, DIE GRUNDENTLASTUNG UND DIE ABWENDUNG DER BAUERN VON DER REVOLUTION

Am 13. März 1848 brach in Wien die Revolution los, und sie sollte den Bauern die Freiheit bringen. Aber nicht die liberale Bourgeoisie, die von der Revolution am meisten profitierte, kämpfte für die Bauern: Nein, es waren die bewaffneten Arbeiter und Studenten. Sie erzwangen das Einkammernsystem und das allgemeine Stimmrecht und schufen somit vorderhand die Möglichkeit einer demokratischen Gesetzgebung. Die liberale Bourgeoisie wollte die Frage der Entschädigung der reichen Grundherrn vor die Frage der Befreiung der Bauern setzen.
Erst als die revolutionären Arbeiter und Studenten gestützt auf den Sicherheitsausschuß die Lage kontrollierten, war die Situation reif für die endgültige Befreiung der Bauern: Am 26. Juli 1848 stellte Hans Kudlich im Wiener Reichstag den Antrag, das Untertänigkeitsverhältnis aufzuheben, was nach schwierigen Auseinandersetzungen auch beschlossen wurde. "So hat die Erhebung des hauptstädtischen Proletariats der Bauernbefreiung den Weg gebahnt."(36)

Von diesem Zeitpunkt weg wandten sich die Bauern von der Revolution ab. Ihre momentanen Wünsche waren erfüllt. Diese Überlegung war möglicherweise auch Grund der Zustimmung der bürgerlichen Parlamentarier.(37) Die folgende Konterrevolution konnte aber den Bauern auch nicht mehr rauben, was ihnen die revolutionäre Demokratie gegeben hatte; wohl waren die kommenden Gesetze für die Bauern wesentlich ungünstiger. Doch die Grundentlastung mußte sie durchführen, wollte sie die Bauern nicht beunruhigen und sich in die Gefahr eines neuen Massenaufstandes begeben.

Hier machte sich nachteilig bemerkbar, daß die Bauern keine einheitliche Klasse darstellten und kein Klassenbewußtsein entwickelt hatten. "Insofern Millionen von Familien unter ökonomischen Existenzbedingungen leben, die ihre Lebensweise, ihre Interessen und ihre Bildung von denen der anderen Klassen trennen und ihnen feindlich gegenüberstellen, bilden sie eine Klasse. Insofern ein nur lokaler Zusammenhang unter den Parzellenbauern besteht, die Dieselbigkeit ihrer Interessen keine Gemeinsamkeit, keine nationale Verbindung und keine politische Organisation unter ihnen erzeugt, bilden sie keine Klasse. Sie sind daher unfähig, ihr Klasseninteresse im eigenen Namen ... geltend zu machen."(38)

Karl Pömer hingegen glaubt, daß die Bauern bewußt so handelten; "Weitergehende Gleichberechtigungsbestrebungen etwa der Häusler, Taglöhner und Dienstleute waren den Bauern genauso unangenehm wie den Bürgern die ersten zaghaften Forderungen des vierten Standes, der Arbeiter."(39) Das mag für die größeren Bauern stimmen, die selbst Arbeiter ausbeuteten, doch nicht für die Masse der Kleinbauern, deren materielle Lage öfter schlechter war als die eines Arbeiters, und die oft genug selbst ihre Arbeitskraft an einen Großbauern verkaufen mußten, um leben zu können.

Mit der Aufhebung des Untertänigkeitsverhältnisses fielen die Pflichten, die der Grundherr daraus ableiten konnte, aber auch die Ansprüche der Bauern, die sich darauf gründeten (wie Armenunterstützung, Holzsuchen im Wald). Ebenfalls beseitigt wurden die Patrimonialgerichtsbarkeit und das herrschaftliche Obereigentum an Grund und Boden: Der Bauer wurde freier Bürger des Staates und freier Eigentümer seines Bodens.

Die Leistungen, die der Bauer dem Grundherrn zu bringen

hatte, wurden gegen Entschädigungen abgelöst. Diese Entschädigungen zerfielen in verschiedene Bonitätsklassen: Zehent und Robot fielen unter die "billige Entschädigung". Die Summen wurden durch Kapitalisierung der jährlichen Leistungen auf 2o Jahre errechnet: Davon hatte 1/3 der Grundherr zu tragen, da ja auch seine Verpflichtungen wegfielen, 1/3 übernahm der Staat und den Rest die Bauern.(40)

1.2.2.2. DIE KONTERREVOLUTION

Die Bauern bereuten jedoch bald, daß sie die revolutionäre Demokratie im Stich ließen: Die Konterrevolution mußte zwar die Grundentlastung durchführen, die Rahmenreformen oktroyierte aber das Ministerium Schwarzenberg. Schwarzenberg selbst war der damals größte Grundherr Österreichs.(41)
Der revolutionäre Reichstag hatte die entgeltliche Aufhebung der Servitutsrechte (Berechtigungen der Bauern gegenüber der Herrschaft) gefordert, das Durchführungspatent 1849 präzisierte diese aber nicht. Erst 1853 kam ein Patent zur "Regulierung und Ablösung" der Holzbezugs- und Weiderechte in den herrschaftlichen Forsten. Die Durchführung dieses Gesetzes traf die Bauern so hart, daß ständig neue Debatten über die Form des Gesetzes entbrannten, und das letzte Grundsatzgesetz über die Servitutenregulierung erst 1951 (BGBL. Nr. 103) verabschiedet werden konnte. Bei der Ablösung der Servituten waren die Rollen gegenüber der Grundentlastung vertauscht: die Bauern waren vorher die Berechtigten und die Grundherrn (in den Staatsforsten der Staat) die Verpflichteten.
Die großteils durch den Waldraub der Fürsten und Einforstungen entstandenen Servitutsrechte (siehe "Der Waldraub der Fürste" S. 8 ff) waren häufig eine wichtige Existenzgrundlage der berechtigten Bauern, besonders der Bergbauern.
Die Grundherrn und der Staat als Forstbesitzer hatten natürlich Interesse an einem für sie möglichst günstigen Servi-

tutspatent. Das Servitutspatent 1853 war auch, im Gegensatz zum Grundentlastungsgesetz, sehr herrenfreundlich.

Einmal wurden die Bauern betrogen, weil als Berechnungsgrundlage für den Wert, der ihnen abgelöst wurde, die niedrigeren Holzpreise der Jahre 1836 bis 1845 herangezogen wurden, andererseits, weil der Grundherr allein entscheiden konnte, ob er mit Grund und Boden, oder ob er mit Geld ablösen wollte. So verloren die Berechtigten bis zu 7o % ihrer vorherigen Naturalbezüge, und viele wurden dadurch ihrer Existenzgrundlage beraubt.

Ebenfalls bestimmen konnte der Grundherr den Ort und die Zeit des neuregulierten Bezugs; ja er konnte ihn sogar verhindern, wenn er mit Aufforstungsgebieten (die Verjüngung des Waldes wurde damals sehr gefördert, und das Betreten eines Aufforstungsgebietes war streng verboten) die neue Servitutsfläche einkreiste. So wurden die Bauern oftmals zum "freiwilligen" Aufgeben ihrer Wirtschaft gezwungen.(42)

Auch die Reform des Jagdrechts benachteiligte die kleinen Bauern. Da sich das gutsherrschaftliche Jagdrecht nicht mehr aufrecht erhalten ließ, stand man vor der Frage: Jedem Grundeigentümer sein Jagdrecht, oder jeder Gemeinde das Jagdrecht in ihrem Gebiet.

Es kam zu einer Mischregelung: Grundsätzlich hatte jeder Eigentümer das Jagdrecht. Aber nur Besitzer von einem zusammenhängenden Komplex von mindestens 200 Joch durften es selbst ausüben. Andernfalls war für die Ausübung der Jagd die Gemeinde zuständig. Der Reinertrag wurde prozentuell aufgeteilt, wodurch sich das Jagdrecht der Kleinen ausdrücken sollte.(43)

Hatten die meisten Bauern aus der Grundentlastung echte Vorteile gezogen, so erlitten sie - besonders jene des Alpengebiets - durch die Servitutenregulierung so schwere Einbußen, daß viele ihre Höfe aufgeben mußten. "Der Wirtschaftsliberalismus mußte diesen Grenzertragsbauern konsequenterweise die Basis entziehen.(44)

Ebenso ging der Kampf um den Gemeinschaftsbesitz weiter: Bis 1848 war die Gemeinde - außer in den Städten mit eigenem Statut - Realgemeinde. Durch die Gemeindeordnung vom 17. März 1849 trat anstelle der Realgemeinde die Einwohnergemeinde. Der Gemeindeverband wurde nicht mehr aus der Gesamtheit der Hausbesitzer, sondern aus der Gesamtheit der Einwohner gebildet, was Rechtsunsicherheit bezüglich der Benützung des Gemeinschaftsvermögens auslöste. Die Altansässigen und Hausbesitzer hatten im Lauf der Zeit die Benutzung der "Gemein" für sich monopolisiert, unter Ausschluß der späteren Ansiedler und der Keuschler. Die Benützer mußten aber auch für den Großteil der Gemeindelasten aufkommen.

Die neue Gemeindeordnung zog jedoch alle Einwohner proportionell gleichmäßig zur Steuerleistung heran, weshalb alle ein Nutzungsrecht am Gemeinschaftsvermögen forderten. Die Privilegierten des Dorfes erklärten jedoch, die neue Einwohnergemeinde sei grundverschieden von der alten Realgemeinde. Die Rechtsnachfolger der alten Realgemeinde seien sie, und daher hätten auch sie das alleinige gemeinsame Nutzungsrecht.

Die Nichtberechtigten forderten das demokratische Prinzip: Auch sie sagten, daß die Einwohnergemeinde verschieden sei von der Realgemeinde, zogen aber daraus den Schluß, daß früher die Privilegierten als Steuerzahler das Nutzungsrecht hatten, jetzt aber, nach der allgemeinen Besteuerung, sollten die Erträgnisse des Gemeinvermögens der Gemeindekasse zufließen und von dort der Allgemeinheit zugute kommen. Auch für die Aufteilung des Gemeinvermögens als Nutzungsfläche sei die neue Gemeinde zuständig. Sie forderten den Übergang der "Gemein" in Gemeindevermögen.

Ging der Kampf im Dorf seit Jahrhunderten nur um die Nutzung des Gemeinvermögens, so ging er jetzt noch dazu um das Eigentum daran.(45) Hier findet die geänderte Rechtslage (Rezeption des bürgerlichen Eigentumsbegriffes) ihren deutlichen Ausdruck.

Den Ausgang dieses Kampfes bestimmten die Machtverhältnisse

innerhalb des Dorfes: Die Gemeindevertretungen, deren Pflicht es gewesen wäre, den Raub des Gemeindegutes durch die privilegierte Schicht zu verhindern, kamen aufgrund des ungerechten Wahlsystems selbst aus dieser Schicht und ließen geschehen, daß große Teile des Gemeinbesitzes des Volkes den Gemeinden verloren gingen.(46)

1.2.2.3. DER LIBERALISMUS

Nachdem der Neoabsolutismus auf dem Schlachtfeld von Königgrätz seinen endgültigen Todesstoß erlitten hatte, trat die Großbourgeoisie an, die bürgerliche Eigentumsordnung auch auf dem Land restlos herzustellen.
Noch gab es Gesetze, die die Zersplitterung der Bauerngüter im Erbgang verboten. Durch das Reichsgesetz von 1868 und die folgenden Landesgesetze wurde die Freiteilbarkeit der Bauerngüter - außer in Tirol - durchgesetzt; "Unter Lebenden wie von Todes wegen konnte der Eigentümer des Bauerngutes über sein Eigentum fortan frei verfügen." Grund und Boden wurde zur Ware. Dadurch konnten Parzellen von einem einheitlichen Ganzen herausgerissen oder hinzugefügt werden, keiner fragte nach wirtschaftlichen Präferenzen. "Die Aufhebung der Wuchergesetze und des Bestiftungszwanges - als Mittel zu einer gewissen Mobilität des Bodens nicht bloß und ausschließlich gegen die Landwirtschaft gerichtet - erleichterte die unkontrollierte Aufnahme von übermäßigen Krediten und die Güterschlächterei."(47)

Die liberale Ideologie setzte ganz auf die Beseitigung jeglicher Schranken der freien Verfügbarkeit von Grund und Boden. Sie war überzeugt, daß letzten Endes - nach einem sogenannten Selbstreinigungsprozeß - der Boden in die Hand des besten Wirtes übergehen und dadurch die Produktivität der Land- und Forstwirtschaft aufs Höchste entfaltet werde.

Die Grenzen der liberalen Theorie zeigte sofort das Bergbauernproblem auf. Hier konnte man nicht sagen, "der beste Wirt" setzt sich durch. Hier zeigte sich, daß dem liberalen Denken die verschiedene Fruchtbarkeit der Böden, die Entfernung zum Markt beim Ein- wie Verkauf, die beschränkte Anwendbarkeit der aufkommenden landwirtschaftlichen Maschinen, die eingeengte Meliorationsmöglichkeit und vieles mehr entgegenstanden.(48) Hätte man den Wirtschaftsliberalismus in der Landwirtschaft bedingungslos durchgezogen, wären heute viele Gebiete Österreichs entvölkert oder zu reinen Klettergebieten heruntergesunken.(49)

Parallel mit der Industrialisierungsphase des 19. Jahrhunderts ging daher auch eine Konzentrationsphase in der Land- und Forstwirtschaft; besonders in der Forstwirtschaft. In der Landwirtschaft hielten sich die Besitzstrukturen länger - teils bis heute -, aus Gründen der Gewohnheit, durch das bescheidene Vorhandensein industrieller Arbeitsplätze und durch das Denken der bäuerlichen Bevölkerung, lieber einen niederen, aber gesicherten Lebensstandard zu haben (Bauer nennt das die Selbständigkeitsprämie).

Die Gesetze von 1848 bis 1868, die bis zum Ersten Weltkrieg das Grundgerüst der Landwirtschaftspolitik bildeten, waren die Basis für die Kommerzialisierung der Landwirtschaft. Daß eine Agrarreform, die sich mit dem Kleinhäuslerproblem und der demokratischen Grundstückszusammenlegung befaßt hätte, unterblieb, brachte für die kleinen Landwirte in der Folge eine schwere Hypothek, war aber nur konsequent im Sinne einer bürgerlichen Agrarpolitik.

1.2.3. DIE LANDARBEITER (50)

Die wirtschaftliche und politische Selbständigwerdung der Landwirtschaft schritt zügig voran, was eine natürliche

Folge der Veränderung der allgemeinen ökonomischen Verhältnisse war.

Im Vormärz kam es zur Umstellung von der Dreifelderwirtschaft zur Fruchtwechselwirtschaft und zum Aufschwung der Agrochemie. Schon im 18. Jahrhundert verwendete die fortschrittliche Landwirtschaft Guano und Knochenmehl, seit 1820 wurde Chilesalpeter nach Europa eingeführt und 1860 gelang es, aus dem Kalisalz den hochwertigen Kalidünger herzustellen. Auch der Einsatz von Maschinen wurde am Festland von England übernommen: 1788 arbeitete die erste Häckselmaschine, 1785 erzeugte man die Dreschmaschine, um 1800 Mähmaschine und Heuwender und 1833 den Dampfpflug. (In Österreich aber wurde die erste Dampfmaschine erst 1816 hergestellt).(51)

Die politische Emanzipation der Bauern, die nach der Grundentlastung noch jahrelang im Sog der Feudalherrn geschwommen waren, manifestierte sich durch den Zusammenschluß mit den Kleinbürgerlichen. 1907, nach den Wahlen, vereinigten sich die beiden großen bäuerlichen Parteien, die Christlich-Sozialen und die Konservativen, zu einer Partei, um den Ansturm der Sozialdemokratie abzuwehren, die mandatstärkste Partei geworden war. Der Sozialdemokratie war es bereits gelungen, die Industriearbeiterschaft zu organisieren, was die konservativen und christlich-sozialen Bauernvertreter aber kaum zum Zusammenschluß veranlaßt hätte, doch die Arbeiterklasse bestand ja nicht nur aus dem Industrieproletariat, da waren noch die Landarbeiter zu mobilisieren, und davor fürchtete sich der Dorfbourgeois. Der Druck, den die nun Freigewordenen auf ihre Untergebenen ausübten, wurde immer ärger, doch war, wie die Bauern, auch das Landproletariat keine einheitliche soziale Gruppe. Die einen waren Dienstboten mit einem rechtlich fixierten Arbeitsverhältnis (Dienstbotenordnung), andere waren Taglöhner oder Wanderarbeiter, die selbst kleine Parzellenbauern waren und aus Not ihre Arbeitskraft zusätzlich einem Großbauern verkaufen mußten, wieder andere bekamen vom Dienstherrn ein eigenes kleines Haus, um eine Familie gründen zu können, wurden aber dafür nur mit Naturalien entlohnt (Deputanten und teilweise dazuzählen kann man auch die Kolonen).(52) Man sieht also gravierende soziale Unterschiede: Waren die einen echte Lohnarbeiter (Dienstboten), so hatten die anderen doch noch Privatbesitz an Arbeits- und Produktionsmitteln, der sie aber, weil er ihnen keinen ausreichenden Lebensunterhalt gewähren konnte, noch unfreier machte als die Dienstboten ihre Besitzlosigkeit, da er ihnen die Möglichkeit jeglicher Mobilität raubte. Die Übergangsformen zwischen den einzelnen Landarbeiterkategorien waren flüssig. Die in unserem Gebiet häufigste Form war die der Dienstboten (ungefähr 45% der in der Landwirtschaft Beschäftigten), innerhalb welcher es wieder Unterschiede nach sozialer Stellung und Entlohnung gab. Männerarbeit war in der Regel besser bezahlt als Frauenarbeit. Auch war die materielle Lage der Dienstboten sehr abhängig von der Region, wo sie beschäftigt waren; nämlich, ob es dort außerlandwirtschaftliche Arbeitsmöglichkeiten gab oder nicht.

Die rechtliche Lage der Dienstboten war außerordentlich miserabel, und verschiedene Termini im Dienstbotenrecht weisen eine ziemliche Ähnlichkeit mit den in der Viehhaltung üblichen auf. Einige Punkte aus der oberösterreichischen Dienstordnung 1874 sollen die Lage der Dienstboten verdeutlichen:
"Der Dienstbote steht unter der Disziplinargewalt des Hausherrn.
Bei Krankheit des Dienstboten hat der Dienstherr nur 14 Tage lang für Lohn und Verpflegung zu sorgen.
Der Dienstherr kann praktisch jederzeit unter Einhaltung einer sechswöchigen Frist ohne Grund kündigen, hingegen kann der Dienstbote nur kündigen, wenn der Grund der Kündigung vom Gemeindevorsteher als schwerwiegend genug anerkannt wird.
'Entlaufene' Dienstboten dürfen von niemanden aufgenommen

werden (Kontrolle durch Dienstbuch und Dienstschein).
Richter in allen Streitigkeiten aus dem Dienstverhältnis ist der Gemeindevorsteher,...
Der Dienstbote darf seine Habseligkeiten nicht ohne Wissen und Zustimmung des Dienstherrn außer Haus aufbewahren - hingegen können die Kasten, Koffer und Truhen des Dienstboten jederzeit vom Dienstherrn ohne Angabe von Gründen durchsucht werden."(53)
Diese Gesetze hatten in der Tat die Tendenz, innerhalb der Einwohnergemeinde eine engere, auf die Grundeigentümer beschränkte Realgemeinde wiederherzustellen.(54) Dabei muß man sich noch vorstellen, daß die durch eine Dienstbotenordnung Erfaßten rechtlich noch wesentlich abgesicherter waren als die Kleinstlandwirte, die sich als Wanderarbeiter oder Taglöhner ihr Brot verdienen mußten.(55) Die Lage der Dienstboten war eine dem industriellen Proletariat ökonomisch gleiche: Ohne alle Produktionsmittel waren sie darauf angewiesen, den Bauern ihre Arbeitskraft zu verkaufen, die sie meist auch nach allen Regeln der Kunst ausbeuteten.

2.   SOZIALISTISCHE THEORIEN

2.1.   MARX UND ENGELS UND DIE LANDWIRTSCHAFT

Als sich der dritte Stand befreit und die wirtschaftlichen wie politischen Führungspositionen an sich gerissen hatte, als der wirtschaftliche Liberalismus seinen Höhepunkt erlebte, rückte auch jene Klasse in den Vordergrund, zu deren Lasten diese Entwicklung ging: Die Arbeiterklasse. Dieser jetzt sichtbar werdenden Klasse ist nach marxistischer Auffassung von der Geschichte die Aufgabe gestellt, die menschliche Gesellschaft endgültig zu demokratisieren.

Objektiv unter denselben Bedingungen wie die industrielle Arbeiterschaft litten auch die Landarbeiter, wenn auch das Gesamtbild ihrer Lage sich anders ausdrückte (z.B. ihre engere Bindung zum Dienstgeber, weil die Dienstboten meist im gleichen Haushalt mit demselben wohnten, woraus natürlich viel Unfreiheit entsprang).
Obwohl Eigentümer von Grund und Boden sanken auch die meisten Klein- und Mittelbauern auf den Lebensstandard eines Proletariers, und öfter sogar noch tiefer. Sie wären daher natürliche Partner der Arbeiterklasse bei ihrem Bestreben nach Revolutionierung der Gesellschaft. Sie waren auch in der Tat mit der bestehenden Ordnung unzufrieden, nur wollten sie allzu oft nur die früheren überkommenen Verhältnisse wiederherstellen, anstatt sich den fortschrittlichen Positionen anzuschließen. Durch diesen Interessenskonflikt erlaubten sie den herrschenden Mächtigen ihre Herrschaft auch durch demokratische Wahlen aufrecht zu erhalten.(1)

Aus der Betrachtung des Elends der Massen, das den gesellschaftlichen Fortschritt begleitete, entsprang die Kritik von Karl Marx und Friedrich Engels an den ökonomischen Verhältnissen.Sie gaben sich aber nicht damit zufrieden, dieses

Phänomen einfach festzustellen, sondern ergründeten unter Betrachtung der klassischen Nationalökonomen die Tendenzen der kapitalistischen Gesellschaft und stellten ihre Konklusionen auf.

Ein Schluß war: Daß jede Gesellschaftsordnung auf einer realen Basis (den gesellschaftlichen Produktionsverhältnissen) errichtet ist, über der sich ein juristischer, geistiger, religiöser und politischer Überbau erhebt, und daß bei Diskongruenz von Basis und Überbau diese beiden Pole trachten sich auszugleichen.

In der entwickelten kapitalistischen Gesellschaft ist das Arbeiten demokratisiert, die Arbeitsmittel aber monopolisiert, was einen Widerspruch erzeugen muß. Auf die Landwirtschaft bezogen kann man sagen: Das Säen ist demokratisiert, das Ernten monopolisiert.

Wissenschaftlich erforscht hat Karl Marx die ökonomischen Verhältnisse in den drei Bänden des "Kapitals", in dessen dritten Band er auch eine Analyse der landwirtschaftlichen Produktionsverhältnisse gibt, die sich allerdings auf das damals weit forgeschrittene England stützt. Die russischen Verhältnisse, die er ebenfalls später studierte und die den unseren der damaligen Zeit weit eher entsprochen hätten, erfuhren leider wegen seines Todes keine schriftliche Niederlegung.

Soweit bekannt ist, lehnte Marx eine verallgemeinernde Übertragung der englischen Entwicklungstendenzen auf Rußland ab.(2)

2.1.1.   DIE MARXSCHE ÖKONOMIE

Marx leitete seine ökonomische Theorie von der Ware und deren Wert ab.
Eine Ware muß, um Ware zu sein, zwei verschiedene Wertgrößen in sich vereinigen: Den Gebrauchswert und den Tauschwert.

Für die kapitalistische Warenproduktion ist nur der Tauschwert von Interesse. "Die Nützlichkeit eines Dings macht es zum Gebrauchswert ... Dieser sein Charakter hängt nicht davon ab, ob die Aneignung seiner Gebrauchseigenschaften dem Menschen viel oder wenig Arbeit kostet. ...Der Gebrauchswert verwirklicht sich nur im Gebrauch oder der Konsumption. Gebrauchswerte bilden den stofflichen Inhalt des Reichtums, welches immer seine gesellschaftliche Form sei. In der von uns betrachtenden Gesellschaftsform bilden sie zugleich die stofflichen Träger des - Tauschwerts."
"Als Gebrauchswerte sind die Waren vor allem verschiedener Qualität, als Tauschwerte können sie nur verschiedener Quantität sein, enthalten also kein Atom Gebrauchswert.(3)
Die Wertgröße der Waren wird durch die gesellschaftlich notwendige Arbeitszeit bedingt, die zur Herstellung des Gebrauchswertes notwendig ist. "Als Werte sind alle Waren nur bestimmte Maße festgeronnener Arbeitszeit."(4)
Also wird der Tauschwert bestimmt durch die gesellschaftlich notwendige Arbeitszeit; die Arbeit ist die gemeinsame Substanz aller Waren.
Daraus geht bereits hervor, daß der Grund und Boden in seiner Jungfräulichkeit keine Ware sein kann, weil keine Arbeit darin enthalten ist.
Marx unterscheidet auch streng zwischen der Rente, die der Grundbesitzer wegen seines Grundbesitzes, und dem Mehrwert, den der Kapitalist aufgrund des Besitzes an den Produktionsmitteln realisiert.
In der streng kapitalistischen Form der Landwirtschaft kann nur der Pächter die Arbeiter ausbeuten, weil er der Besitzer der Produktionsmittel ist, der Grundbesitzer hingegen nimmt dem Kapitalisten (Pächter) einen Teil des Mehrwerts in Form der Grundrente ab.

Für die kapitalistische Produktionsweise ist es notwendig, daß es eine Klasse gibt, die frei ist im doppelten Sinn:

Frei in der Wahl des Arbeitsplatzes und frei vom Besitz der Produktionsmittel und von Grund und Boden. Wenn aber eine Klasse frei ist von jeglichem Besitz an den Produktionsmitteln, dann muß diese eine andere Klasse an sich gerissen haben; in ihren Händen akkumuliert haben. Diese Akkumulation hat nach Marx in Anlehnung an Adam Smith (previous accumulation) ihren Ursprung in der ursprünglichen Akkumulation der Boden- und Naturschätze: "Diese ursprüngliche Akkumulation spielt in der politischen Ökonomie ungefähr dieselbe Rolle wie der Sündenfall in der Theologie .... Die Expropriation des ländlichen Produzenten, des Bauern, von Grund und Boden bildet die Grundlage des ganzen Prozesses."(5) Dieser Prozeß setzt sich fort bis zur "normalen" Akkumulation, zur Akkumulation der Produktionsmittel durch Investieren eines Teils des den Arbeitern abgepreßten Mehrwerts: So vollzieht sich die eigentliche Kapitalakkumulation und schreitet weiter zum Monopol, welches zur Fessel der kapitalistischen Produktionsweise wird, weil ohne Konkurrenz und daher mit vermehrter Ausbeutung arbeitend. Die Arbeiterklasse ist berufen, diese kapitalistischen Widersprüche zu lösen: Dann schlägt die Stunde des kapitalistischen Privateigentums. "Die Exproprateurs werden expropriiert."(6)

Nach Karl Marx existieren in der rein kapitalistischen Produktionsordnung grundsätzlich drei große Klassen: Die Lohnarbeiter, die Kapitalisten und die Grundeigentümer (Marx bemerkte sehr wohl, daß diese drei Gruppen nirgends nur in ihrer Reinheit auftreten, sondern unzählige Mischformen existieren:(7) Zur Erklärung eines Gesetzes ist es aber notwendig, die Grundlagen herauszuarbeiten, worauf die Erscheinungsformen sich erheben).
Für eine theoretische Abhandlung der Landwirtschaft ist interessant, das Spezifikum dieser Gruppe, das Grundeigentum, näher zu untersuchen und zu hinterfragen, ob die für den Kapitalismus allgemein aufgestellten Gesetze auch hier gelten. Die Landwirtschaft folgt nämlich offenbar eigenen Ge-

setzen, die ihre Struktur bestimmen. Ihre ökonomischen Kategorien unterscheiden sich sowohl in der Beschaffenheit als auch Funktion von denen der industriellen Produktion. "Aber damit ist keineswegs gesagt, daß die Entwicklung der Landwirtschaft einen Gegensatz bildet zu der Industrie und mit ihr unvereinbar sei. Marx sucht zu beweisen, daß beide demselben Ziel zueilen, sobald man sie nicht "voneinander isoliert" und, daß beide, Industrie wie Landwirtschaft, gemeinsame Glieder eines Gesamtprozesses sind."(8)
Andererseits geht Marx davon aus, daß die landwirtschaftliche Produktion die Quelle allen Reichtums ist und Basis aller menschlichen Mehrarbeit: Sie ist die Grundlage jeder menschlichen Wirtschaft.(9)

2.1.1.1.   DER BESITZ VON GRUND UND BODEN

Wie im historischen Teil aufgezeigt wurde, war zu Marxens Zeit - zumindest in dem von ihm beschriebenen und als Beispiel verwendeten England - die landwirtschaftliche Produktion von der einfachen Warenproduktion zur kapitalistischen Warenproduktion übergegangen, in der der Produzent von den Produktionsmitteln getrennt und seine Arbeitskraft eine mehrwertproduzierende Ware geworden ist. Der herausgepreßte Mehrwert wurde dem produktiven Kapital und dem Grund und Boden zugeführt, wodurch auch in der Landwirtschaft die normale Kapitalakkumulation, in weiterer Folge Rationalisierung und Konzentration Einzug hielten. (In Österreich ist noch heute oder aufgrund der Maschinisierung wieder die einfache Warenproduktion in der Landwirtschaft en vogue. Bei dieser Produktionsweise fällt das Mehrprodukt dem Arbeiter selbst zu; der Bauer ist Eigentümer von Grund und Boden und beschäftigt keine Arbeitskräfte in seinem Betrieb - Arbeitseigentum).
Zu Marxens Zeit nahmen alle bedeutenden Ökonomen an, daß sich die agrikole Entwicklung überall so wie in England

vollziehen wird. Wenn es auch anders gekommen zu sein scheint, die Gesetze, auf denen Marx die Erklärung des Grundeigentums aufbaute, haben ihre Gültigkeit bewiesen, - denken wir daran, nach welchen Gesetzen Häuser- und Grundstücksmakler vorgehen oder andere Bodenschätze gehandelt werden.

Das Bodeneigentum unterscheidet sich von jedem anderen Privateigentum dadurch, daß es nicht vermehrbar ist. "Das Privateigentum am Boden bildet ein Monopol, das demselben die Macht gibt, den Boden ausschließlich zu benutzen, oder aber der Bebauung durch andere zu entziehen bzw. den Bewirtschaftern des Bodens einen besonderen Tribut aufzuerlegen."(10) Die Rente! Das private Grundeigentum realisiert sich durch die Aneignung der Rente.
Jedoch tritt das Privateigentum an Grund und Boden beim Groß- wie Kleinbetrieb als Schranke und Hindernis selbst unter kapitalistischen Produktionsverhältnissen auf. Und zwar verhindert das Privateigentum beim Kleinbetrieb die Entwicklung der gesellschaftlichen äquivalenten Formen der Produktivkräfte der Arbeit und der Produktionsmittel. In der Agrikultur drückt sich der Fortschritt im steten Wachsen des konstanten Kapitals gegenüber dem variablen aus, wobei der Kleinbetrieb nicht mitkann; als Abhilfe schafft man Maschinenringe. Auch das bis heute anhaltende Sinken der Kleinbetriebe - zumindest im Haupterwerb - ist darauf zurückzuführen (selbst als reines Arbeitseigentum können sich nur Spezialbetriebe oder mittlere Betriebe halten).(11)
Beim Pachtgroßbetrieb ist es die Grundrente, die die Produktivität beeinträchtigt und dem Pächter eine Einstellung aufzwingt, die sich gegen Verbesserungen richtet, weil sonst beim nächsten Pachtkontrakt der Grundeigentümer die Bemühungen des Pächters durch Erhöhen der Grundrente absahnt.(12)
Dies führt auch zu Bodenreformtendenzen innerhalb der kapitalistischen Gesellschaft selbst, die bis zur Abschaffung des Bodeneigentums gingen. Solche Bemühungen, selbst von Bürgerlichen, unterstützte auch Marx, weil sie nach seiner

Meinung zur Produktivitätssteigerung beitragen, was der Arbeiterklasse zugute kommen muß.
Bedacht wurde bei dieser Reflexion nicht der Fall, daß Großgrundbesitzer und Kapitalist in einer Person sich darstellen. Dieser Fall würde zwar nicht die Entwicklung der Produktivkräfte hemmen, aber, zu Ende gedacht, Monopolisierungstendenzen hervorrufen, die zu vermehrter Ausbeutung und einem Preisdiktat führen müßten. Diese Tendenzen würden die industrielle und die agrikole Arbeiterschaft derart unterdrücken, daß sie eine Revolution hervorriefen, und somit ihren eigenen Untergang einleiteten (Expropriation der Expropriateurs).

2.1.1.2.   DIE RENTENTHEORIE

Wie bereits angedeutet, ist nach Karl Marx das Pachtsystem die ausgeprägteste Form der kapitalistischen Landwirtschaft. Der Verpächter bezieht seine Revenue aus der Grundrente.
Die Grundrententheorie von Marx entstand zwischen 1863 und 1867 und muß unter diesem Blickwinkel gesehen werden, wiewohl ihre grundsätzliche Richtigkeit unbestreitbar ist: Die Wert-, Preis- und Mehrwerttheorie bildet die Basis für die Grundrententheorie, die folgend in kurzen Worten dargelegt werden soll:
Die Wurzel der Grundrente ist das Privateigentum an Grund und Boden und der Warencharakter der landwirtschaftlichen Produkte.
Der Produktionspreis einer Ware setzt sich zusammen aus dem Kostpreis ($c+v$ = konstantes plus variables Kapital) und dem Durchschnittsprofit. Der Durchschnittsprofit, der die durch die Konkurrenz ausgeglichene Profitrate verschiedener Profitraten ist, wird der Einfachheit halber hier dem Mehrwert (m) gleichgesetzt.(13)
Sind die Kostpreise($c+v$) bei gleicher Profitrate verschieden, so sind auch die Produktionspreise verschieden. Diese werden jetzt wiederum am Markt ausgeglichen - zum Marktpreis.

Diejenigen Kapitalisten, die einen niederen Produktionspreis als die anderen haben, werden nun einen höheren Profit einheimsen. Diesen Profit bezeichnet Marx als Surplusprofit. (Surplusprofit realisieren zum Beispiel E-Werke, die eine Naturkraft ausnützen können (Wasserfall), im Gegensatz zu jenen, die Kohle verwenden müssen). Dieser Surplusprofit ist die Basis der Rente.
Die Naturkraft (Grund und Boden ist nicht vermehrbar), aus der der Surplusprofit entsteht, ist monopolisierbar. Nicht als Überschuß eines Kapitals, sondern als Eigentümer der Naturkraft realisiert der Grundeigentümer den Surplusprofit als Rente, er hat ja weder c (Maschinen) noch v (menschliche Arbeitskraft, einzig Mehrwert produzierendes Kapital) an den jungfräulichen Boden verwendet. Und diese Rente ist immer eine Differentialrente; die Differenz zwischen dem individuellen und dem allgemeinen Produktionspreis. Aber "sie geht nicht bestimmend ein in den allgemeinen Produktionspreis der Ware, sondern setzt ihn voraus."(14)
Der Preis, den der Eigentümer beim Verkauf einer Naturkraft erhält, ist nicht der Preis einer Ware, weil er keine in ihm vergegenständlichte Arbeit darstellt, sondern kapitalisierte Grundrente. "Das Grundeigentum befähigt den Eigentümer, die Differenz zwischen dem individuellen Profit und dem Durchschnittsprofit abzufangen; der so abgefangene Profit, der sich jährlich erneuert, kann kapitalisiert werden und erscheint dann als Preis der Naturkraft selbst."(15)
Karl Marx beschrieb zwei Arten von Differentialrenten, wobei er den zweiten Fall an drei verschiedenen Fällen abhandelte.

2.1.1.2.1.   DIE DIFFERENTIALRENTE I

Die Differentialrente I von Marx ist identisch mit David Ricardos Grundrententheorie (Rent is always the difference between the produce obtained by the employment of two equal quantities of capital and labour).(16)

Sie stellt die Differenz zwischen dem Produkt von zwei gleichen Mengen Kapital und Arbeit auf der gleich großen Bodenfläche dar. Diese Differenz kann bedingt sein durch verschieden große Fruchtbarkeit, durch die Gunst der Lage, durch ungleich wirkende Steuerverteilung unter den Pächtern usw. Durch diese Unterschiedlichkeiten entsteht ein Surplusprofit, der sich in Bodenrente verwandelt.

2.1.1.2.2. DIE DIFFERENTIALRENTE II

Die Differentialrente I ging von gleicher Kapitalanlage auf gleicher Bodenfläche aus, jetzt fragte Marx, ob es einen Unterschied machen könne, wenn Kapital verschiedener Produktivität nacheinander auf demselben Boden oder nebeneinander auf verschiedenen Böden angelegt wird, wenn die Resultate dieselben sind; wenn die Kapitalanlagen auf demselben Grundstück wegen verschiedener Produktivität verschiedene Erträge liefern und somit ein Surplusprofit entsteht, dann entsteht die Differentialrente II.
Diese Rente untersuchte Marx an drei Fällen: Bei konstantem Produktionspreis, bei fallendem Produktionspreis und bei steigendem Produktionspreis.
Marx entwickelte die Differentialrente II kategorisch aus der Differentialrente I: "Es ist von vornherein festzuhalten, daß die Differentialrente I die geschichtliche Grundlage ist, von der ausgegangen wird. Andererseits tritt die Bewegung der Differentialrente II in jedem gegebenen Augenblick nur ein auf einem Gebiet, das selbst wieder die buntscheckige Grundlage der Differentialrente I bildet.

Zweitens: Bei der Differentialrente der Form II treten, zur Verschiedenheit der Fruchtbarkeit, hinzu die Unterschiede in der Verteilung des Kapitals (und der Kreditfähigkeit) unter den Pächtern."(17) Bei geringem Kapitalbesitz wird natürlich auch die produktive Anlagemöglichkeit geringer sein. Marx geht bei seinen Untersuchungen der Differentialrente II davon aus, daß bei sukzessiver Kapitalanlage bei der zweiten Kapitalanlage geringerer Ertrag entsteht als bei der ersten, wodurch die Rente geschmälert wird.(18))

2.1.1.2.3.   DIE ABSOLUTE GRUNDRENTE (19)

Bei der Analyse der Differentialrente wurde davon ausgegangen, daß Surplusprofit und daraus Rente entsteht; durch die Differenz der Fruchtbarkeit, der Lage, usw. zweier verschiedener Böden (I) oder zwischen unterschiedlicher Produktivität von Kapitalanlagen (II). Nun gibt es nach Marx eine weitere Rente, die nur durch das private Grundeigentum hervorgebracht wird: Die absolute Grundrente.
Bedingung ist jedoch die strenge Trennung zwischen Eigentümer des Bodens (Grundherr) und Benützer (Pächter) desselben, was auch nach Marx der Normalfall der kapitalistischen Landwirtschaft ist.
Der Eigentümer von Grund und Boden ist an der Nutzung desselben nur dann interessiert, wenn dieser Rente abwirft. Er wird daher sein Eigentum solange der Bebauung fernhalten, solange der eventuelle Pächter nur seine Produktionskosten realisieren kann. Wenn jedoch der steigende Bedarf die Preise der landwirtschaftlichen Produkte soweit in die Höhe getrieben hat, daß der Boden eine Rente abwirft, wird der Verpächter einen Pachtkontrakt abschließen (die Bearbeitung des Bodens erlauben) und kraft seines Eigentums eine Rente kassieren.
Bei Verstaatlichung von Grund und Boden verschwindet diese Rente, während die Differentialrente in einer Übergangsgesellschaft zum Sozialismus weiterhin bestehen bleibt.(20)
Die kapitalistischen Renten sind auch der Grund dafür, daß der Boden einen Preis hat und es scheint, daß er wie eine andere Ware gekauft werden kann. Gekauft wird jedoch nur die kapitalisierte Grundrente.

Der Boden selbst nimmt nur dann die Form einer Ware an, wenn Arbeit in ihm steckt; also nach erfolgter Kapitalanlage in demselben (Meliorationen z.B.).

Anders als im System der kapitalistisch entwickelten Landwirtschaft sieht für Marx die Renten- und Profitproblematik für die Parzellenbauern aus. Er kommt dabei zu Schlüssen, die später Otto Bauer bei seinen Vorarbeiten zum sozialdemokratischen Agrarprogramm wieder aufnimmt und ausbaut.(21)
"Der Bauer ist hier zugleich freier Eigentümer seines Bodens, der als sein Hauptproduktionsinstrument erscheint, als das unentbehrliche Beschäftigungsfeld für seine Arbeit und sein Kapital. Es wird in dieser Form kein Pachtgeld bezahlt; Die Rente erscheint also nicht als eine gesonderte Form des Mehrwerts, obgleich sie sich in Ländern, wo sonst die kapitalistische Produktionsweise entwickelt ist, als Surplusprofit durch den Vergleich mit anderen Produktionszweigen darstellt, aber als Surplusprofit, der dem Bauer, wie überhaupt der ganze Ertrag seiner Arbeit, zufällt."(22)
Dieses Aneignenkönnen des ganzen Arbeitsertrages macht aber den Bauern nicht wohlhabend, sondern ermöglicht erst seine Ausbeutung bis hin zu seinem Ruin, weil er:
1. auf Grund der Kleinheit seines Betriebes und der niederen Zusammensetzung des konstanten Kapitals den Großteil seiner Erzeugnisse zur eigenen Reproduktion seiner Arbeitskraft benötigt und daher auf dem Markt einen eventuell höheren Verkaufspreis über dem Produktionspreis nicht für ihn realisieren kann,

2. als Polypolist keinen Monopolpreis herausschlagen kann (23) und

3. bei Übernahme der Parzelle, sei es im Erbgang oder durch Kauf, infolge seiner Armut meist dem Wucherer in die Hände fällt, der ihm Rente und Durchschnittsprofit bis zum Existenzminimum wieder abnimmt, was in letzter Konsequenz

mit dem Ruin des Bauern endet; und letztlich mit dem Ruin des Parzellenbauerntums.

"Als Schranke der Exploitation für den Parzellenbauer erscheint einerseits nicht der Durchschnittsprofit des Kapitals, soweit er kleiner Kapitalist ist; noch andrerseits die Notwendigkeit einer Rente, soweit er Grundeigentümer ist. Als absolute Schranke für ihn als kleinen Kapitalisten erscheint nichts als der Arbeitslohn, den er sich selbst zahlt, nach Abzug der eigentlichen Kosten. Solange der Preis des Produkts ihm diese deckt, wird er sein Land bebauen, und dies oft herab bis zu einem physischen Minimum des Arbeitslohns .... Allerdings ist der Zins des Bodenpreises, der meist auch noch an eine dritte Person zu entrichten ist, an den Hypothekargläubiger, eine Schranke."(24) Der Hypothekargläubiger oder auch der Miterbe leiht dem Bauern in Hinblick auf den zukünftigen Profit und die zukünftige Rente; beide kommen also nicht dem Bauern, sondern dem Gläubiger zugute. Ersterem bleibt nur der Arbeitslohn zum Existenzminimum, was zu seinem Untergang führen muß.

Für Marx ist das Parzellenbauerntum - ob Eigentum oder Pacht - ein notwendiger Durchgangspunkt für die Entwicklung der Agrikultur, dessen Schranken sich an den Ursachen seines Unterganges zeigen (25):

1. Vernichtung der ländlichen Hausindustrie durch die Großindustrie (26).

2. Verarmung und Aussaugung des kleinbäuerlichen Bodens.

3. Aneignung des Gemeineigentums durch die Großgrundbesitzer.

4. Technische Rückständigkeit und übermächtige Konkurrenz.

5. Unmöglichkeit der Entwicklung der gesellschaftlichen Produktivkräfte.

6. Wucher und benachteiligendes Steuersystem.

7. Zersplitterung der Produktionsmittel und Vereinzelung der Produzenten selbst.

Den Kleinbauern überrollen also notwendigerweise die ökonomischen Verhältnisse. Nicht der Sozialismus, nein, der Kapitalismus beraubt ihn seines Arbeitseigentums.

2.1.2. DAS POLITISCHE PROGRAMM FÜR DIE LANDWIRTSCHAFT

Angesichts der damals bestehenden Verhältnisse verlangte Marx vorderhand nur die Enteignung des Großgrundbesitzes ("Der eigentliche Grundeigentümer (Verpächter), der weder Bauer noch Pächter ist, hat an der Produktion keinen Anteil. Seine Konsumption ist daher bloßer Mißbrauch.")
und die Übernahme der Hypotheken durch den Staat, "um öffentliche und andere Lasten der Bauern und kleinen Pächter zu vermindern."(27)
Aus den enteigneten Betrieben sollten unter Anwendung der Wissenschaft Musterbetriebe zum Wohle aller errichtet werden. "Vereinigung des Betriebs von Ackerbau und Industrie, Hinwirken auf die allmähliche Beseitigung des Unterschieds von Stadt und Land."(28)
Dies sollte ein momentanes, reales Programm der Bauernpolitik darstellen und einen gewissen Grad von Solidarität zwischen Bauern und Arbeitern herstellen helfen. Andererseits sind Marx und Engels von der Auflösung des bäuerlichen Arbeitseigentums überzeugt, doch ist das zu fördern nicht Aufgabe der Kommunisten, das besorgt schon die Bourgeoisie.(29)
Aufgrund ihrer ökonomischen Studien glauben sie, daß sich nur der Großbetrieb durchsetzen kann und der Bauer als Bauer im herkömmlichen Sinn einer vergangenen Epoche angehört; politisch steht er jedoch im Brennpunkt des Zeitgeschehens. Aufgabe der Sozialisten ist es daher, den Bauern des Übergang

ins Proletariat zu erleichtern und sie bei demokratischen Kämpfen zu unterstützen; aber nicht durch falsche Versprechungen, wie dies die bürgerlichen Parteien tun, um den "eingefleischten Eigentumssinn" der Bauern noch zu stärken. Man soll niemand weismachen, "daß es im Prinzip des Sozialismus liegt, das kleinbäuerliche Eigentum gegen den Untergang durch die kapitalistische Produktionsweise zu schützen, obwohl man selbst vollkommen einsieht, daß dieser Untergang unvermeidlich ist.(30) Die Hauptsache bei alledem ist und bleibt die, den Bauern begreiflich zu machen, daß wir ihnen ihren Haus- und Feldbesitz nur retten, nur erhalten können durch Verwandlung in genossenschaftlichen Besitz und Betrieb....
Wir können nun und nimmermehr den Parzellenbauern die Erhaltung des Einzeleigentums und des Einzelbetriebs gegen die Übermacht der kapitalistischen Produktionsweise versprechen."(31)

Bald zeigte es sich - schon zu Lebzeiten von Marx und Engels -, daß die Bauernpolitik ein Hauptstreitpunkt der Sozialisten werden sollte. Es herrschten die verschiedensten Auffassungen, ob man das private Arbeitseigentum der Bauern fördern oder ob man, zwar nicht propagandawirksam, aber ehrlich, dem vermeintlichen ökonomischen Fortschritt seine Reverenz erweisen solle.

2.2. DIE AGRARFRAGE IN DER DEUTSCHEN SOZIALDEMOKRATIE (KAUTSKY IM STREIT MIT VOLLMAR UND GENOSSEN) (32)

Noch zu Marxens Lebzeiten kam es innerhalb der sozialistischen Bewegung immer zu Differenzen bezüglich der Einschätzung der Bauern, besonders über deren Rolle beim Übergang zum Sozialismus. Eines schien aber allen klar zu sein:

Gegen die Bauern - das hatte schon die Pariser Kommune gezeigt - ist keine Revolution zu machen! Daher mußte man die Bauern - wenn sie schon nicht für die Revolution zu gewinnen waren im Moment - zumindest neutralisieren.
Doch es herrschten nicht nur Meinungsverschiedenheiten, wie man sich den Bauern gegenüber pragmatisch zu verhalten habe, sondern noch vielmehr, was die tatsächlich richtige marxistische Bauernpolitik sei, ob Marxens Lehre normativ oder deskriptiv auszulegen sei, und wieweit man sich, wegen der offensichtlich sich zeigenden Eigengesetzlichkeit der Landwirtschaft, von den politischen Grundsätzen von Marx entfernen dürfe. Auch kam es zu Mißverständnissen, weil einige die Analysen von Marx nicht genau kannten, hingegen die sie kannten, oft nicht einsahen, daß diese nur auf das englische Beispiel bezogen wurden.

Andererseits erhob sich auch die Frage, wieweit die Bauern selbst über das Industrie- und Landproletariat hinaus in die sozialistische Konzeption einzubeziehen seien, wodurch es zu einer gewissen Vorwegnahme der Revisionismusdiskussion bezüglich der Gültigkeit aller Marx'schen Lehrsätze kam. Ebenfalls sollten die verschiedenen Interessen der kapitalistischen Mittelbauern der süddeutschen Gebiete, der Kleinbauern und Häusler sowie der ostelbischen Landarbeiter und Gutsknechte auf einen Nenner gebracht werden.(33)

Bereits vor dem Erfurter Parteitag 1891 forderte der bayrische Sozialistenführer Georg von Vollmar ein Zusammenwirken mit dem kapitalistischen Staat bei der Durchsetzung von Reformen zur Förderung der sozialen Entwicklung, was in Erfurt als Staatssozialismus abgelehnt wurde, aber nichts an der weiteren Wirksamkeit dieser Forderung änderte. (34) Vollmar selbst agierte in Bayern in dem von ihm vorgeschlagenen Sinn weiter, besonders in der Frage eines aktiven Bauernschutzes. (35) Die Ausklammerung und Nichtbehandlung der Bauernfragen - wie in Erfurt - bedeutete für Vollmar

den Verzicht auf das eigentliche Ziel der sozialistischen Bewegung: Auf die Erringung der politischen Macht.
Er paßte seine praktische Tätigkeit in Bayern auch der dort gegebenen Struktur an; es überwog die ländliche Bevölkerung, für die der Familienbetrieb die dominierende Betriebsform war. Vollmar kam aufgrund seiner Untersuchungen zu dem Ergebnis, daß sich die Lebenshaltung der Kleinbauern kaum von der der Lohnarbeiter unterschied (was natürlich keineswegs deren Klassenidentität mit dem Proletariat ausmacht) (36) und versprach, alle positiven Maßnahmen des Staates zu unterstützen, die angetan sind, die Lage der Kleinbauern zu verbessern. Vollmar trat zum Beispiel für die staatliche Vieh- und Mobilarversicherung, die Abschaffung der noch bestehenden Feudallasten und für die wirksame Hilfe beim Aufbau von Berufsgenossenschaften innerhalb des kapitalistischen Systems ein.(37)
Vollmars Gegner beharrten auf dem Standpunkt, daß dies Maßnahmen seien, die nur ein sozialistischer Staat durchführen könne. Die Zustimmung der Sozialisten zu diesen Maßnahmen in einem bürgerlichen Staat, einer Stärkung desselben gleichkäme. Weiters war man dagegen, da der Kleinbetrieb aus ökonomischen Zwängen zum Untergang verurteilt sei, und es daher nicht Aufgabe der Sozialisten sein könne, diesen Untergang durch Scheinunterstützungen hinauszuzögern. Solche Maßnahmen sollten die bürgerlichen und antisemitischen Bauernfänger betreiben, die Sozialisten hingegen sollten den Bauern ehrlich den Gang der ökonomischen Entwicklung aufzeigen. In Anbetracht dieser Gesetzmäßigkeiten spricht sich auch Friedrich Engels gegen einen derartigen Bauernschutz aus. Er meint dazu in einem Brief an den russischen Nationalökonomen Nikolai Danielson, daß sich der deutsche Bauer noch eine Weile in den Fängen des Kreditwucherers winden würde, dann aber gezwungen sei, sein Haus an einen Großgrundbesitzer abzugeben. "Wir (die Sozialisten, Anm. d.Verf.) werden uns mit dem Gedanken trösten müssen, daß all das letzten Endes der Sache des menschlichen Fortschritts dienen

muß."(38)
Der von Vollmar und Genossen vertretene Agrarrevisionismus konnte zweifelsohne Widersprüche zwischen der marxistischen Theorie und der tatsächlichen Entwicklung feststellen: insbesondere bei der Theorie von der Expropriation des Kleinbetriebs durch den Großbetrieb. Karl Kautsky weist in seinen Erklärungen des Erfurter Programms, obwohl er selbst von der Konzentrationstheorie in der Landwirtschaft damals noch überzeugt schien, darauf hin, daß grundsätzlich die kapitalistische Entwicklung in der Landwirtschaft nicht die Vergesellschaftung der Produktionsmittel beim Übergang zum Sozialismus dort bedinge, wo die kleinbäuerliche Wirtschaft ökonomisch noch nicht überwunden sei. Auch wäre die unbedingte Aufhebung des Arbeitseigentums an den Produktionsmitteln nicht richtig, da ja der Sozialismus bestrebt sei, dem Arbeiter zum Besitz seiner Produktionsmittel zu verhelfen.(39) Demnach sind nur jene Produktionsmittel zu enteignen, die zwar zur gesellschaftlichen Arbeit, aber nicht zum gesellschaftlichen Genuß berechtigen.

2.2.1. DIE AGRARDEBATTEN

Die Frage der Bauernpolitik kam und durfte innerhalb der Sozialdemokratie nicht zur Ruhe kommen. Dr. Eduard David sah einen Konnex zwischen den Interessen der Arbeiterschaft und der Bauern, nämlich, weil der Bauer nur sein volles Auskommen haben kann, wenn auch der Arbeiter seinen vollen Lebenslohn hat. Dies ist objektiv betrachtet so richtig, daß es selbstverständlich ist. Diese Argumentation ist aber keineswegs eine Begründung für den Schutz einer überlebten Wirtschaftsform, falls diese tatsächlich - wie Marx annahm - sich überlebt hat.
Jedenfalls zog durch diese Debatten in der Partei die Einsicht in die Notwendigkeit ein, sich mit landwirtschaftlichen Fragen zu beschäftigen.

Am Parteitag in Frankfurt 1894 stellten Vollmar und Bruno Schönlank den Antrag, eine Agrarkommission zur Ausarbeitung eines Agrarprogramms einzusetzen, der angenommen wurde, Vollmar begründete seinen Antrag in den wesentlichsten Punkten wie folgt: "Die Agrarfrage ist das Erzeugnis der modernen Wirtschaftsfrage. Je abhängiger die heimische Landwirtschaft vom Weltmarkt und dem internationalen Wettbewerb aller Ackerbauländer ist, je mehr sie in den Bannkreis der kapitalistischen Warenproduktion, des Bank- und Wucherkapitals gerät, um so rascher verschärft sich die Agrarfrage zur Agrarkrisis. In Preußen - Deutschland kämpft die landwirtschaftliche Unternehmerklasse, die sich in ihrem Wesen von den großgewerblichen Kapitalisten nicht unterscheidet, mit dem Landadel. Dieser Landadel erhält sich nur noch künstlich durch Liebesgaben wie Schutzzölle, Ausfuhrvergütungen ....
Dazu kommt der sich fortgesetzt zuspitzende Zwiespalt zwischen Großbetrieb und kleinbäuerlicher Wirtschaft. Die kleine Bauernschaft, bedrückt durch Militärdienst und Steuerlasten, in Hypotheken und Personalschulden verstrickt, bedrängt von innen und außen, kommt in Verfall. Die Schutzzölle sind für sie nur ein leeres Schaugericht. Und diese Zoll- und Steuer-Politik lähmt die Kaufkraft der arbeitenden Klasse und verengt beständig den Markt der Bauern. Der Bauer wird proletarisiert.
Auf der anderen Seite entfaltet sich der Klassengegensatz zwischen ländlichen Unternehmern und ländlichen Arbeitern zu immer größerer Reinheit. Eine ländliche Arbeiterklasse ist entstanden. Sie ist gebunden durch feudale Gesetze, die ihr das Vereinigungsrecht versagen, die sie unter Gesindeordnung stellen, ... die Zwischenschichten, grundbesitzende Taglöhner, Zwergbauern, die auf Lohnarbeit als Zubuße angewiesen sind, sinken trotz aller Scheinreformen in die Klasse des ländlichen Proletariats....
Die Agrarfrage als notwendiger Bestandteil der sozialen Frage wird endgültig nur gelöst, wenn der Grund und Boden mit den Arbeitsmitteln den Produzenten wieder zurückgegeben

ist, die heute als Lohnarbeiter oder Kleinbauern im Dienst des Kapitals das Land bestellen. Jetzt aber muß die Notlage der Bauern und Landarbeiter durch eine grundlegende Reformtätigkeit gemildert werden."(40)
Vollmar fordert nun die Aufstellung eines agrarpolitischen Programms, das die Notlage der Landarbeiter und Kleinbauern mildern und dem Erfurter Programm angehängt werden soll.
Schönlank ging in seinen Ausführungen genau auf die regionalen, ökonomischen Differenzen, auf die Probleme der Land-Wander- und Taglohnarbeiter sowie der Kleinbauern ein und forderte einen Schutz der Bauern, der dadurch auch Garant für den Übergang zum Sozialismus sein soll, da sich die Armee hauptsächlich aus den Bauernsöhnen rekrutiert: "Wir müssen verhüten, daß die nagelbeschlagenen Schuhe der Bauern und Bauernsöhne sich gegen uns wenden, wir müssen sie neutralisieren, pazifieren."(41)
Diese Ansicht Schönlanks hat sich zum Beispiel in Rußland als richtig erwiesen.
Vollmar wandte sich gegen die These vom unabwendbaren Untergang der Kleinbauern und deren Vertröstung auf das bessere sozialistische Jenseits und forderte hier und jetzt positive Maßnahmen wie staatliche Hilfe, um den Bauern den Übergang zu einem rationellen und genossenschaftlichen Betrieb der Landwirtschaft zu erleichtern.(42) Ein Gedanke Vollmars wird sicher gewesen sein, der Sozialdemokratie zur parlamentarischen Stärke zu verhelfen.
Nach dem Frankfurter Parteitag ging die Agrardebatte in der Presse und im Briefwechsel der sozialdemokratischen Führer weiter. Kautsky sprach sich dafür aus, die Dominanz von Vollmar - Schönlank durch fortgesetzte Debatten zu zerstören. Er teilte Viktor Adler mit: "Das Schlimmste, was uns passieren könnte, wäre die Versumpfung des Konflikts. Jede unentschiedene Schlacht beutet Vollmar als Sieg aus, und er wird in der Partei solange wachsen, als diese sich nicht traut, ihm entschieden zu sagen: bis hierher und nicht weiter. Am schlimmsten sind dabei die zweideutigen Kumpane, die zum

Frieden mahnen. Sie arbeiten nur für Vollmar."(43)
Ebenso sprach sich August Bebel in einem Brief an Friedrich Engels gegen Vollmars Wünsche aus und forderte ihn zu einer Stellungnahme auf. Engels verurteilte Vollmars "Bauernfängerei" und warf ihm vor, viel zu sehr von den bayrischen Verhältnissen auszugehen. Er wandte sich auch gegen die Meinung, die Bauern direkt in die Partei einzubeziehen zu wollen: "Wir können den Alpenbauern, den niedersächsischen und schleswig-holsteinschen Großbauern nur bekommen, wenn wir ihm die Ackerknechte und Taglöhner preisgeben, und dabei verlieren wir auch politisch mehr, als wir gewinnen."(44) Weiters sprach sich Engels dafür aus, nicht nach den Bauern zu schielen, sondern zu trachten, die ostelbischen Landarbeiter zu gewinnen, die von den Junkern, deren ökonomische Stellung sich ständig schwächt, daher immer hemmungsloser ausgebeutet werden. Nach der Zerschlagung der Junkerherrlichkeit werde auch die preußische Armee sozialdemokratisch inspiriert sein, weil sich diese hauptsächlich aus den Landarbeitern zusammensetzt, und wer die Regimenter für sich hat, kann Änderungen wagen.
Nachdem Schönlank darauf hingewiesen hatte, wie wichtig die Bauern für die Rekrutierung der Armee und demgemäß für die Sozialdemokratie im Falle einer Revolution seien, will hier Engels dieselben Gründe für die Landarbeiter geltend machen.

Doch gab es auch andere Pressestimmen. Ausgehend von der im Gegensatz zu Marx stehenden Überzeugung, daß der landwirtschaftliche Kleinbetrieb dem Großbetrieb ebenbürtig, wenn nicht überlegen sei, forderte Dr. Eduard David in der "Neuen Zeit" die Überführung des Bodens in Staatseigentum bereits in der kapitalistischen Gesellschaft, so wie die Aufteilung desselben und seine Ausgabe als Lehen gegen Naturalzins an Selbstbewirtschafter. Diese Forderung bedeutete nichts anderes als die Schaffung neuer Kleinbauernexistenzen. Ein Zusatzgesetz sollte verhindern, daß ein nicht landwirtschaftlich gebildeter Nachkomme Erbe eines solchen Gutes werden könne.(45) Dieses Programm impliziert, wie es hier steht, den Sozialismus von oben und unterscheidet sich kaum vom kapitalistischen Pachtsystem. Es ließe sich natürlich demokratisieren, z.B. daß die Pächter auf der untersten Ebene von den Dorfgenossen gewählt werden und der Staat diese Vorschläge berücksichtigen muß. Andererseits muß man heute aufgrund der landwirtschaftlichen Entwicklung sagen, daß die Zerschlagung von Großgütern in Kleingüter ökonomisch ein kaum wieder gutzumachender Fehler gewesen wäre (man bedenke nur den heutigen Stand der Technik und die daraus erwachsene Maschinisierung, diese könnte man auf Kleinwirtschaften auch nur im großen (Maschinenringe) rationell einsetzen.

Die in Frankfurt eingesetzte Agrarkommission hatte nun einen Programmentwurf ausgearbeitet, der allen Seiten gerecht zu werden versuchte. Es versprach sowohl Bauern- als auch Landarbeiterschutz, sprach sich aber eindeutig gegen den privaten Großgrundbesitz aus.
Dieses Programm wurde vom Breslauer Parteitag 1895 mit 158 : 63 Stimmen nach einer Resolution Kautskys abgelehnt, obwohl sich August Bebel und Wilhelm Liebknecht in der Abstimmung für das Programm aussprachen, trotzdem beide in Frankfurt noch Gegner eines solchen gewesen waren. Bebel teilte in seiner Verbitterung Viktor Adler mit, daß die Ablehnung des Entwurfs der Sozialdemokratie am Lande Nachteile für Jahre brächte. Die angenommene Resolution Kautskys forderte: "Der von der Agrarkommission vorgelegte Entwurf eines Agrarprogramms ist zu verwerfen. Denn dieses Programm stellt der Bauernschaft die Hebung ihrer Lage, also die Stärkung ihres Privateigentums in Aussicht .... Ferner weist der Entwurf des Agrarprogramms dem Ausbeuterstaat neueMachtmittel zu und erschwert dadurch den Klassenkampf des Proletariats und endlich stellt dieser Entwurf dem kapitalistischen Staate Aufgaben, die nur ein Staatswesen ersprießlich zur Durchfüh-

rung bringen kann, in dem das Proletariat die politische Macht erobert hat. Der Parteitag erkennt an, daß die Landwirtschaft ihre eigentümlichen, von denen der Industrie verschiedenen Gesetze hat, die zu studieren und zu beachten sind, wenn die Sozialdemokratie auf dem flachen Land eine gedeihliche Wirksamkeit entfalten soll."(46)
Am Schluß der Resolution stand die Forderung, der Parteivorstand solle geeignete Leute auswählen und die nötigen Geldaufwendungen machen, um Agrarstudien betreiben zu können, und die Ergebnisse in einer sozialdemokratischen Schriftenreihe veröffentlichen.
Leider wurde dem zweiten Teil der Forderung (die Agrarstudien betreffend) nicht allzu heftig Folge geleistet. Kautsky selbst allerdings sammelte Daten, besonders in bezug auf die Entwicklung des landwirtschaftlichen Groß- und Kleinbetriebs. Es wurde nämlich festgestellt, daß sich im Gegensatz zu den Marxschen Voraussagen der Kleinbetrieb zwischen 1882 und 1885 vermehrt hatte.

Bezüglich der oben wiedergegebenen Agrardebatte meinte einer der Hauptakteure der damaligen Zeit, Georg v. Vollmar, rückblickend im Jahr 1900 bei einem Referat in Graz: "Wir können froh sein, so mit einem blauen Auge davongekommen zu sein. Wie wohl ich seinerzeit zu den ersten Veranstaltern gehört habe, habe ich jetzt die Behandlung der Agrarfrage nicht mehr beschleunigt. Die Sache muß ihre Entwicklung haben .... Eines haben wir durch die Landagitation .... erreicht. Die Bauern halten uns jetzt nicht mehr für Räuber und Spitzbuben."(47)

2.2.2.   KAUTSKYS ANALYSEN

2.2.2.1.   GROSSBETRIEB UND KLEINBETRIEB

Einer der strittigsten Punkte bei den Agrardiskussionen war,

ob man für die Landwirtschaft die Thesen von Marx und Engels weiter absolut anerkennen soll, oder ob man die Meinung vom Untergang des Kleinbetriebs aufgrund der offensichtlichen Entwicklung aufgeben sollte. Viele Mißverständnisse kamen daher, weil die Orthodoxen zu dogmatisch, die Revisionisten zu kurzsichtig an dieses Problem herangingen.
Karl Kautsky lieferte eine Analyse, die zwar die grundsätzliche Überlegenheit des Großbetriebs, aber auch die Notwendigkeit des Fortbestehens des Kleinbetriebs in einer kapitalistischen, auf Ausbeutung des Menschen durch den Menschen beruhenden Gesellschaft beweisen soll.

Es ist offensichtlich, daß bei Anbau, Ernte, Ausnutzung von Maschinen, Kultivierung und Melioration des Bodens der Großbetrieb dem Kleinbetrieb überlegen ist (ausgenommen gewisse Spezialkulturen), und was besonders wichtig ist, wenn man anerkennt, daß ein größeres Mehrprodukt und daher spezifisch größerer Mehrwert nur durch Steigerung der Produktivität von variablem Kapital (menschliche Arbeitskraft) erzeugt wird, manifestiert sich dies besonders deutlich bei der Erzeugung von Produkten unter gleichem Arbeitsaufwand. Die Überlegenheit des Großbetriebs scheint nur dann geringer, wenn man nicht vom Arbeitsaufwand, sondern vom bewirtschafteten Boden und dessen Ertrag ausgeht, doch berücksichtigt man dann nicht, daß der Kleinbetrieb weit mehr Arbeitskräfte auf der gleichen Fläche einsetzt.(48)
Machen wir zum Vergleich einen Exkurs in die Gegenwart und nehmen wir die statistischen Zahlen von Österreich aus dem Jahr 1960:
Damals gab es in Österreich 402.286 land- und forstwirtschaftliche Betriebe. Davon waren 15.019 Großbetriebe (über 50 ha), 129.528 Mittelbetriebe (zwischen 10 und 50 ha) und 257.739 Kleinbetriebe (unter 10 ha). Weiters waren die in der Landwirtschaft Tätigen 1960 wie folgt unterschieden:

Betriebsführer 390.211
ständige Familienarbeitskräfte 525.643
nicht ständige Familienarbeitskräfte .. 58.810
Familienarbeitskräfte 584.453
fremde Arbeiter 225.791
davon ständig 100.782
davon nicht ständig .... 125.009.

Wenn man nun ins Kalkül zieht, daß bei dieser Betriebszählung auch Agrargemeinschaften und Genossenschaftsbetriebe gezählt wurden - von denen mehrere zusammen einen Leiter haben dürften -, kann man sagen, daß jeder private Eigenbetrieb einen im Voll- und Nebenerwerb arbeitenden Leiter hat.

Also waren im Jahr 1960 insgesamt 1,200.455 Menschen in 402.286 Betrieben voll- oder teilzeit beschäftigt. Wir gehen hier von der Annahme aus, daß der Kleinbetrieb und der kleinere Mittelbetrieb nur Ein-Arbeitskraft-Betriebe sind, die restlichen Arbeitskräfte sich proportionell auf die größeren Betriebe verteilen, was auch den Tatsächlichkeiten entsprechen dürfte.

Von der vorhandenen Grundfläche hatten zur Verfügung:

15.019 Betriebe über 6o ha .... 4,193.189 ha
129.528 Betriebe von 10 - 50 ha ...... 2,712.607 ha
257.739 Betriebe unter 1o ha .... 823.564 ha (49)

Geht man davon aus, daß jeder Kleinbetrieb mindestens eine Arbeitskraft teilweise oder ganz beanspruchte, so ist die ökonomische Überlegenheit des Großbetriebs eindeutig bewiesen.

Weiters scheint auch Kautskys Behauptung einsichtig, daß der mit weniger Marktmacht ausgestattete Kleinbauer vom Zwischenhandel und Kreditwucherer abhängiger ist als der größere Bauer oder gar der Gutsherr. Jedoch "am größten und verderblichsten äußert sich diese Abhängigkeit dort, wo der Zwischenhändler gleichzeitig auch als Wucherer auftritt, wo dringendes Geldbedürfnis zur Zahlung von Steuern und Schulden den Bauern zwingt, seine Ware um jeden Preis loszuschlagen oder gar sie zu verkaufen, ehe sie noch marktreif ist." (50)

Auch die heutzutage bestehenden bäuerlichen Kredit- und Handelsgenossenschaften und auch die Subventionspolitik der Regierungen zeigen den Kleinbetrieb im Nachteil gegenüber dem Großbetrieb. Die Genossenschaften müssen in einer marktorientierten Gesellschaft auf die Wünsche der Großproduzenten mehr Rücksicht nehmen als auf die der Kleinproduzenten, da sie nur die Vermittlerrolle vom und zum Markt innehaben, dort aber der kapitalistischen Konkurrenz ausgesetzt, diese in die Landwirtschaft zurücktragen. Einen Ausgleich könnten nur Produktionsgenossenschaften schaffen, in denen das ganze Land in den Händen der dieses Bearbeitenden, der werktätigen Mitglieder wäre, und die nach Plan produzieren ließen. Dieses zu tun wäre laut Kautsky die Aufgabe des im Kampf gegen den Kapitalismus genossenschaftlich geschulten Proletariats. Diese Genossenschaften von Landarbeitern sollen auch für die im Besitzdenken verharrenden Kleinbauern gemeinwirtschaftliche Vorbildfunktionen erfüllen und ihm die Hinderlichkeit des Privateigentums an Grund und Boden aufzeigen.
(51) Gegen die Subventionspolitik gibt es für Kautsky vielerlei Bedenken. Nicht nur, daß zum Beispiel unsere heutigen Mengensubventionen wieder nur denen zugute kommen, die sie keinesfalls brauchen. Sie sind für ihn nämlich kein brauchbarer Weg zum Sozialismus: "Man mag das Manchesterthum nennen, aber Staatshilfe an Private zur Förderung ihrer privaten Interessen ist keineswegs Sozialismus. Eine Sozialreform, die die landwirthschaftliche Waarenproduktion dadurch konservirt, daß sie dem Unternehmer den Profit läßt, das Risiko dem Staat, das heißt der Masse der Bevölkerung, aufbürdet, ist zweifellos für die Agrarier ein verlockendes Ideal, sie ist aber weder im großen Maßstabe durchzuführen noch im Interesse des Proletariats gelegen."(52)

Obwohl in jeder Sparte die Produktion von Spezialprodukten

und Dienstleistungen in gewissem Rahmen den Kleinbetrieb rechtfertigen - dort das Handwerk, hier die verschiedenen Zuchtanstalten (Obst-, Gemüsezucht, Veredelungsgenossenschaften usw.) -, scheinen doch die ökonomischen Faktoren die Bevorzugung des Großbetriebs zu rechtfertigen. Also müßte man davon weiter ausgehen, daß bei obwalten lassen des Liberalismus die Landwirtschaft denselben Lauf nimmt wie die Industrie. Jedoch tritt in diesem Produktionszweig eine typeneigene Schranke zutage: Die Beschränktheit des Bodens. Wie kann man diese teils beseitigen?
In bezug auf das industrielle Kapital stellt man zwei große Bewegungen fest: Die Akkumulation und die Zentralisation! Durch das Investieren des aus den Arbeitern herausgepreßten Mehrwerts akkumuliert der Kapitalist neues Kapital in seiner Hand, genauso wie er durch die Vereinigung vieler kleiner Kapitalien zu einem großen diese dort zentralisiert. Der Grundbesitzer jedoch kann seinen Grundbesitz nur durch Zentralisation vergrößern. Dieser neugewonnene Grund und Boden kann aber räumlich soweit von seinem angestammten entfernt liegen, daß der Vorteil der Vergrößerung nicht wirksam wird; er kann keinen Großbetrieb daraus bilden. Vielfach wird es dann wieder zum Verkauf an einen Kleinbauern und zur Stärkung des Kleinbetriebs kommen. Kautsky bemerkt dazu: "Die Vortheile des Großbetriebs sind so gewaltige, daß sie die Nachteile der größeren Entfernung mehr als aufwiegen; aber nur für eine gewisse Flächenausdehnung .... (und er folgt daraus). Ein intensiv bewirtschaftetes kleines Gut kann ein größerer Betrieb sein als ein umfangreiches, extensiv bewirtschaftetes."(53) Nur dort, wo das Pachtsystem vorherrscht (England), besteht das Bestreben der Gutsherrn, ihre Güter unter allen Umständen auszudehnen, weil sie sie ja sowieso an den Meistbieter verpachten, der wiederum Gründe aus verschiedenen Herrschaften bewirten kann. Die für Kautsky fortschrittlichste Form eines solchen Wirtschaftskörpers ist das damals in der österreichischen Monarchie häufige, zentral verwaltete Latifundium, denn "diese Form kennt ebenso

wenig wie die Zentralisation des Kapitals irgendwelche Grenzen. Es wird damit die höchste Produktionsweise angebahnt, deren die moderne Landwirtschaft fähig ist. Die Vereinigung mehrerer Betriebe in einer Hand führt früher oder später zu ihrer Verschmelzung in einen Gesammtorganismus, zu einer planmäßigen Arbeittheilung und Kooperation der einzelnen Betriebe."(54)
Aus anderen Überlegungen abgeleitet, aber zu einem ähnlichen Schluß gekommen ist der 1968 vorgestellte Mansholt-Plan. Er wollte ebenfalls die Zentralisation von landwirtschaftlichen Großbetrieben - allerdings unter kapitalistischen Gesichtspunkten - fördern.

Aus dem eben Gesagten würde sich noch keinesfalls die weitere Existenz des Kleinbetriebs im Kapitalismus beweisen lassen. Karl Kautsky leitet die Notwendigkeit des Kleinbetriebs im Kapitalismus - ja seine unbedingte Notwendigkeit für den Großbetrieb - auch nicht daraus, sondern aus dem Mangel an Arbeitskräften ab: "Die Ausdehnung des Marktes, der Besitz von Geldmitteln, das Vorhandensein der nöthigen technischen Vorbedingungen, das alles allein genügt nicht zur Bildung eines kapitalistischen Großbetriebs. Die Hauptsache sind die Arbeiter. Mögen alle anderen Bedingungen vorhanden sein, wo die besitzlosen Arbeitskräfte fehlen, die sich dem Kapitalisten verkaufen müssen, da ist ein kapitalistischer Betrieb unmöglich."(55)
Wir haben bereits erwähnt, daß es ein Merkmal des städtischen Proletariats ist, daß es einen Haushalt getrennt von der Arbeitsstätte führt. Dort kann der Arbeiter seine Familie gründen, Kinder zeugen, die wieder zu Lohnarbeitern werden: Diese Fähigkeit erst machte den Arbeiter zum freien Mann und gestatte ihm, als Klasse aufzutreten mit allen Konsequenzen.
Jedoch in der Landwirtschaft war und ist der Arbeiter mit dem Haushalt des Dienstgebers streng verbunden, was mit ein Grund war, den Landarbeiter zum Abwandern in die Stadt

zu veranlassen, wo er selbst einen eigenen Hausstand gründen konnte. Außerdem ist immer "in der bäuerlichen Verfassung das Wohnen unter fremden Dache Grundlage der wirthschaftlichen Unselbständigkeit." Es sind daher "die Besitzer (oder Pächter) der kleinen Betriebe, die eine selbständige Haushaltung mit selbständiger Landwirtschaft verbinden, in denen sich auf dem Lande die besten Bedingungen für die Aufziehung eines zahlreichen arbeitsfähigen Nachwuchses finden. Sie liefern nicht blos genug Arbeitskräfte für sich selbst, sondern auch noch einen Überschuß. Entweder dadurch, daß sie als Häusler, deren Landwirtschaft sie nicht völlig in Anspruch nimmt, selbst als Taglöhner im Großbetrieb arbeiten, oder aber dadurch, und das thun sie alle, ob Häusler oder Bauern, daß sie in ihren Kindern einen Überschuß von Arbeitern liefern, die in der Familienwirtschaft nicht Raum finden, die dem Großbetrieb als Gesinde und Taglöhner zur Verfügung stehen."(56)

Die Produktionsstätten von neuen Arbeitskräften gehen dort zurück, wo der Kleinbetrieb zurückgeht, worauf der Großbetrieb aus Mangel an Arbeitskräften unrentabel wird und zurückgeht zugunsten des Kleinbetriebs. Ist dies wiederum der Fall, dann ist die Folge, daß dem Großbetrieb wieder viele Arbeitskräfte zur Verfügung stehen und er seine technischen Vorteile ausspielen kann, was zum erneuten Zurückdrängen des Kleinbetriebs führt. Dies ist ein ständiges Fluktuieren, störende Momente wie die Verpflanzung eines Industriebetriebs aufs Land ausgenommen. Daraus schließt Kautsky: "Wir haben in der kapitalistischen Produktionsweise ebensowenig das Ende des landwirtschaftlichen Großbetriebs als des Kleinbetriebs zu erwarten."(57)

Diese krassen Personalprobleme kennt unsere heutige Landwirtschaft aufgrund ihrer Technisierung, der Verpflanzung von Industrie aufs Land, was im Gegensatz zu Kautskys Meinung auch Nebenerwerbsarbeitskräfte schafft, des Ausbaus der Verkehrswege und vieler anderer ökonomischer Faktoren nicht mehr in dem Ausmaß. Doch sind auch heute die größeren Landwirte bestrebt, durch den Bau von Mietwohnungen, die die Mieter "abarbeiten" müssen, trotz verschiedener Störungen ständig Arbeitskräfte parat zu haben; eine besondere Rolle kommt in diesem Fall der Frauenarbeit zu.

2.2.2.2. DIE KLEINBAUERN UND DAS PROLETARIAT

Die Lebenshaltung des Kleinbauern war (und ist, sofern er nicht einem Nebenerwerb nachgeht) eine proletarische, vielfach sogar unterproletarische. Das steht aber in keiner Kongruenz zu seinen Klasseninteressen. Denn das wesentliche Merkmal des modernen Proletariats ist nicht sein Elend, sondern sein Mangel an den Produktionsmitteln, und erst die genossenschaftliche Erringung derselben durch die Arbeiterklasse ist der Kern der Lösung seiner Probleme. Der industrielle Arbeiter arbeitet nämlich nicht an individualistischen Produktionsmitteln, sondern an solchen, die nur eine Gesellschaft von Arbeitern wirkungsvoll einsetzen kann, der Besitz derselben aber nicht in den Händen der sie Bearbeitenden ist. Der Kleinbauer ist hingegen von seinen Produktionsmitteln nicht entfremdet, er kann sie nur nicht - wie im vorigen Kapitel gezeigt - wirkungsvoll einsetzen. In seiner Grundtendenz unterscheidet er sich dadurch hauptsächlich vom Arbeiter - nicht allein, weil er als Verkäufer von Lebensmitteln, der Arbeiter als Käufer derselben auf den Markt kommt, und jeder das Beste für sich herausholen will -, daß der Bauer als Verkäufer seiner Arbeit (der Produkte seiner Arbeit), der Arbeiter als Verkäufer seiner Arbeitskraft (die Arbeit des Arbeiters verkauft der Kapitalist) am Markt auftritt.
Also ist nicht das individuelle Elend oder der Hunger entscheidend für die Aufnahme ins Proletariat, sondern der Privatbesitz an Grund und Boden als Arbeitsmittel oder Revenuequelle (letzteres kommt ja beim Kleinbauern kaum vor)

stellt sich gegen eine Klassenidentität mit dem Proletariat; was natürlich keinesfalls heißt, daß der Bauer nicht proletarische Interessen vertreten kann. Eine Förderung der Bauern im Sinne des positiven Bauernschutzes würde nur deren kleinbürgerliches Besitzdenken fördern, der Arbeiterklasse aber nichts bringen.

Der Kleinbauer wird aber vom Grundgrundbesitz - wie wir bereits gesehen haben - ebenso ausgebeutet wie der Arbeiter vom Kapitalisten. Daher wohnen auch zwei Seelen in der Brust des Kleinbauern: eine bäuerliche und eine proletarische (heute wird diese Tendenz durch den vielfachen industriellen Nebenerwerb der Bauern noch verstärkt): "Die konservativen Parteien haben alle Ursache, die bäuerliche zu stärken, das Interesse des Proletariats geht in entgegengesetzter Richtung - und ebenso sehr das Interesse der sozialen Entwicklung und das der Zwergwirthe selbst .... es (kann) keinem Zweifel unterliegen, daß wir die Hebung der Zwergwirthe als Menschen, ihre soziale Erhebung aus der Barbarei in die Zivilisation nicht auf dem Wege ihrer Heraushebung aus der Lohnarbeiterschaft in die Bauernschaft anzustreben haben, und daß nichts gefährlicher und grausamer sein kann, als in ihnen Illusionen über die Zukunft des bäuerlichen Kleinbetriebs zu erwecken."(58)
Gerade das würde aber ein Programm tun, das wirksamen Bauernschutz verheißt.

Auf eine Feststellung legt Kautsky am Ende seiner Betrachtungen noch Wert, daß die Überführung bäuerlichen Eigentums in genossenschaftliches keineswegs die Aufhebung des eigenen Heims bedeutet - wie sogar noch heute die konservative Propaganda den Bürgern weismachen möchte. Denn "der Sozialismus beruht auf dem Gemeineigenthum an den Produktionsmitteln, nicht auf dem an den Genußmitteln. Für diese schließt er das Privateigenthum nicht aus. Unter den Mitteln, das menschliche Leben zu genießen und seiner froh zu werden, ist aber

eins der wichtigsten, vielleicht das wichtigste, das eigene Heim. Das Gemeineigenthum an Grund und Boden ist damit keineswegs unvereinbar." (59)
Der Sozialismus wird das Verlangen einer jeden voll entwickelten Persönlichkeit nach dem eigenen Heim daher nicht unterdrücken, sondern fördern, ja er wird erst die Mittel schaffen, diesen Wunsch allgemein befriedigen zu können.

Die Gegensätze innerhalb der sozialistischen Partei in der Bauernfrage waren selbstverständlich kein deutsches, oder, wie wir nachfolgend sehen, österreichisches Spezifikum; sie betrafen alle marxistischen Parteien (60), besonders auch als Regierungspartei wie die russische nach der Revolution.(61)

3. DIE AGRARFRAGE UND DIE SOZIALDEMOKRATIE IN
    ALTÖSTERREICH

Das Verhältnis der Sozialdemokratischen Arbeiterpartei Österreichs (SDAPÖ) zu den Bauern schien Ende des vorigen Jahrhunderts, wenn man die einschlägige Literatur betrachtet, theoretisch und praktisch noch unabgeklärter als jenes der deutschen Sozialdemokratie. Man horchte offensichtlich hierzulande über die Grenze, sah, daß dort das Problem immer wieder verschoben wurde, und scheute sich daher, eine selbständige Agrarpolitik zu entwerfen. Die Parteiprogramme begnügten sich mit der Erwähnung des Landarbeiterproblems. Das Parteiprogramm von Hainfeld 1888/89 enthielt in der "Resolution über Arbeiterschutz-Gesetzgebung" und "Sozialreform" nur folgenden Satz für die ländliche Politik: "Die Arbeiterschutz-Gesetzgebung soll international ausgebaut und in geeigneter Weise auf die Landarbeiter ausgedehnt werden."(1) Gewisse Unsicherheiten sprechen aus dem Wiener-Programm von 1901: Spricht es vorerst nur vom Großgrundbesitz. "Der Besitzer der Arbeitskraft, die Arbeiterklasse, gerät dadurch (Monopolisierung der Arbeitsmittel in den Händen einzelner. Anm. d. Verf.) in die drückendste Abhängigkeit von den Besitzern der Arbeitsmittel mit Einschluß des Bodens, der Großgrundbesitzerklasse und der Kapitalistenklasse, deren politische und ökonomische Herrschaft im heutigen Klassenstaat ihren Ausdruck findet." So findet man weiter unten, als Ausgleich für die härteren Konzentrationstheoretiker: "Immer mehr macht die Verdrängung der Einzelproduktion auch den Einzelbesitz überflüssig und schädlich, während zugleich für neue Formen genossenschaftlicher Produktion auf Grund gesellschaftlichen Eigentums an den Produktionsmitteln die notwendigen geistigen und materiellen Vorbedingungen geschaffen werden." Da dies nicht allzu aussagekräftig ist, forderte das Programm als Momentanmaßnahmen unter anderem einen Minimalarbeiterschutz, der "für Betriebe jeder Art und Stufenleiter (Großindustrie, Transportgewerbe, Handwerk, Handel, Hausindustrie, Land- und Forstwirtschaft) zu gelten" habe.(2)

Sowenig Konkretes bezüglich der Bauernfrage man auch aus diesen beiden Parteiprogrammen - während der Monarchie gab es nach deren Einigung der österreichischen Sozialdemokraten in Hainfeld 1888/89 außer den beiden zitierten Programmen nur noch das Nationalitätenprogramm von Brünn 1899, das aber zum gegenständlichen Thema nichts aussagt - entnehmen kann, so sehr gärte dieselbe doch in der Partei selbst.
Die Partei wollte schon aus Wahlnotwendigkeit, aber auch anderen Gründen, zumindest an die vom Großgrundbesitz ausgebeuteten Kleinbauern heran, fühlte sich zu deren Vertretung auch berufen, sah in den Kleinbesitzern keine zu bekämpfenden Ausbeuter, allein es galt mit einer theoretischen Begründung - die Fr. O. Hertz 1899 und wesentlich wirkungsvoller O. Bauer 1925 versuchten - die dogmatisch-marxistische konzentrationstheoretische Schwelle zu überwinden. Für Parteitagsdiskussionen, literarische Forderungen in Periodika und Parlamentsanträge war dieses theoretische Manko kein so großes Hindernis wie für ein eigenes Agrarprogramm, obwohl 1907 ein Dringlichkeitsantrag im Abgeordnetenhaus eingebracht werden sollte, den die Parlementsredner als Agrarprogramm bezeichneten. Eine gewisse Unsicherheit bezüglich der Bauernfrage ist jedenfalls nicht zu leugnen, und diese hat sich - zwar nicht in so scharfer Ausprägung - bis heute gehalten.
Ein Beispiel für die eben beschriebene Unsicherheit ist Victor Adler selbst. 1891 betonte er noch, wie reaktionär es sei, die Kleinbauern als Besitzer konservieren zu wollen, (3) doch bereits ein Jahr später schrieb er, nachdem in Salzburg die Monatszeitung "Sozialdemokratische Blätter für das Landvolk" unter Mitarbeit des Landwirtschaftslehrers Anton Lesert gegründet worden war, über diesen an Friedrich Engels: "Für uns wäre er unbezahlbar. Bei uns und in Deutschland reden soviel von "Landagitation", und alle miteinander verstehen wir gar nichts davon. Da wäre ein theore-

tisch und praktisch erfahrener Landwirt, der überdies reden kann, eine glänzende Akquisition."(4)

Auch Friedrich Engels vertritt keinen klaren Standpunkt, wenn er empfiehlt, die Kleinbauern des Klassenstandpunktes wegen und aus Gründen des Wahlerfolges, nicht aber als Besitzer zu umwerben.(5)

Wie sollten denn sonst die Kleinbauern angesprochen werden, wenn nicht als Besitzer ihres Arbeitseigentums? Das sieht Engels auch, und er schreibt in "Die Bauernfrage in Frankreich und England", daß es nicht Aufgabe der Sozialisten sein könne, den Kleinbauern zu expropiieren - auch nicht ihnen die Erhaltung des Kleinbesitzes zu versprechen -, sondern sie durch Beispiel und Hilfe in Genossenschaften überzuleiten oder ihnen die Mittel und Gelegenheit zu industrieller Nebenarbeit, hauptsächlich für den eigenen Gebrauch (!), zu verschaffen. Völlig distanziert sich Engels von Gewaltanwendung gegenüber den Kleinbauern: "Und wir stehn ja entschieden auf der Seite des Kleinbauern; wir werden alles nur irgend Zulässige tun, um sein Los erträglicher zu machen, um ihm den Übergang zur Genossenschaft zu erleichtern, falls er sich dazu entschließt, ja sogar um ihm, falls er diesen Entschluß noch nicht fassen kann, eine verlängerte Bedenkzeit auf seiner Parzelle zu ermöglichen (!) .... In diesem Sinne können wir also sehr liberal mit den Bauern verfahren."(6)

Trotz dieser theoretischen Unklarheiten mußten die österreichischen Sozialisten einen modus vivendi mit den Bauern finden.

Schon allein die Wahlrechtsreformen 1896 und 1907 bestimmten die österreichischen Sozialdemokraten gerade dazu, auf dem Land zu agitieren - sie wandten sich dabei aus ideologisch verständlichen und noch darzustellenden Gründen besonders an die Landarbeiter und Kleinbauern -, wollten sie sich nicht der Möglichkeit begeben, durch demokratische Wahlen staatstragende Positionen zu erobern. Dies tritt besonders klar zutage, wenn man sich die berufsspezifische Konfiguration in Altösterreich vor Augen hält, obwohl die statistischen

Aussagen dazu nicht immer kongruent sind. Hierfür zwei Beispiele:

Verteilung der Berufstätigen auf Wirtschaftssektoren in deutsch-österreichischen Ländern in Prozenten: (7)

	1869	1890	1900	1910
Land- und Forstwirtschaft	54,2	48,6	42,7	38,7
Industrie und Gewerbe	24,8	30,9	32,7	32,4
Sonstige	21,o	20,5	24,6	28,9
Ingesamt	1oo,o	1oo,o	1oo,o	1oo,o

Berufsgruppenstruktur Cisleithaniens in Prozenten: (8)

	1869	1890	1900	1910
Land- und Forstwirtschaft	67,2	62,4	58,2	53,1
Industrie	19,7	21,2	22,2	24,o

Aus beiden Statistiken - die erste ist nur auf die Berufstätigen, die zweite auf die Gesamtbevölkerung bezogen - geht die hervorragende Bedeutung des land- und forstwirtschaftlichen Wählerpotentials hervor. Weiters ist noch zu bedenken, daß bei den meisten Nationen des österreichisch-ungarischen Vielvölkerstaates das Verhältnis noch stärker zugunsten der Landwirtschaft ausschlug.

Die Überlegungen, mit Hilfe der Landarbeiter und Bauern Wahlerfolge erzielen zu können, tauchten schon am Wiener Parteitag 1891 auf, als man sich mit dem Kampf um ein demokratisches Wahlrecht beschäftigte.(9) Deshalb erörterten die Sozialdemokraten bereits Bauernschutzmaßnahmen, die Einführung der Unfall- und Krankenversicherung für Bauern und Landarbeiter, die Gründung von Genossenschaften sowie die Zuständigerklärung des Gewerbeinspektorats für die Landarbeiter. (10)

Konkrete Aktivitäten folgten aber nicht. Im Gegenteil: Als 1897 galizische Genossen auf ihrem Parteitag in Lemberg - in Galizien war das Bauernproblem auf Grund der Bevölkerungsstruktur besonders virulent - ähnliche Forderungen einbrachten, wurden diese folgendermaßen abgelehnt: "Die Agrarpolitik habe ganz einfach die proletarischen Interessen der Bauern vertreten, nicht ihre Sicherung als Besitzer zu erstreben." Und dies, obwohl die Agitatoren ihre Forderungen nur für die verelendeten ruthenischen Kleinbauern verstanden wissen hatten wollten. (11)

Die Bauernproblematik hatte sich also in ihrer ganzen Schärfe und Widersprüchlichkeit auch der erst kurz geeinten österreichischen Sozialdemokratie bemächtigt und sollte die innerparteiliche Diskussion gleich kräftig in Schwung bringen. Obwohl sich die Partei bei der Behandlung der Bauernfrage klar abgrenzte und sich auf die Kleinbauern beschränkte, drohte auch deren ökonomisch-soziologische Zwitterstellung,
1. einerseits Eigentümer von Produktionsmitteln, mit denen diese aber kaum jemanden ausbeuteten,
2. die proletarische bis unterproletarische Lebenshaltung breitester Schichten der Kleinbauern, aber auch
3. die Frage, ob in der Landwirtschaft, ökonomisch gesehen, objektiv-gesetzmäßig wie in der Industrie der Klein- und Mittelbetrieb dem Großbetrieb weichen wird müssen,
den klar abgesteckten, hauptsächlich auf die Industrie bezogenen, marxistischen Rahmen zu sprengen.
Deshalb zuerst - wie auch bei den anderen sozialistischen Parteien - große Unsicherheit und Widersprüchlichkeit bei der Behandlung dieses Themenbereiches.
Trotzdem soll sich in dieser Arbeit zeigen, daß in der Partei bereits 1907 ein Diskussionsstand erreicht worden war, der dem während der ersten Republik kaum nachstand, ja eigentlich als die wirkliche Basis der großen Agrardiskussionen in den zwanziger Jahren und der Agrarpolitik der österreichischen Sozialisten überhaupt betrachtet werden kann.
Ist die Agrardebatte der Partei nach dem Ersten Weltkrieg, die zum sozialdemokratischen Agrarprogramm von 1925 geführt hat, wissenschaftlich gut aufgearbeitet und gesichtet, so

lautet die sowohl von bürgerlichen wie auch von sozialdemokratischen Autoren ständig wiedergebrachte Formel für die letzten dreißig Jahre der Monarchie ähnlich wie dies Josef Krammer schreibt: "Die Entwicklung der Agrarfrage in der österreichischen Sozialdemokratie zeigt gegenüber der deutschen einige Abweichungen und Besonderheiten: In der Agrarpolitik und -theorie hat der reformistische 'Bauernschutz' bis zum Ersten Weltkrieg keine so offene Ausprägung erfahren wie in Deutschland, und demzufolge ist es in Österreich nicht zu einer so tiefgreifenden Auseinandersetzung in der Bodenfrage gekommen. Die österreichische Landagitation blieb prinzipientreu, d. h. es wurden keine Zugeständnisse an die bäuerlichen Mittelschichten gemacht wie etwa in Bayern. Die Landagitationsschriften bekannten sich bis zum Ersten Weltkrieg durchwegs zur Vergesellschaftung des Bodens und räumten, getreu der 'Konzentrationstheorie', den landwirtschaftlichen Kleinbetrieben keine Zukunftschance ein .... Die österreichische Sozialdemokratie hat, ähnlich der deutschen, diesen dogmatischen Standpunkt vor dem Ersten Weltkrieg nicht überwunden."(12)

Nicht einmal Ernst Winkler, der sich mit der Agrarpolitik der österreichischen Sozialisten und deren Geschichte eingehend in vielen Aufsätzen und in der Schrift: "Der Agrarsozialismus in Österreich. Wiener Neustadt, 1869" beschäftigt hat, schenkt der Zeit der zuendegehenden Monarchie Beachtung. Ebensowenig mit einer Ausnahme andere Autoren.(13)

Schlüsse, daß etwas geschehen sein muß in dieser Periode, kann man aus Adolf Schärfs Schrift "Bauer wach auf!" ziehen, wenn er schreibt: "Wenn es richtig ist, daß man die wahren Absichten einer Partei aus dem Vergleich ihrer Taten mit ihrem Programm erkennen kann, so wird <u>ein Rückblick</u> auf die Tätigkeit der Sozialdemokraten im österreichischen Parlament ergeben, daß sie dort ebensowenig wie in ihrem Programm je eine Antastung des bäuerlichen Besitzes begehrt haben. Wenn also die Gegner der Sozialdemokratie versuchen, mit ihren Lügen und Verdrehungen das arbeitende Landvolk über das sozialdemo-

kratische Programm zu täuschen, so tun sie es, weil sie nicht imstande sind, auch nur einen einzigen Fall anzuführen, wo die Sozialdemokraten einem Arbeitsbauern sein Eigentum streitig gemacht hatten."(14) Mit diesem Rückblick ist, wie auch aus dem weiteren Text hervorgeht, die Zeit der zuendegehenden Monarchie gemeint. Schärf führt dann weiter aus: "Richtig ist nur, daß viele Sozialdemokraten die heutige Betriebsführung der Kleinbauern für unrentabel halten und darauf hinarbeiten, daß die Kleinbauern sich zu Genossenschaften zusammenschließen, damit sie imstande sind, sich Dünger, Samen, Werkzeuge, Maschinen usw. billiger und besser zu beschaffen und damit sie beim Verkauf ihrer Produkte nicht den Wucherpraktiken der Händler wehrlos ausgeliefert bleiben .... Es ist auch richtig, daß die Sozialdemokraten glauben, der Großgrundbesitz könne enteignet werden", um auf diesem Mustergüter und Siedlerstellen für Kleinlandwirte und Landarbeiter zu schaffen; "Sie glauben auch, daß es zweckmäßig wäre, jenen reichen Großgrundbesitzern, die aus ihren Forsten mühelos Riesengewinne einstreichen oder sie nur als Objekt zur Ausübung des Jagdsports betrachten, auf die Finger klopfen.
Die Sozialdemokraten <u>haben jedoch stets erklärt</u>, daß sie das Eigentum des Arbeitsbauern .... nicht nur erhalten, sondern auch schützen wollen ....
Ein sozialistisches Regime wird, schon im Interesse der Volksernährung, die Lage der Landwirte so vorteilhaft als möglich zu gestalten suchen müssen .... Die Sozialdemokratie wird dem Landmann, anstatt ihn zu expropriieren, die vollkommensten Produktionsmittel zur Verfügung stellen, die ihm in der kapitalistischen Aera völlig unzugänglich sind".
(15) Aus Adolf Schärfs Darstellung der vergangenen und beabsichtigten, kontinuierlich aus der Vergangenheit entwickelten Handlungen in der sozialdemokratischen Landwirtschaftpolitik läßt sich leicht erkennen, daß solche Maßnahmen schon vorher, also in der Monarchie, gefordert, diskutiert und im Parlament eingebracht worden sind. Wie könnte auch sonst Anton Rintelen in seinen Erinnerungen an die Jahre 1918/19 folgen-

den Angriff gegen sozialistische Ziele führen, wenn diese Ziele nicht schon vorher gestaltet worden wären: "Das kommunistische Ziel: Die Diktatur der Arbeiter und Bauern führte zwangsläufig auch zur systematischen Unterwühlung des Landvolkes. Dem Vorhalte, daß der Sozialismus die restlose Sozialisierung der Wirtschaft anstrebe, also die Enteignung des bäuerlichen Besitzes nach sich ziehe, suchten die Aufwiegler mit der unwahren Behauptung zu begegnen, man würde wohl mit der Macht des Großkapitals und des Großgrundbesitzes ein Ende machen, aber selbstverständlich das kleine Kapital nicht anrühren und der Kleinwirtschaft alle Rechte belassen." (16) Diese "Aufwiegler" mußten in einer so gut organisierten Partei, wie die Sozialdemokraten es waren und sind, irgendwoher die Berechtigung zu solcher Agitation ableiten können, woher anders als aus dem Diskussionsstand vor dem Kriege. Daß die Partei auf die Einhaltung ihrer Ziele bei der Landarbeit achtete, erkennt man schon daraus, daß, als der Verbandstag der Land- und Forstarbeiter im April 1919 Beschlüsse bezüglich der Bodenreform faßte, die über die Parteilinie hinausgingen, stark von der radikalisierten Basis beeinflußt waren, die Verbandsführung verlauten ließ, daß es das größte Problem sei, "die Landarbeiterbewegung von der radikalsyndikalistischen Position zur Sozialdemokratie hin zu erziehen: Lohnbewegung folgte auf Lohnbewegung, als erst das morsche Gebäude des Monarchismus zusammengebrochen war, und es war den wenigen Kräften, die dem Verbande der land- und forstwirtschaftlichen Arbeiter zur Verfügung standen, schwer, überall rechtzeitig einzugreifen und der wilden Bewegung Herr zu werden .... Wollen wir die Massen der Landarbeiter, die dem Verbande zuströmen, erhalten, so müssen wir sie zu Gewerkschaftern und zu Sozialdemokraten erziehen."(17) Wenn jemand erzogen werden soll, so müssen klarerweise Erziehungsrichtlinien vorgegeben sein, diese sind aber kaum in der kurzen revolutionären Nachkriegsperiode erarbeitet worden, sondern waren aus der Vorkriegsperiode schon vorhanden. Es ist nur merkwürdig, daß diese Phänomene den Autoren, die sich

mit der Landwirtschaftspolitik der ersten Republik beschäftigt haben, nicht aufgefallen sind.
Dies beruht sicherlich auf mangelnder Aufarbeitung der Vorkriegsepoche und auf zu einseitiger Konzentration auf die gewiß sehr interessante Zeit in bezug auf die Bewegungen in der Bauernschaft nach dem Ersten Weltkriege. Daß es viele Ansatzpunkte gab, die denen nach 1920 gleich sind, ja die Basis für die großen Agrardiskussionen innerhalb der Sozialdemokratie und für die theoretische Fundierung der sozialdemokratischen Agrarpolitik durch Otto Bauer darstellen, daß es für den parlamentarischen Gebrauch seit 1907 so etwas wie ein Agrarprogramm der Sozialdemokraten gab, daß man in der Monarchie bereits den Kleinbauernschutz verlangte, daß die Abkehr von der sogenannten (es gab auch viele bürgerliche Ökonomen, die die Auffassung einer notwendigen Konzentration in der Landwirtschaft vertraten) marxistischen Konzentrationstheorie vor 1918 vollzogen wurde, soll diese Arbeit zeigen.

3.1. DIE SITUATION DER ÖSTERREICHISCHEN LANDWIRTSCHAFT VON DER GRUNDENTLASTUNG BIS ZUM ENDE DER MONARCHIE

Nach der Märzrevolution 1848 wurde in der Zeit des Neoabsolutismus mit dem Februarpatent 1861 - es bezeichnete sich zwar nur als Durchführung des Oktoberdiploms von 1860 - ein Gesetzeswerk im Verfassungsrang geschaffen, das in land- und forstwirtschaftlichen Angelegenheiten dem Reichsrat nur die Kompetenzen für die Erstellung von Rahmengesetzen beließ, die Erlassung von Durchführungsgesetzen, wodurch erst verbindliches Recht zustandekommt, in die Hände der Kronländer legte, oder - besonders für die Belange der Grundentlastung und Bodenreform - durch andere Gesetze die letzte Kompetenz einer unabhängigen Kollegialbehörde zugewiesen wurde. Diese Behörden haben sich im Grunde bis heute gehal-

ten.(18) Die liberale Reichsregierung verkündete das beschlossene Reichsrahmengesetz vom 27. Juni 1868 über die Freiteilbarkeit der Bauerngüter, die Liberalen in den Kronländern - z.B. im oberösterreichischen Landtag waren sie bis 1884 tonangebend - beschlossen die diesbezüglichen Ausführungsgesetze, was zu einer Zersplitterung vieler Bauernwirtschaften führen mußte. Sogar das Wuchergesetz fiel, das Spekulantentum wurde dadurch gefördert.(19)
Die Konservativen stemmten sich vielfach gegen diese Neuregelungen und hatten ab Mitte der siebziger Jahre, als die Einfuhr überseeischen Getreides zu größeren Preisstürzen führte, immer größeren Erfolg.(20)
Die Freiteilbarkeit führte, wie erwähnt, zur Entstehung nicht mehr existenzfähigen Bauernwirtschaften, die nun von Großgrundbesitzern oder Industriellen zu Jagdzwecken aufgekauft wurden: Ein neuerliches, diesmal kapitalistisches Bauernlegen.(21)
Die Großgrundbesitzer entzogen jetzt viele Ackerflächen dem Anbau, um einerseits die Preise hochzutreiben und andererseits Schutzzölle zur angeblichen Sanierung der Landwirtschaft zu erwirken.(22)
Als die Konservativen 1889 ein Reichsrahmengesetz durch den Reichsrat brachten, das Erbteilungsvorschriften für bäuerliche Betriebe mittlere Größe enthielt, beschlossen die Liberalen in den Landtagen - ausgenommen Tirol und Kärnten - keine dazugehörigen Ausführungsgesetze und prohibitierten dadurch die geplante Maßnahme.(23)
Eine Schöpfung der liberalen Ära ist auch das k.k. Ackerbauministerium (1868), dem die oberste Leitung der Landeskultur (Land- und Forstwirtschaft) übertragen wurde, und dessen Nachfolger das Bundesministerium für Land- und Forstwirtschaft ist.(24)
Als Interessensvertretung der Landwirtschaft entstanden - allerdings nach Kronländern differenziert - die Landeskulturräte, die Bezirks- und Berufsgenossenschaften. Die Landeskulturräte kann man als Vorläufer der Landwirtschaftskammern

ansehen.(25)
Ebenso liegt der Aufschwung des landwirtschaftlichen Genossenschaftswesens in dieser Zeit, für welches die Wurzeln bereits in den von Josef II. eingeführten Kontributionskassen zu finden sind.(26)
In den achtziger und neunziger Jahren wurden viele Kreditgenossenschaften nach den Vorbildern von Raiffeisen und Schulze-Delitzsch sowie Einkaufs- und Verkaufsgenossenschaften, Lagerhäuser, Molkereigenossenschaften u.a.m. gegründet. Die sozialdemokratisch dominierten Konsumgenossenschaften versuchten ein Eindringen am Land erst später, vielleicht ist dadurch eine große Chance vergeben worden.
1898 kam es zur Gründung des "Allgemeinen Verbandes landwirtschaftlicher Genossenschaften in Österreich", der den einzelnen Zweiggenossenschaften statutarisch weitgehende Autonomie einräumte.(27)
"Um 1907 gab es in Österreich bereits 2086 bäuerliche Erwerbs- und Wirtschaftsgenossenschaften, und 1910 existierten auf dem Gebiet der späteren Republik bereits 1500 Raiffeisenkassen."(28)
Ist einerseits durch die langsame Reaktion der Konsumvereine die Möglichkeit vertan worden, zumindest Klein- und Mittelbauern mit den Arbeitern, Angestellten und Beamten in den Städten in direkten ökonomischen Kontakt zu bringen, so hängt für Krammer andererseits die Förderung des bäuerlichen Genossenschaftswesens durch Bürokratie, Klerus und Dorfbourgeoisie eng mit dem Anwachsen der Arbeiterbewegung zusammen. Die reichen Bauern besetzten die Führungspositionen in diesen Genossenschaften, entzogen sie damit dem Einfluß der Klein- und Mittelbauern, konnten deren angepaßtes Verhalten bei der Kreditvergabe belohnen oder bestrafen, eine konservative Schicht durch Festigung des Besitzdenkens erhalten, das zersplitterte Angebot der kleinbäuerlichen Produzenten homogenisieren und diese gleichzeitig von der Berührung mit dem Kapitalismus und dem Sozialismus in den Städten fernhalten ("Schleusenfunktion der Genossenschafen") sowie die eben

freigewordenen Bauern ökonomisch, soziologisch und politisch wieder gängeln.(29)

Je schärfere Formen der Preisverfall des Getreides durch Einfuhr transatlantischer Billigprodukte - die Notwendigkeit von Einfuhren ergab sich einerseits aus den durch technische Rückständigkeit bedingten geringen Hektarerträgen sowie der Gemengelage im klein- und mittelbäuerlichen Besitz, andererseits daß viele Anbauflächen ihrer Bestimmung durch Großgrundbesitzer und Jagdherrn entzogen wurden -, je größer dadurch die Verschuldung der Kleinbauern wurde (30), umso verstärkter versuchte man auf Viehzucht umzusteigen, was nicht nur wiederum die Viehpreise senkte, sondern auch Probleme mit den Nachbarstaaten, bei Schweinen besonders mit Serbien, zeitigte, umso heftiger wurden aber auch die Forderungen nach Einführung eines Schutzzolls, der wiederum jenen Bauern schadete, die selbst keine Futtermittel anbauten und diese jetzt kaufen mußten, den Vorteil hatten dadurch nur die getreidebauenden Großagrarier, welchen sich nun auch die sonst freihändlerisch gesinnten Liberalen - sie vertraten ja potente Teile der Großgrundbesitzer - anschlossen.(31) Das Durchbringen solcher Forderungen mußte naturgemäß die Lebensmittel verteuern und Konflikte mit dem städtischen Proletariat auslösen.(32) Darum kümmerten sich die konservativen und liberalen Agrarier aber wenig, sie nahmen diesen Konflikt, der sich sehr negativ auf den inneren Frieden auswirkte und lange nicht überwunden werden konnte, zumindest in Kauf. Die Sozialisten traten gegen die Schutzzölle auf, verlangten ihrerseits bessere Schulung der bäuerlichen Bevölkerung in den modernen Produktionstechniken, Meliorationen, Arrondierungen und staatliche Maßnahmen zur Durchsetzung ihrer Forderungen.(33)

Auch nichtsozialistische Ökonomen wie Ministerialrat Dr. Hoffmeister sprachen von der Schädlichkeit der Schutzzölle. Hoffmeister schreibt in einer Studie, deren Veröffentlichung untersagt wurde, daß die durch den Schutzzoll bedingten hohen

Getreidepreise auch zu einem Rückgang des Fleischkonsums führen müßten, da Brot ein lebensnotwendiges Gut sei und daher nicht substituiert werden könne.(34) Das wirkte sich auf die Viehpreise aus, hingegen stiegen die Futtermittelpreise, da die Flachlandbauern das nur gewinnträchtigere Getreide statt Futtermittel anbauten.(35)
So benachteiligte der Schutzzoll nicht nur die Konsumenten, sondern auch die viehzüchtenden Bauern der Alpenländer, die zu den ärmeren bäuerlichen Produzenten zählten und begünstigte hauptsächlich die ackerbautreibenden Großgrundbesitzer. Diese Politik der Konservativen und Liberalen führte zu einer verstärkten Hinwendung des bäuerlichen Elements zu der christlich-sozialen Partei, die sich nach der Wahlrechtsreform 1907 mit den Konservativen vereinigte, um ein geschlossenes Vorgehen gegen die Sozialdemokraten zu ermöglichen. Innerhalb dieser Gruppierung haben sich dann aber die Anhänger der Schutzzollpolitik durchgesetzt.(36)
Eingeführt wurden die Schutzzölle auf Getreide - für einige Industrieprodukte gab es schon ein Zolltarifgesetz - 1882, die 1887 und besonders durch das Hochzollgesetz vom 13. Jänner 1906 erhöht wurden. (37)
In den Kriegsjahren 1914/15 wurden die Zollsätze auf agrarische Produkte suspendiert.(38)
In Österreich gab es um 1900:(39)

	Bauernwirtschaften	Grundbesitz	Gutswirtschaften	Grundbesitz
Österreich	97,10 %	59,90 %	2,90 %	40,10 %

Schon daraus kann man ersehen, wie groß der Anteil an der von der Landwirtschaft lebenden Bevölkerung wirklicher Nutznießer der Schutzzollpolitik war.

3.1.1. DIE LANDARBEITER UND DIENSTBOTEN

Die ureigenste Zielgruppe aller sozialistischen Parteien sind die besitzlosen Arbeiter am Land bei der Landagita -

tion.(40)
Dabei gab es wieder zwei wesentliche Gruppen: Die Landarbeiter und die Dienstboten, von denen die letzteren noch restriktiveren Beschränkungen unterworfen waren als erstere. Für diese galt nämlich die Dienstbotenordnung. Trotzdem war auch die soziale Stellung der Landarbeiter noch um einiges rechtloser als die eines Industriearbeiters (41), weswegen um die Jahrhundertwende ein starker Drang in die Stadt einsetzte. Deswegen beschäftigte sich auch die konservative Agrarpolitik damals verstärkt mit dem Landarbeiterproblem, da diese Landflucht in einigen Gegenden zu starkem Arbeitskräftemangel geführt hatte. Dagegen forderten konservative Interessensvertreter der Agrarier Zwangsmaßnahmen, wie eine Notiz im Bericht des Landeskulturrates von 1899 zeigt: "Dort heißt es, daß von seiten der Landwirte Klage über den Mangel an landwirtschaftlichen Arbeitern geführt worden sei und daß über Antrag der Bezirksgenossenschaft Steyr der Landeskulturrat beschlossen hat, die k.k. Regierung zu bitten:
a) 'die besorgniserregende Abwanderung soll thunlichst erschwert werden,
b) die bestehende Freizügigkeit soll dahin eingeschränkt werden, daß jugendliche Arbeiter männlichen oder weiblichen Geschlechts im Alter unter 18 Jahren und ohne Profession nur mit besonderer Erlaubnis ihrer Eltern oder Vormünder und der Genehmigung des Gemeindevorstehers ihre Heimat verlassen dürfen,
c) die Verwendung jugendlicher Arbeiter überhaupt in den Fabriken ist durch gesetzliche Bestimmungen soviel als möglich einzuschränken,
d) es seien die k.k. Forst- und Domänenverwaltungen, Forstdirect- und Herrschaftsverwaltungen aufzufordern, ledige jüngere Arbeiter nicht zu Forstarbeiten zu verwenden.'"(42)
Gegen solchen Druck und zur Verbesserung ihrer Lage versuchten sozialistisch gesinnte Männer, Gewerkschaften zu gründen, was anfangs bei den Dienstboten nicht (zu große Abhängigkeit vom Dienstgeber, Hausgemeinschaft mit diesem), bei Land-

arbeitern fast nur auf größeren Gutshöfen, wo durch die Masse der Beschäftigten und das ähnliche Los Solidarität entstehen konnte, am besten bei den Forstarbeitern gelang.

3.1.1.1. DIE URSPRÜNGE DER GEWERKSCHAFT DER LAND- UND FORSTARBEITER

"Am 20. Mai 1906 wurde in Karl Hechls Gasthaus in Wögerlin, Gemeinde Sulz im Wienerwald, der 'Verband der forst- und landwirtschaftlichen Arbeiter und Arbeiterinnen Niederösterreichs' gegründet. Obwohl es sich zu diesem Zeitpunkt noch um einen lokalen Verein gehandelt hat, war damit der Grundstein für die Gewerkschaft der Arbeiter in der Land- und Forstwirtschaft gelegt.

Die Vorarbeiten für die Gründung reichen weit zurück. Es gab viele kleine Versuche - sicher sind nicht alle davon bekannt -, bis den Bestrebungen nach einer gewerkschaftlichen Vertretung ein Erfolg beschieden war. Zwei besondere Probleme galt es zu überwinden: Erstens war die Übermittlung von Nachrichten, Informationen und auch Einladungen sehr schwierig, weil es weder Massenmedien noch finanzielle Mittel gab. Schreibpapier, Porto und Büroarbeiten waren eine arge Belastung. Zweitens hatte die Koalitionsfreiheit engste Grenzen. Jene Funktionäre, welche die vorbereitenden Arbeiten durchführten, mußten ständig damit rechnen, verfolgt oder verhaftet zu werden."(43)
Über die Ereignisse bei der Gründung des Verbandes berichtet das Gründungsmitglied Alois Korinek folgendes: "Im Jahre 1894 wurde ich wegen einer Rede in einer Volksversammlung am 9. März wegen Vergehens gemäß Paragraph 305 (Herabwürdigung des Eigentums und Gutheißung ungesetzlichen Vorgehens) von Wien ausgewiesen. Ich übersiedelte nach Mödling und habe dort die Agitationsarbeit fortgesetzt. Im Verlaufe einiger Jahre gelang es mir, in Mödling und Umgebung eine Anzahl

gewerkschaftlicher Ortsgruppen verschiedener Branchen zu gründen. In Sulz-Stangau hatte sich Josef Machacek als Schuhmachermeister ansässig gemacht, welcher mich im Jahre 1905 ersuchte, auch in dieser Waldortschaft, wo es sehr viele Forstarbeiter gab, eine Versammlung abzuhalten. Dazu war ich sehr bald entschlossen und habe nach guten Informationen über die Verhältnisse der beim k. u. k. Ärar (44) beschäftigten Forstarbeiter am 26. Dezember 1905 beim Gastwirt Hechl in Wögerlin eine Holzhackerversammlung veranstaltet. Die Veranstaltung war von Bauern und Waldarbeitern aus der ganzen Umgebung sehr gut besucht. In der Versammlung sprach ich ausführlich über die Bauernlegung und über die schlechte Entlohnung und Behandlung der ärarischen Forstarbeiter. Nach der Versammlung habe ich die Forstarbeiter zusammengerufen und mit ihnen den Zweck einer Organisation besprochen. Zur Durchführung der notwendigen Vorarbeiten wurde ein Aktionskomitee eingesetzt .... (Nach einer weiteren erfolgreichen Versammlung, Anm. d. Verf.) Die Versammelten erklärten sich bereit, der Gewerkschaft als Mitglieder beizutreten.

Sofort ging ich daran, nach einem Musterstatut der Gewerkschaftskommission ein Statut für die Gewerkschaft der Forst- und Landarbeiter auszuarbeiten, und reichte es bei der Statthalterei zur Genehmigung ein."(45)
Auf Grund dieses genehmigten Statuts wurden nun weitere Ortsgruppen gegründet. Korinek berichtet noch über weitere erfolgreiche Agitationstätigkeiten und schließt seinen Bericht: "Mit Stolz und Freude blicke ich zurück auf den Anfang der Agitation, die zur Gründung des Verbandes der Land- und Forstarbeiter geführt hat. Kein Erfolg meiner 50jährigen Tätigkeit in der Arbeiterbewegung hat mich so gefreut und so befriedigt wie die Errichtung einer gewerkschaftlichen Organisation für das Landproletariat. Daß die Leitung der Organisation von Berufsfremden in die Hände Berufsangehöriger übergeht, ist für mich die Gewähr, daß mein Kind in guter Pflege ist, daß es gedeihen und wachsen wird zu einem mächti-

gen Kämpfer für die Interessen der land- und forstwirtschaftlichen Arbeiterschaft."(46)
Welch raschen Aufschwung die Organisierung besonders auf großen Gutshöfen nahm, sieht man aus einer Darstellung der Mitgliederbewegung des Land- und Forstarbeiterverbandes kurz nach dem Ersten Weltkrieg: "Der sozialdemokratische Land- und Forstarbeiterverband, der von nur 753 Mitgliedern in 65 Ortsgruppen allein im Jahre 1919 auf 32.133 (!) in 439 organisierte Mitglieder emporschnellte, also um mehr als 4.000 % (!) anwuchs, und damit zur weitaus bedeutendsten Organisation der Landarbeiterschaft wurde, rekrutierte sich zu rund 50 % aus der niederösterreichischen Landarbeiterschaft."(47) Den Boden dafür aufbereitet zu haben, ist wie bei der Agrarpolitik Verdienst der Frauen und Männer der zuendegehenden Zeit der Monarchie.

Obwohl sich das Zitierte hauptsächlich auf Niederösterreich bezieht, zeigt sich an im Gefolge sich neu konstituierenden Gewerkschaftsgruppen in anderen Gebieten der Monarchie die Organisierbarkeit besonders der Holzarbeiter, die doch in dafür geeigneten größeren Gruppen zusammengelebt haben. Dies zeigt auch die Tatsache, daß diese neuen Gruppen in der Hauptsache in Niederösterreich, Böhmen und Mähren sowie in den Alpenländern entstanden; in Gebieten also, wo sich der überwiegende Teil der Staats-, Religions- und Studienfondsgüter und der Montanwerke befand.(48)

Nach großen organisatorischen Schwierigkeiten (49) - besonders die räumliche Trennung und die dadurch bedingte Vereinzelung der Land- und Forstarbeiter wirkte negativ - schlossen sich 1912 die Regionalverbände Niederösterreich, Böhmen und Mähren und Alpenländer zum "Verband der land- und forstwirtschaftlichen Arbeiter Österreichs" mit dem Sitz in Steinach/Irdning zusammen, der als weiteren Erfolg die Herausgabe des Fachblattes "Der Landbote" melden konnte.(50)
Eine der Hauptarbeiten der neugegründeten Gewerkschaftsgrup-

pen war, in den großen Forsten, wo man organisiert vorgehen konnte, lizitante Vergebung der Holzarbeiten und somit das Herabdrücken der Löhne zu verhindern. Der Gründer des nordböhmischen Verbandes berichtet dazu Nachstehendes:
"In der nun folgenden Aussprache einigten wir uns vor allem, die für nächsten Tag angesetzte Lizitation zu benützen, um den Waldarbeitern zu zeigen, daß durch solidarisches Zusammenhalten Verbesserungen zu erreichen sind. Am Vormittag des folgendes Sonntags, an welchem nachmittags die Lizitation stattfand, wurden die verläßlichsten Waldarbeiter zusammengeholt und ihnen empfohlen, doch nicht zum Gaudium und Vorteil der Gutsherrschaft gegenseitig die Preise zu unterbieten, im Gegenteil, man soll angebotene Arbeiten, besonders schlechte Partien, ganz einfach nicht übernehmen. Die in ziemlicher Anzahl erschienenen Waldarbeiter ließen sich überzeugen und versprachen, nach unserem Vorschlag zu arbeiten. Als dann die Forstorgane zur Versteigerung erschienen, machten sie sehr verdutzte Gesichter, als die Arbeiter bei der ersten Ausrufung überhaupt kein Angebot machten. Auf die Frage, warum niemand setze, schallte es ihnen entgegen: 'Es ist zuwenig, die Herrschaft muß mehr geben' - und die Herrschaft gab bald mehr. Das Ergebnis war, daß bei dieser Lizitation die Preise statt herabgedrückt auf fast das Doppelte erhöht wurden. Darob war helle Freude und Begeisterung unter den Waldsklaven. Von dort ging dann der Ruf nach Schaffung einer gewerkschaftlichen Organisation für die Forstarbeiter aus." (51)

Schwierigkeiten in der gewerkschaftlichen Arbeit ergaben sich aber dadurch, daß dem Verband der Land- und Forstarbeiter keine Arbeitgeberorganisation für einheitliche Lohnforderungen gegenüberstand, weswegen man auf regionale Vereinbarungen angewiesen war, die kaum über enge Grenzen hinaus bekannt wurden.

3.2. DIE AGRARPOLITIK DER SOZIALISTEN IN DEUTSCH-ÖSTERREICH

Wie wir feststellen können, sagten die Programme der österreichischen Sozialdemokraten zu den Landarbeitern wenig, aber noch weniger zu den Bauern aus, nichtsdestoweniger sich die Delegierten auf den Parteitagen, in Schriften und im Parlament doch sehr intensiv mit diesem Problem beschäftigten. Nachdem wir nun versucht haben, die Virulenz des Agrarproblems aufzuzeigen und die Notwendigkeit für die Sozialdemokraten, zu demselben Stellung zu beziehen, können wir auf den Kern unserer Darstellungen, auf Deutschösterreich bis zum Ende des Ersten Weltkrieges eingehen, dessen Staatsgebiet sich ungefähr mit dem Gebiet der späteren Republik deckt; die wesentlichsten Ausnahmen sind der Wegfall der zu Tschechoslowakei und Italien gekommenen Gebiete und das zu Österreich gekommene Burgenland.

Ein Großteil der Bevölkerung des zu besprechenden Raumes war um 1850 in der Land- und Forstwirtschaft tätig und zwar nach folgender Sozialstruktur: (52)
(Wien bei Niederösterreich)

	Anteil an Gesamtbev.	Selbständig	Dienstboten	Taglöhner
Niederösterreich	24,1 %	49,3 %	31,8 %	20,9 %
Oberösterreich	50,3 %	38,4 %	57,7 %	20,8 %
Salzburg	48,3 %	37,5 %	57,8 %	14,0 %
Steiermark	62,5 %	42,7 %	40,6 %	13,4 %
Kärnten	62,6 %	36,7 %	36,8 %	28,8 %
Tirol	64,0 %	48,2 %	21,3 %	8,6 %
Vorarlberg	41,6 %	68,5 %	12,3 %	8,2 %
Österreich	50,5 %	45,9 %	40,8 %	16,4 % (53)
Österreich	50,3 %	42,7 %	40,5 %	14,0 % (54)

Daß man die Beschäftigungsstruktur für Österreich mit 50 % der Arbeitenden in der Land- und Forstwirtschaft für den Untersuchungszeitraum als durchschnittlich gegeben ansehen kann, erhellt schon aus der Tatsache, daß das arithmetische Mittel und der Medianwert fast vollständig kongruent sind; ähnliche Kongruenzen ergeben sich für die Sozialstruktur innerhalb der in der Land- und Forstwirtschaft Beschäftigten. Die scheinbaren Ungenauigkeiten in der Struktur innerhalb der agrarischen Bevölkerung dürften weniger auf Mängel in der Erhebung zurückzuführen sein als darauf, daß viele Landwirte sich auch als Landarbeiter verdingen mußten und es daher zu Doppelzählungen kam oder mitarbeitende Geschwister sich nicht als Dienstboten oder Taglöhner einstufen wollten, was uns besonders für Tirol zuzutreffen scheint (Tirol ist historisch das Land der freien, selbständigen Bauern).
Jedenfalls stellte der in der Land- und Forstwirtschaft tätige Teil der österreichischen Bevölkerung einen wesentlichen Faktor bei Erringung der Staatsmacht durch demokratische Wahlen für alle Parteien und politischen Gruppierungen dar; für die Sozialdemokratie stellte sich aber noch die Frage, an welchen Teil der agrarischen Bevölkerung darf ich mich wenden, ohne fundamentale ideologische Positionen aufgeben zu müssen und außerdem, wie sie sich zur der nun in Frage zu stellenden ökonomischen Doktrin von der notwendigen Konzentration in allen Wirtschaftsbereichen verhält.
Obwohl diese Fragen - wahrscheinlich auch beeinflußt durch das deutsche Beispiel, besonders durch Georg von Vollmar und Eduard David - zumindest in der Gestalt von Landagitation oder Herausgabe von Schriften zur Werbung unter der Landbevölkerung immer wieder auf den Parteitagen seit 1888/89 behandelt wurden (55), waren der Rezeptionswille und die Rezeptionsbereitschaft - wahrscheinlich ebenfalls beeinflußt durch das deutsche Beispiel - nicht sehr stark; zu unsicher stand man anfangs noch diesem Problem gegenüber, obwohl aus den Reden der Parteitagsdelegierten - besonders jener aus den ländlichen Gebieten - förmlich spürbar ist, daß sie zu-

mindest gefühlsmäßig stark motiviert waren, schon auf Grund deren sozialer Lage, sich den Kleinbauern zu nähern.

Diese Unsicherheit ist auch bei der Lektüre des Zentralorgans der Sozialdemokratie, der Arbeiterzeitung, zu bemerken, wo Anträge, Resolutionen und Reden mit Bezug auf das Bauernproblem meist nur kommentarlos widergegeben wurden. Erst anläßlich des Grazer Parteitages 1900 verweist die Arbeiterzeitung bereits in der Ankündigung desselben auf die Wichtigkeit der Landagitation.(56) Auch in einem Resumee über diesen Parteitag geht man nochmals eigenständig auf die Notwendigkeit der Landpolitik ein und betont, daß es nicht nur ein Bedürfnis der Partei sei, für die bäuerliche Bevölkerung einzutreten, sondern ein Bedürfnis auch dieser Bevölkerung selbst, die in Zuständen lebt, die sich immer mehr den proletarischen nähern. Die Arbeiterzeitung geht dann darauf ein, daß die Forderung nach verstärkter Landagitation auf allen Parteitagen ständig wiederkehrte, daß darauf konkret einzugehen aber große Schwierigkeiten wegen der Traditionsgebundenheit, der Psyche und wegen des im Besitzdenken verhafteten Handelns der Landbevölkerung einerseits sowie wegen der auf das industrielle Proletariat zugeschnittenen Struktur der Partei andererseits gegeben wären. Als besonderes Glück wird der Umstand bezeichnet, daß mit Vollmar ein außerordentlich erfahrener Bauernagitator Bericht erstatten konnte. "Man wird freilich bei ihrer (Vollmars Erfahrungen, Anm. d. Verf.) Anwendung auf österreichische Verhältnisse nicht vergessen dürfen, daß Bauernagitation und Landagitation in sehr vielen Gegenden keineswegs sich deckende Begriffe sind." Mit dem letzten Satz sollte offensichtlich jenen Rechnung getragen werden, die noch nicht vollen Herzens und mit vollem Mund in die Forderungen Vollmars und Ellenbogens eingestimmt waren (hauptsächlich aber Victor Adler, der einige Bedenken hatte).(57) Die verabschiedete Resolution sei ein guter Leitfaden für die künftige Agitationstätigkeit, "aber sie bildet thatsächlich eine Art Minimumprogramm, das wohl auf geraume

Zeit hinaus für die praktischen Bedürfnisse der Partei ausreichen wird."(58) Man kann auch in diesen Zeilen die Angst vor einem zu weiten Vorwagen in der Bauernpolitik feststellen. Nichtsdestoweniger fuhr der Zug seit Graz in Richtung reformistische Bauernschutzpolitik.

Trotz dieser anfänglichen Unsicherheiten und doktrinären Ressentiments kann man der österreichischen Sozialdemokratie keinesfalls den Vorwurf machen, sie hätte sich in der Monarchie nicht ehrlich um dieses Problem bemüht - schon gar nicht in der Rigorosität, wie das in der Literatur immer wieder geschieht (59) - und wäre nur im marxistisch-dogmatischen Kielwasser geschwommen. Ganz im Gegenteil hatte sich noch vor Ende des Kaisertums innerhalb der Partei eine reformistische Linie herausgebildet, die natürlich nicht immer unwidersprochen blieb.
Ein anderes Problem ist, daß diese Politik zu wenig Verbreitung bei denen fand - was von der Parteiführung auch festgestellt wurde -, die sie eigentlich betraf. Das dürfte, wenn auch nicht mehr so kraß wie früher, die Hauptschwäche der sozialistischen Bauernpolitik bis heute geblieben sein.

Bereits auf dem Parteitag 1891 in Wien sprachen sich einige Delegierte anläßlich der Diskussion um das allgemeine Wahlrecht für ein Bündnis mit den Bauern aus (60), ebenso für die Förderung landwirtschaftlicher Genossenschaften, für die Einführung des gesetzlichen Versicherungsschutzes für Bauern und Landarbeiter sowie die Ausdehnung der Kompetenzen des Gewerbeinspektorates auf die Belange der Landarbeiter. (61) Jedenfalls wurde beschlossen, überall ohne "Kompromiß" Wahlagitation zu betreiben, was nach Polizeiberichten auch auf dem Land passierte.(62)
Näher auf die Lage der Bauern ging der niederösterreichische Delegierte Putz - interessant ist dabei die Gleichsetzung der Agrarfrage mit der Frauenfrage in der Bedeutung für die Partei - ein.(63)

Die österreichischen Bauern litten besonders unter ungerechtem Steuerdruck, Bildungsmangel, der Geldwirtschaft, Verschuldung, dem Zwischenhandel und der industriellen Substitution von Naturprodukten durch Kunstprodukte, die er am Beispiel der Weinpantscherei abhandelte. Unsere heutigen Umweltschützer hätten sicher folgenden Worten zugejubelt: "Das ist traurig, werthe Genossen, die allgemeine Lebensmittelvergiftung ist in Oesterreich gestattet, aber wenn einige Staatsbürger sich zusammenfinden, so wird ihnen das strenge verboten."(64)
Konkrete Maßnahmen zur Abhilfe der Übelstände schlug Putz allerdings nicht vor.
Zur Landagitation gab es zwei Anträge, die ausdrücklich auch die Kleinbauern miteinbezogen; sogar als Klassengenossen: "ferner sollen die Parteiblätter leichtverständlich geschriebene Artikel über die Lage der Landarbeiter und der Kleinbauern bringen und soll für eine ausgiebige Verbreitung solcher Blätter in den Kreisen dieser Kategorie von Classengenossen gesorgt werden."(65)

Auf dem 3. Parteitag der österreichischen Sozialdemokraten in Wien beschwerte sich ein schlesischer Genosse darüber - und dieses Phänomen sollte bis zum heutigen Tage sich halten -, daß die bürgerlichen Parteien den Kleinbauern einredeten, "daß wir (die Sozialisten, Anm. d. Verf.) sie um ihr Eigenthum bringen wollen," wodurch die Wahlagitation sehr erschwert worden wäre. (66) Wenn die bürgerlichen Parteien dies den Bauern "einredeten", entsprach es nicht den Tatsachen, was wiederum heißt, daß schon damals zumindest Teile der Partei unter den <u>Bauern mit Schutzmaßnahmen</u> für dieselben warben.
Zur Agitation unter der Landbevölkerung wurden am Parteitag 1892 sowohl Zeitungen wie Flugschriften gefordert; den Flugschriften wurde zugestimmt.(67)
Krammer behauptet, daß dieser Parteitag beschlossen habe, Landagitation nach deutschem Vorbild zu betreiben (68),

wofür sich aber kein Beleg im Protokoll finden läßt, außer daß eine Splitterfraktion, "Unabhängige Sozialisten", mit ihren Forderungen nicht durchkam, und so auch mit der nicht, keine Kleingewerbe- und Bauernpolitik nach deutschem Muster zu machen (69), worauf Adler antwortete, "daß Jeder von uns auf den Knien liegen und bedanken würde, wenn wir hier in Oesterreich halbwegs so weit wären wie die deutsche Sozialdemokratie ist."(70) Aus anderen Gründen interessant ist die Stellungnahme Schmidts (Jägerndorf), der im Zusammenhang mit den Problemen der Landbevölkerung die Beziehung Arbeitszeitverkürzung - notwendige Beschäftigte - Lohnniveau erkannte: "Eine allgemeine Verkürzung der Arbeitszeit in allen Branchen würde die Reservearmee der Arbeitslosen überall verringern."(71)

Der Wiener Delegierte Koczka (also ein Städter) stellt 1894 den Antrag, eine Bauernzeitung herauszugeben und eine sozialdemokratische Bauernkonferenz abzuhalten, was aber abgelehnt wurde, hingegen wurde der weniger weitreichende Antrag Behr nach Druck von Zeitungsbeilagen und Flugschriften für die bäuerliche Bevölkerung angenommen.(72)
In der Diskussion über eine Pflichtmitgliedschaft aller Parteimitglieder in der Gewerkschaft stellte Köhler (Böhmen) fest, daß eine solche Pflicht nicht möglich sei, da sonst viele Bauern und Kleingewerbetreibende, die ja nicht Mitglied einer Gewerkschaft sein könnten, von der Mitgliedschaft in der Partei a priori ausgeschlossen wären. (73)
Zur Landagitation wurde 1894 ein Antrag des XIX. Wiener Bezirkes angenommen, daß diese seitens der politischen Vereine in den Städten von den einzelnen Landesvertretungen zu regeln sei.(74)
Viktor Adler spricht auf demselben Parteitag von einer kleinbürgerlichen und kleinbäuerlichen Oppositionsbewegung in den tschechischen Gebieten der Monarchie, die sich bereits mit proletarischen Elementen auf Grund ihrer Forderungen verbinden könnte.(75) Somit hat Adler bereits 1894 Ansatz-

punkte eines gemeinsamen Klasseninteresses entdeckt.

Wahrscheinlich ebenfalls 1894 erschien eine erste Agitationsbroschüre in Östereich für die Bauern. (76)
Nach einer eher schwülstigen, auf das Gefühl abzielenden Einleitung gibt Isidor Ingwer einen kurzen, nicht sehr tiefen historischen Überblick und beschreibt dann, mit statistischem Material untermauert, die momentane Lage des österreichischen Bauernstandes, von welchem er ein ganz düsteres Bild zeichnet. Das Großkapital durch Konkurrenzdruck, Wucher und Aufkauf einerseits (77), der Staat durch ungerechte Steuerverteilung als Erfüllungsgehilfe des Kapitals andererseits (78), ruinieren den Bauernstand.
Abhilfe können weder die klerikalen, noch die nationalen oder liberalen Parteien mit ihren heuchlerischen Versprechungen (79), noch oberflächliche Medizinen wie Genossenschaften oder Rentengüter, die nur verzögerter zum unvermeidlichen Untergang des Bauernstandes führen (80), sondern kann nur der Anschluß an die Sozialdemokratie mit ihrem ehrlichen und klaren Programm bringen.
Ingwer steht klar auf dem Boden der Konzentrationstheorie und sieht den Untergang des Kleinbauern als unvermeidlich an. Doch muß dieser notwendige, durch die Entwicklung bedingte Untergang dem Bauern nicht zum Nachteil, sondern er soll ihm in Bundesgenossenschaft mit dem Arbeiter zum Vorteil gereichen. Sowohl die Industriellen wie die bäuerlichen Produktionsmittel müssen durch Vergesellschaftung befreit werden, erst dann kann der freie Arbeiter seinen vollen Arbeitsertrag beziehen: "Soll also das Uebel dauernd beseitigt werden, dann muß man das Privateigentum an Grund und Boden abschaffen. Der Grund und Boden ist nicht für Einzelne, er ist für Alle da, er hat also nicht Einzelnen, sondern Allen, d. i. der Gesammtheit anzugehören. Der Bauer würde in diesem Falle für sich arbeiten, nicht aber - wie jetzt - für Parasiten und Drohnen.
In der Vergesellschaftung des Grund und Bodens liegt also

die Erlösung des Bauernstandes, gerade so wie in der Vergesellschaftung der Rohstoffe und Produktionsmittel die Erlösung des Arbeiterstandes gelegen ist."(82)
Wie aber diese Vergesellschaftung aussehen soll, darauf läßt sich Ingwer nicht ein.
Als erste Maßnahmen zur Erreichung dieses Zieles sieht Ingwer:
1. die Erkämpfung des allgemeinen und gleichen Wahlrechtes,
2. eine radikale Steuerreform und
3. den Kampf gegen den Militarismus.(83)

Ingwers Gedanken sind, was die Vergesellschaftung betrifft, zuwenig ausgereift, was die Reformen (Steuern) betrifft, baut er seltsamerweise darauf, diese auch in einem Klassenstaat gegen dessen Interessen durchführen zu können. Hier macht sich im Zuge der deutschen Wahlerfolge zu großes Vertrauen breit.
Der ganz dogmatische, konzentrationstheoretische Standpunkt ist sicher maßgeblich von Deutschland beeinflußt (Breslau 1894), wir werden aber in der Folge zeigen, daß die österreichische Sozialdemokratie in ihrer Mehrheit diesen Standpunkt bald aufgab, und Bauernschutzgedanken rasch und stark Eingang fanden.

3.2.1. DIE SOZIALDEMOKRATIE ZUM OBJEKTIVEN KLASSENINTERESSE DER KLEINBAUERN

Josef Krammer: "1896 - Gesamtparteitag der österreichischen Sozialdemokratie in Prag. Man vermied es, auf die Agrarfrage einzugehen."(84)

So vereinfacht sieht Krammer die Behandlung des Agrarproblems durch die österreichische Sozialdemokratie. Dabei kommt diesem Autor noch das Verdienst zu, überhaupt bemerkt zu haben, daß sich damals die Partei dieser Frage bewußt war; denn vermeiden kann man logischerweise nur etwas, was man rezipiert hat.

Doch so elegant ließ sich in Prag das Anfassen dieses heißen Eisens nicht vermeiden. Es gab sogar einen eigenen Tagesordnungspunkt (Punkt VIII), der die "Lage und Forderungen der ländlichen Arbeiterschaft" zu behandeln hatte. Die diesbezüglichen Anträge betrafen die Errichtung von Volksbildungsvereinen, die Herausgabe von Periodika, Zeitungen und Flugschriften für die Landarbeiter und Bauern. Bezüglich der Landagitation forderte der Antrag der Bezirksorganisation Wien IX (Stadtbezirk!) folgendes: "Der Parteitag beschließe: Eine Verhüllung der letzten Ziele der Sozialdemokratie ist nicht geeignet, die Agitation auf dem flachen Lande zu fördern; vielmehr gilt es ebenso durch zweckmäßige Darlegung unserer Prinzipien, als auch insbesondere durch eine lebhafte Agitation gegen die bäuerliche Gesindeordnung jene Schichten der Landbevölkerung für uns zu gewinnen, welche in ihrer Masse allein für uns zu gewinnen sind: die Landarbeiterschaft und jenen Theil der Kleinbauern, welche sich nur mehr durch einen Scheinbesitz von dem ländlichen Proletariat unterscheiden."(85)

Eine städtische Organisation war ganz offensichtlich davon überzeugt, daß zumindest Teile der Kleinbauernschaft für die Sozialdemokratie zu gewinnen seien; und das auf Grund der Prinzipien der Partei. Die Sozialdemokratie war aber eine Klassenpartei, ihre Prinzipien der sprachliche Ausdruck des Willens dieser Klasse. Können nun - wenn auch nur Teile - Kleinbauern durch Klarlegung dieser Prinzipien der Sozialdemokratie gewonnen werden, so muß man unterstellen, daß dieser Teil der Kleinbauern, objektiv gesehen, idente Klasseninteressen mit dem Proletariat haben muß, und das, obwohl sie auch Produktionsmitteleigner sind.(86)

Die ersten Versuche, diese Klasseninteressen der Kleinbauern zu begründen, trotzdem sie Eigentümer an Produktionsmitteln sind, führten dazu, dieselben auf Grund ihrer ökonomischen Lage und ihrer Nebenerwerbstätigkeit als Taglöhner, Deputaten oder Wanderarbeiter dem Proletariat anzugliedern.

Dr. Verkauf versuchte dies in seinem Referat zum Tagesordnungspunkt VIII auf dem Prager-Parteitage 1896, indem er nach einer kurzen Einleitung und der Feststellung, daß sich die Sozialdemokratie als Partei naturgemäß um die Wünsche und Schmerzen der ländlichen Arbeiter zu kümmern habe, die Frage stellt: "Wer ist der ländliche Arbeiter?"(87)
Der Redner zitiert dazu die Volkszählungsergebnisse von 1890, bezogen auf die soziale Strukturierung innerhalb der in der Landwirtschaft Beschäftigten: "Selbständige 2,006.764, Arbeiter 5,615.133, Taglöhner 824.894. Das sind die im Berufe beschäftigten Personen. Ich frage nun nach der Zahl der ländlichen Proletarier. Da erfahren wir, daß die Mitglieder der bäuerlichen Familien, Söhne und Töchter, gleichfalls unter den Arbeitern aufgezählt sind. Wir erfahren weiter, daß unter den 2 Millionen selbständigen Landwirthen sich auch solche befinden, welche sich in größerem oder geringerem Maße mit Lohnarbeit abgeben müssen. Wir müssen deshalb versuchen, durch Kombinationen und Verwerthung des vorhandenen Materials zu einem Ausweg zu gelangen.(88) Ich habe einen Versuch in dieser Richtung unternommen .... Angedeutet sei, daß ich durch Kombination der Wohnparteien in Orten bis 2000 Einwohnern in die Lage kam, anzunehmen, daß wir in der Landwirtschaft 3,548.769 Arbeiter und Taglöhner haben. Damit wäre eine Frage beantwortet; aber daran knüpft sich eine zweite. Sind diese Arbeiter alle besitzlos? Wir sind gewohnt, wenn wir von Arbeitern sprechen, immer an Besitzlose zu denken, und sind weiters gewohnt anzunehmen, daß, wer etwas besitzt, nicht als Proletarier anzusehen sei. <u>Dieses alte Vorurtheil müssen wir aber abstreifen. Es gibt Arbeiter, welche 'Besitzende' sind, und es gibt 'Besitzende', welche Arbeiter sind.</u> ....
Wir haben nun drei Gruppen: die ganz besitzlosen Arbeiter und Taglöhner, die Arbeiter und Taglöhner mit Allein- und Mitbesitz und die 'selbständigen' für Lohn arbeitenden Landwirthe. Wir gelangen zu dem Ergebniß, daß Österreich an besitzlosen und 'besitzenden' Landarbeitern rund 4 1/2 Mil-

lionen hat."(89)
Verkauf versucht im Anschluß seine Berechnungen anhand der Steuerlast, des Viehbesitzstandes sowie der Größe des Landwirtschaftlichen Besitzes zu beweisen und kommt zu der Feststellung: "Ich kann also dazu gelangen, zu erklären: Die Berechnung über die Zahl derjenigen selbständigen Landwirthe, welche Lohnarbeiter sind, ist viel zu mäßig, viel zu bescheiden. Die Zahl, die ich annehme, entspricht gewiß der Wirklichkeit; sie geht noch nicht weit genug."(90)
Der Referent schildert anschließend die niedere Entlohnung, die Wohnverhältnisse, die beschränkte Freizügigkeit, die materielle und rechtliche Abhängigkeit dieser Landproletarier sowie die Folgen der durch diese Umstände ausgelösten Landflucht sowohl für die städtischen Arbeiter wie auch für die Landwirtschaft.(91)
"Über die Lage der landwirtschaftlichen Arbeiter kann ich zusammenfassend Folgendes sagen: Das Gesinde ist materiell und rechtlich schlecht gestellt. In zahllosen Fällen ist der Dienstbote nicht einmal in der Lage, an die Gründung einer Familie zu schreiten und einen eigenen Herd zu errichten, wenn dieser auch noch so elend ist.
Unter den Taglöhnern haben wir Besitzlose und 'Besitzende'. Der Besitzlose kann leichter flüchten, der 'Besitzende', den man manchmal bei uns Sozialdemokraten etwas scheeler ansieht, ist schlimmer daran, er ist an die Scholle gefesselt, er wird bewuchert und erhält einen niederen Lohn als der besitzlose Proletarier. Dieses Verhältnis wirkt zurück auf den <u>Kleinbauer, der nicht Lohnarbeiter ist.</u> Mit dem Steigen der Ausbeutung der Arbeiter muß auch, wegen der Konkurrenzfähigkeit, die Selbstausbeutung der Kleinbauern oft steigen. Das ist der Zusammenhang der Dinge, wie er in der Landwirthschaft geradeso zu Tage tritt, als in der Industrie."(92)
Diese beiden letzten Sätze, die von der Selbstausbeutung der Kleinbauern sprechen, bilden später bei Otto Bauer die zentrale Überlegung, warum der Kleinbauer unter kapitali-

stischen Verhältnissen selbständig bleibt und seiner Selbstausbeutung nicht ein Ende setzt: Diese nimmt der Kleinlandwirt deswegen auf sich, weil er dadurch dem unsicheren Leben (Arbeitslosigkeit) eines Lohnarbeiters entkommen will. Bauer bezeichnet diese Selbstausbeutung als Selbständigkeitsprämie.(93)
Wir lernen hier wiederum Gedankengänge kennen, die von der Agrargeschichtsschreibung bisher einer wesentlich späteren Zeit zugeschrieben worden sind.

Dr. Verkauf bringt anknüpfend an seine Darstellungen "einen Theil der Forderungen, welche die sozialdemokratische Partei im Interesse der ländlichen Proletarier, aber auch der Kleinbauern aufzustellen genötight ist":(94)

1. Abschaffung jener Bestimmungen, die noch Relikte aus der Zeit der Leibeigenschaft sind (Freizügigkeitsbeschränkungen),

2. Abschaffung der Dienstbotenordnung, (95)

3. eine eigene, den landwirtschaftlichen Verhältnissen entsprechende Gewerbeordnung,

4. Einführung von ländlichen Gewerbegerichten,

5. Verbot der Kinderarbeit,

6. strenge Durchführung der achtjährigen Schulpflicht. "Kurz muß ich skizziren, wie es mit der Schulpflicht am Lande steht. Der Staat verausgabt für die Hoch- und Mittelschulen jährlich 13,000.000 fl. Was leistet er aber für die Volksschulen? 280.000 fl. jährlich .... Die Folge davon ist, daß wir in Oesterreich mindestens 4000 Ortsgemeinden finden (Ortschaften gibt es noch viel mehr), die überhaupt keine Schulen haben .... Wir haben in Oesterreich

durchschnittlich 14 % der Kinder ohne jeden Unterricht, in Galizien sind es gar 37,7 %, in der Bukowina sind es 40 %" (96),

7. Übernahme der Schullasten durch den Staat,

8. Bestimmungen über einen der Landwirtschaft entsprechenden Normalarbeitstag und über die Sonntagsruhe,

9. Einschränkung des Trucksystems (Naturallohnsystem),

10. Verbot der Wöchnerinnenarbeit,

11. Errichtung eines Arbeitsinspektorates für die Landwirtschaft,

12. das allgemeine Wahlrecht für alle Körperschaften,

13. Beseitigung der Gutsgebiete in Galizien, wo die Kleinbauern besonders ausgebeutet werden, und

14. obligatorische Krankheits-, Unfall-, Alters- und Invaliditätsversicherung sowie Witwen- und Waisenversorgung für Landarbeiter, Kleinbauern und deren Angehörige.

"Zum Schlusse möchte ich noch eine allgemeine Bemerkung machen. Es wird sehr häufig der Sozialdemokratie vorgeworfen, daß sie das Kleingewerbe und den kleinen Bauernstand vernichten wolle. Bei dieser Gelegenheit ist doch die Frage zu untersuchen: Wer ist es, der diesen Vorwurf erhebt? Das sind jene Leute, die berufsmäßig den Bauern und kleinen Gewerbetreibenden abschlachten.
Hier haben wir nun gezeigt, daß das Interesse eines erheblichen Theiles der Bauernschaft, der sogenannten Besitzenden, die in Wahrheit Proletarier sind, zusammenfällt mit dem Interesse der nichtbesitzenden Proletarier."(97)

Dieses Referat, dessen gedrucktes und übersetztes Erscheinen sofort einige Genossen forderten und das mit "lebhaftem Beifall" bedacht wurde, beweist allein schon, daß man sich in Prag sehr wohl der Agrarfrage gestellt hat. Doch damit war die Diskussion dieses Problems keineswegs zu Ende.

Schuhmeier (Wien, ebenfalls ein Städter) berichtete aus eigenen Erfahrungen von guten Erfolgen bei ländlichen Versammlungen. "In St. Pölten z.B. sind unsere Versammlungen mehr von Bauern und ländlichen Arbeitern, als von gewerblichen Arbeitern besucht ." (98) Er stellte allerdings die Frage, ob das bei der ständigen Beeinflussung gegen die Sozialisten vor allem durch die Dorfpfarrer so bleiben werde. "Für die Organisationen sind die Bauern nicht leicht zu haben. Wir haben einmal in Augenthal eine reine Bauernversammlung abgehalten, die von über 3.000 Personen besucht war. Dort haben wir dann einen <u>Bauernverein</u> gegründet, aber von den 3.000 sind nicht mehr als 30 oder 40 dem Vereine beigetreten. Derselbe besteht übrigens noch jetzt aufrecht und arbeitet ganz gut. Es wird sich daher fragen, ob wir nicht eigene Organisationen für die landwirtschaftliche Bevölkerung schaffen sollen."
Man müsse aber sehr genau prüfen, ob für solche Gründungen die genügende und ideologisch zuverlässige Basis unter den Bauern vorhanden ist. "Denn wenn ein solcher Verein eingeht, so ist auf lange Zeit der Boden für unsere Agitation nicht mehr günstig."(99)
Die Gründung einer eigenen Bauernzeitung (Antrag 35) hielt Schuhmaier für nicht möglich. "Die landwirtschaftlichen Arbeiter haben dieselben Interessen, wie die gewerblichen: Verkürzung der Arbeitszeit und möglichst hohe Löhne; wenn sie aber ein Organ für die Bauern gründen wollen, und darin für die ländlichen Arbeiter eintreten, so werden es die Bauern nicht lesen. Die Sozialdemokraten wollen ja nicht auf das Land hinausgehen, um zu agitieren und dabei ihre Prinzipien verhüllen."(100)

Diese Ansicht stellt einen gewissen Widerspruch zu den von demselben Redner geforderten Bauernvereinen dar. Es ist doch nicht anzunehmen, daß er in diesen Vereinen die Prinzipien verschleiern wollte; wenn nicht, und die Bauern kommen dorthin und hören den Vorträgen zu, warum sollten sie dann eine Zeitung nicht lesen, die dieselben Inhalte vertritt? Darauf ging der Referent auf die Schwierigkeiten mit der Landagitation, besonders wegen der Hetzkampagnen, die gegen die Sozialisten betrieben würden, ein: "Es ist mir gestern ein Blatt in die Hände gekommen, worin es heißt, daß ein Pfaffe von der Kanzel gepredigt habe: es kommen die Sozialisten, die rauben, morden und brennen." Er warnte aber gleichzeitig davor, Religion und Klerisei in einen Topf zu werfen.(101) Dieses heikle Problem sollte sich weiterhin wie ein roter Faden durch die Agrardiskussion innerhalb der Partei ziehen.
Abschließend bringt Schuhmeier, aufbauend auf das Referat von Dr. Verkauf, eine Resolution ein, die sich inhaltlich mit den von uns angeführten 14 Punkten deckt (siehe oben S. 92 f) und die er als Ergänzung des Hainfelder Programms verstanden haben will.(102)

Noch weiter geht ein darauffolgender Antrag von Dolejsy (Budweis): "Der Parteitag wählt eine 1o-gliedrige Kommission, welche sich mit der landwirtschaftlichen Agitation und Organisation zu befassen hat. Mit Hilfe der Vertrauensmänner der Kreisorganisationen soll eine schriftliche Enquete veranstaltet und auf Grund der Erfahrungen <u>ein Agrarprogramm ausgearbeitet werden</u>, welches dem nächsten Parteitag vorzulegen ist und in Verhandlung gezogen werden soll."(103) Diese Eigendynamik, die das Agrarproblem jetzt zu entwickeln schien, ging einigen Genossen doch zu schnell, weshalb der Delegierte Holzhammer (Innsbruck) eine Gegenresolution zu Schuhmeier - der Antrag Dolejsy wurde vorher abgelehnt - einbrachte, die diesen Schwung etwas bremsen sollte. "In Erwägung, daß dermalen zum Studium der ländlichen Verhält-

nisse nicht genügend Material vorliegt, auch wegen vorgerückter Zeit eine eingehende Besprechung derselben nicht möglich ist, unterläßt es der V. Parteitag, bestimmte Forderungen für die ländliche Arbeiterschaft aufzustellen, beauftragt jedoch die Genossen allerorts, die Landagitation kräftig zu betreiben und nebstbei Material zum Studium der ländlichen Verhältnisse zu sammeln."(104)
Holzhammer begründete seinen Antrag damit, daß die Delegierten sich nicht in so kurzer Zeit mit der von Schuhmeier eingebrachten Resolution eingehend befassen könnten, kein Landarbeiter unter den Delegierten sei, noch weiteres Material zur gegenständlichen Frage zusammengetragen werden solle, dasselbe auf dem nächsten Parteitag, der mit Beteiligung von Landarbeitern und Bauern veranstaltet werden müsse, vorzulegen sei. Weiters würde durch diese einjährige Verzögerung nichts Wesentliches versäumt.
Dieser Antrag wurde angenommen, wodurch die Resolution Schuhmeier als abgelehnt galt.

Daß eine dem Problem entsprechende Beschlußfassung nicht, sondern eine das Problem verschiebende erfolgte, zeigt uns erneut den mangelnden Mut der Partei, als sicher geglaubte Theorien in Frage zu stellen, obwohl viele schon nicht mehr überzeugt waren, andererseits aber die Gewissenhaftigkeit, mit der man an diese Frage herangehen wollte, aber auch eine gewisse Unschlüssigkeit bezüglich derselben.
Trotzdem war ein wesentlicher Schritt im Verhältnis der Partei zu den Bauern getan worden, den Kleinbauern die objektive Interessensidentität mit der Arbeiterklasse zugebilligt zu haben, was, theoretisch gesehen, einen Vertretungsanspruch der Partei in bezug auf die Kleinbauern begründete, der Sozialdemokratie es ermöglichte, ressentimentlos für diese Gruppe einzutreten und unter ihr zu agitieren.

Ein Jahr später nimmt der Parteitag einen Antrag auf Herausgabe einer Bauernbroschüre an (105), und 1898 verlangt in Linz die Organisation aus Komotan (Böhmen) sehr direkt: "Nachdem in Österreich der Bauernstand einen großen Perzentsatz der Bevölkerung bildet und in Bezug auf die Agrarfrage bisher keinerlei Direktive vorliegt, die Heranziehung des Bauernstandes zur Partei jedoch wünschenswerth ist, stellt die Lokalorganisation Komotan den Antrag: Der Linzer Parteitag beschließe, eine Kommission einzusetzen, die sich mit dem Studium der Agrarfrage befaßt, ihre Untersuchungen veröffentlicht und dem nächsten Gesammtparteitage Vorschläge für das Parteiprogramm unterbreitet."(106)

Zwei Jahre vorher (Antrag Dolejsy 1896, siehe oben) noch abgelehnt, ja der Antrag bekam nicht einmal die notwendige Unterstützung, um in die Antragsprüfungskommission zu kommen, wurde in Linz bereits von der Mehrheit der Delegierten befürwortet, daß die Agrarfrage eine separat zu studierende sei, auf die man nicht einfach in anderen Wirtschaftsbereichen als richtig erkannte Theorien übertragen konnte, und daß die Lösung dieser Frage für die Partei wesentlich sei.

Es gab auch noch einige sehr Vorsichtige in Linz, die aus Klassenstandpunktsgründen fürchteten (Schuhmeier), daß den Bauern in ihrer Eigenschaft als Besitzer zu viele Konzessionen gemacht werden könnten, und sie ermahnten die Genossen, "fest auf dem Boden des Programms zu verbleiben."(107)

Wir bemerken, daß sich nach der Anerkenntnis der Klasseninteressen der Kleinbauern nun der Bauernschutz zu rühren begann; das zumindest aus den Befürchtungen von Parteitagsdelegierten.

"Zwei Seelen wohnen, ach! in meiner Brust, Die eine will sich von der andern trennen!"(Goethe, Faust I): So wie Goethes Faust ging es der österreichischen Sozialdemokratie mit dem Bauernproblem: Hier die Lehre von der notwendigen Konzentration in allen Wirtschaftsbereichen, vom Klassengegensatz zwischen Besitzenden und Nichtbesitzenden, dort ein wirtschaftlicher Bereich, der sich diesen Gesetzen nicht unterordnen will: Keine Eigendynamik der Konzentration in dem von der Industrie bekannten Ausmaß feststellbar, teilweise sogar Zersplitterung, Besitzende, die keine Arbeiter mit ihren Produktionsmitteln ausbeuten, im Gegenteil sich selber ausbeuten oder im Nebenberuf ausgebeutet werden. Eine kritische Analyse des Bauernproblems war zweifellos notwendig, aber die aufsteigenden Zweifel bestimmten die Sozialdemokratie immer wieder dazu, diese Frage zwar anzudiskutieren, einer konkreten Beschlußfassung aber immer wieder durch Hinweis auf mangelnde Zeit und notwendige weitere Studien aus dem Wege zu gehen. Da deswegen auch der Antrag Komotan keine konkreten Ergebnisse brachte, forderte Ellenbogen (Wien) in seinem Referat zum Tagesordnungspunkt "Revision des Parteiprogramms" folgendes: "Die Kommunalfrage, die Frage der internationalen Verhältnisse bedürfen entschieden einer präziseren Darlegung im Programm, und wenn auch viele unter uns meinen, daß wir uns mit den agrarischen Verhältnissen nicht zu befassen haben, so wird es wohl nicht zu umgehen sein, daß wir im Programm etwas mehr sagen als bloß, die Arbeiterschutzgesetzgebung sei in geeigneter Weise auf die Landarbeiter auszudehnen."(108) Diese Anregung hatte Erfolg, es wurde für den Parteitag 1900 in Graz ein Tagesordnungspunkt "Landagitation" festgelegt und eine Kommission zur Behandlung dieses Problembereichs installiert.

Außerdem verlangte man die Senkung der Zölle, die sowohl die Lebensmittel für die Arbeiter und Bauern sowie für letztere noch die für die Viehhaltung notwendigen Futtermittel verteuern und nur den Großgrundbesitzern hülfen (109), weiters die Gründung von Genossenschaften - ein ähnlich strittiges Kapitel wie die Agrarfrage (siehe unter Kap. 3.2.1.1.) - zu forcieren, um den Zwischenhandel in die Schranken zu weisen.(110)

Mit diesen Erkenntnissen: Klassenlage der Kleinbauern, unbedingt und unaufschiebbar ist die Behandlung des Bauernproblems, die städtischen Konsumenten können nur durch eine florierende Landwirtschaft, die ohne die Kleinbauern nicht denkbar ist, vor überhöhten Lebensmittelpreisen bewahrt werden, eine direkte Verbindung Produzent - Konsument ist anzustreben, ging die Partei in das neue Jahrhundert. Obwohl es diesbezüglich noch Meinungsdifferenzen, alle sind bis heute nicht ausgeräumt, gab, muß man den österreichischen Sozialdemokraten doch bescheinigen, in den zehn Jahren seit ihrer Einigung um eine Annäherung an dieses Problem gerungen zu haben; und nicht mit schlechtem Erfolg.

3.2.1.1. EXKURS: KONSUMGENOSSENSCHAFTEN UND PRODUKTIVASSOZIATIONEN

Ähnliche Schwierigkeiten wie mit den Bauern hatten die Sozialdemokraten mit der Frage: Sollen wir die Konsumvereine und Produktivgenossenschaften fördern und unterstützen oder gar übernehmen oder nicht?

Diese Frage wollen wir deswegen kurz betrachten, weil
1. dieselbe in derselben Häufigkeit wie das Agrarproblem die Parteitage beschäftigte,

2. sich die Unsicherheit bezüglich dieses Problems ähnlich ausdrückte wie in der Bauernfrage. Adler: "Die prinzipielle Frage der Konsumvereine in der kurzen Zeit, die wir noch haben, zu erledigen, ist ganz ausgeschlossen" (111),

3. sich dieses Problem genausowenig wie jenes mit den besitzenden Bauern durch ein Vor-Sich-Hinschieben lösen ließ, sondern die Worte Korineks für beide Bereiche gleichermaßen zutreffen: "Der Gegenstand werde solange

nicht von der Tagesordnung der Parteitage veschwinden, bis er erledigt sei."(112),

4. diese Organisationen Bindeglieder zwischen den ländlichen Produzenten und städtischen Konsumenten werden können. Diese Resolution 42 der Bezirksorganisation IX, Wien, forderte 1897 folgendes: (113)
"1. ein Aktionsprogramm zu entwerfen, das zum Gegenstand hat: die gegenseitige Verbindung von städtischen Konsumenten und ländlichen Produzenten zum Zwecke einer einverständlichen, den Interessen beider gerecht werdenden Einwirkung auf den Lebensmittelmarkt nach folgenden Grundsätzen:
a) den organisirten bäuerlichen Produzenten wären von den organisirten städtischen Konsumenten Geldmittel im Wege des Kredits, des Vorschusses zur Verfügung zu stellen, um sie von der Herrschaft der Wucherer und der Tyrannei der Sparkassen zu befreien, was auch von großer Bedeutung für die politische Befreiung der Bauernschaft würde;

b) die Organisation der städtischen Konsumenten wäre gegeben in der von den Arbeitern beherrschten Gemeinde; es wären darum die städtischen Kommunen, die sich mit den Bauern ins Einvernehmen zu setzen hätten;

c) das allgemeine, gleiche und direkte Wahlrecht für die Gemeindevertretungen ist die unerläßliche Vorbedingung für Erreichung dieses Zieles." und

5. solche Verbindungen besondere Förderung durch die Partei in der 1. Republik erfahren haben und wir zeigen wollen, daß auch dazu bereits in der Monarchie die Basis gelegt wurde.(114)

Die auf den Parteitagen immer wiederkehrenden Forderungen

nach Gründung, Betrieb und Übernahme von Produktivassoziationen und Konsumgenossenschaften durch die Partei wurden von den Gegnern dieser Maßnahmen mit folgenden Argumenten bekämpft:

1. der wirtschaftliche Erfolg solcher Projekte sei ungewiß,

2. mögliche Mißerfolge wirkten sich auf die Partei sehr negativ aus, wodurch die Agitation behindert würde (siehe Argumente gegen Bauernvereine, oben, Kap. 3.2.1.),

3. die Partei wäre unter gegebenen Umständen gezwungen, mit kapitalistischen Mitteln zu arbeiten und

4. diese Organisationen praktisch Dachverbände für viele Kleinunternehmer wären, die Sozialdemokratie aber den Großbetrieb anzustreben habe. "Die Emanzipation der Arbeiter geht um so rascher vor sich, als der Großbetrieb die Welt erobert. Die Fabrik wird zum Versammlungslokal der Proletarier, zum Agitationsherd für die sozialistische Idee. Wir selbst sollten angesichts dieser Thatsache von Parteiwegen den Kleinbetrieb in eigener Regie fördern? Nein. Das darf die Partei nicht thun und ein prinzipiell gebildeter Sozialdemokrat, der weiß, welchem Ziele die Sozialdemokratie zusteuert, wird diese Selbstverleugnung auch nicht verlangen."(115)

5. Daher sei auch weder die Gründung von Konsumvereinen noch die von Produktivassoziationen etwas spezifisch Sozialdemokratisches.(116)

Der Hauptredner der gegen die Konsumvereine und Produktivgenossenschaften auftretenden Delegierten, aus dessen Referat wir die angeführten Argumente übernommen haben, war jener Genosse Schuhmeier, der noch ein Jahr zuvor den Gründungen von Bauernvereinen durchaus positiv gegenübergestanden war; diese Vereine sind aber auch Organisationen von Kleinunter-

nehmern, wogegen Schuhmeier in seinem Referat Stellung bezog. Es ist doch nicht anzunehmen, daß es Schuhmeier 1896 bei seinem Eintreten für Bauernvereine um einen Zusammenschluß von Großagrariern zu tun war.
Dem Referenten und jenen, die eine Resolution zugunsten der Konsumvereine und Produktivgenossenschaften ablehnten, - diese Gruppierung war offensichtlich stark unter dem Einfluß der Ansichten von Ferdinand Lassalle (117) -, war es hauptsächlich darum zu tun, zu verhindern, daß solche Forderungen, bezüglich deren noch nicht wünschenswerte Klarheit innerhalb der Partei herrschte, nicht programmatisch festgelegt würden. Eine Parallelität zum Agrarproblem läßt sich unschwer erkennen.(118)
Exkurs Ende.

3.2.2. FRIEDRICH OTTO HERTZ - EIN ERSTER THEORETISCHER VERSUCH

Es ist sowohl in wissenschaftlichen wie in Parteikreisen die Auffassung vorherrschend, die österreichische Sozialdemokratie habe ihre agrartheoretische Grundlage nach dem Ersten Weltkrieg und hauptsächlich durch Otto Bauer erhalten.(119) Dem ist nicht so, allein diese Theorien wurden erst von der überwiegenden Parteimehrheit akzeptiert, was sicherlich situationsbedingt ist (allgemeines, gleiches, direktes und geheimes Wahlrecht für Männer und Frauen), aber auch mit der überragenden Persönlichkeit Bauers zusammenhängen dürfte. Theoretische Begründungen einer sozialdemokratischen Agrarpolitik gab es schon vor dem Ersten Weltkrieg: Parteitagsreden und Aufsätze. Im Zuge unserer Arbeit haben wir schon davon gesprochen oder werden dies noch tun. Doch erschien auch bereits 1899 eine einheitlich dargestellte sozialdemokratische Agrartheorie in Buchform: Friedrich Otto Hertz: "Die Agrarischen Fragen im Verhältnis zum Sozialismus". Wien, 1899. (120)

Wir sehen also: Nicht Otto Bauer war der erste, der eine umfassende sozialdemokratische Agrartheorie konzipierte, sondern Friedrich Otto Hertz.
Dieses Buch wie auch die Agrardebatten in der Monarchie und der parlamentarische Programmversuch von 1907 sind vergessen und in der neueren Agrargeschichtsschreibung übersehen worden. Zu stark wurde letztere von der großartigen Erscheinung Otto Bauers, aber auch von dessen selbstherrlicher Feststellung: "Es ist sicherlich kein Zufall, daß die deutsch-österreichische Sozialdemokratie als erste von allen sozialdemokratischen Parteien der Welt darangeht, sich ein scharf umrissenes Agrarprogramm zu geben."(121) abgelenkt, aber auch davon, daß selbst große Protagonisten einer sozialistischen Agrarpolitik während der Monarchie (122) in der Republik keinen Anspruch erhoben und Otto Bauer das Verdienst ließen. Außerdem dürfte Bauer eine gewisse charismatische Selbsteinschätzung davon abgehalten haben, seine Vorbilder auf diesem Gebiet zu erwähnen.
Ist es schon nicht anzunehmen, Otto Bauer sei Friedrich Otto Hertzens Schrift entgangen, so ist es gänzlich ausgeschlossen, daß dieser große Theoretiker und Parteimann die Parteitags- und Parlamentsdebatten nicht gekannt hat - seit 1907 war er Klubsekretär, 1911 sprach er selbst zu diesem Problem -; er erwähnt diese Dinge aber nie. Über den diesbezüglichen Grund wollen wir keine Spekulationen anstellen, es sei aber gestattet, die unterschiedlichen Ansichten Otto Bauers bezüglich der Kleinbauern von 1911 und bereits 1919 zu bemerken (123) und darauf hinzuweisen, daß sich dieser Meinungswandel noch während der Monarchie vollzogen haben muß. Ob das unbeeinflußt von bereits herrschenden agrarpolitischen Ansichten geschehen konnte, wagen wir zu bezweifeln.
Jedenfalls war es keineswegs Otto Bauer - so groß seine Verdienste auf diesem Gebiet auch sonst sein mögen -, der jene österreichisch-sozialdemokratische Agrarpolitik entwickelte, die bis in die Gegenwart hineinreicht, sondern

es waren Männer der zuendegehenden Monarchie.
Auch war es keineswegs die deutsch-österreichische Sozialdemokratie, die als erste daranging, sich ein sozialdemokratisches Agrarprogramm zu geben; solche Programme gab es bereits in Frankreich, Belgien, Holland, Dänemark usw. (124)
Es ist aber sicher das Verdienst Otto Bauers, jene Agrartheorien und jenes Agrarprogramm entworfen zu haben (125), das die größte Wirkung in der österreichischen Sozialdemokratie entfaltet hat.
Viele Gedankengänge des eben erwähnten Programms finden wir bei Friedrich Otto Hertz schon voll entwickelt. Originär ist Otto Bauers Theorie über die Forstpolitik (126), genauso wie Walter Schiffs Theorie vom absoluten und relativen Zwang (127), wiewohl die Notwendigkeit von Zwangsvorschriften sowohl von Hertz wie auch den übrigen Sozialdemokraten, die sich mit der Landwirtschaftspolitik beschäftigt haben, eingesehen und vertreten wurde.

Friedrich Otto Hertz (128) ist bei der Entwicklung seiner Theorien stark vom revisionistischen Flügel der deutschen Sozialdemokratie - besonders von Bernstein (dieser schreibt auch das Vorwort zum besprechenden Werk), Vollmar und David (129) - beeinflußt. Seine politischen Ansichten kommen der heutigen SPÖ sehr nahe, ebenso große Teile seiner ökonomischen. Seine Aus- und Vorhersagen bezüglich der Einsetzbarkeit und Verwendbarkeit von Wissenschaft und Technik in der Landwirtschaft sind durch die Entwicklung der Dinge überholt.(130)
Jedenfalls aber haben wir durch diese Schrift einen weiteren Beweis, wie intensiv und fundiert sich viele Sozialisten in der Monarchie - ja bereits vor der Jahrhundertwende - mit der Agrarpolitik beschäftigt haben.
Wirkliche Schwächen weist die gegenständliche Schrift - wenn wir vom technologischen Bereich absehen, dessen rasante Entwicklung um 1899 niemand so konkret voraussahen konnte -

nur dann auf, wenn sich der Autor allzu krampfhaft bemüht, Karl Kautskys in der "Agrarfrage" aufgestellte Theorien besonders schlagend und spöttisch zu widerlegen. Dann verfällt Hertz nämlich dem Fehler, dessen er Kautsky zeiht: Der einseitigen Interpretation von Statistiken.
So gibt Hertz die US-amerikanischen Betriebszählungsergebnisse der Jahre 1880 und 1890 an (131), führt in jenen Gebieten, wo die Zahl der Großbetriebe zurückgegangen ist, dies auf die Überlegenheit des Kleinbetriebes zurück, wo der Großbetrieb sich zahlenmäßig vermehrt hat, dies auf die Kultivierung unbesiedelten Landes.
Die letztere These kann man gelten lassen, doch können wir niemals aus der zahlenmäßigen Abnahme der Großbetriebe schließen, daß der Großbetrieb an sich abgenommen hat oder der Kleinbetrieb überlegen ist; es können sich genausogut verschiedene Großbetriebe durch das Land aufgelassener noch vergrößert haben. (132) Um einen echten Rückgang oder Aufschwung feststellen zu können, müßte das genaue Ausmaß der bebauten Flächen angegeben werden. (133)
Das gleiche ist der Fall, wenn Hertz mit dem Viehbestand pro Hektar Grundfläche die Überlegenheit der französischen Kleinbetriebe beweisen will, ohne anzugeben, ob es sich bei diesen Gesamtflächen um Wiesen, Äcker oder Wälder handelt.(134) Sehr technikfeindlich wirkt Hertz, wenn er die Produktivkraft von Maschinen und Kunstdünger leugnet, um eine Überlegenheit des handarbeitenden Kleinbetriebes festzustellen (135), was höchstens für Spezialkulturen zutrifft.
Geradezu zitierenswert ist das Beispiel, an dem uns Hertz mathematisch die Überlegenheit des Kleinbetriebes vor Augen führen will (136):
Es werden zwei Güter: I = 4,6 ha, II = 26,5 ha verglichen. "Die beiden Wirtschaften gehören zu den besseren des Ortes, haben den gleichen Boden und fast ebene Lage, beide werden vollständig modern bewirtschaftet, wie schon die hohen Erträge zeigen. Die kleinere Landwirtschaft beschäftigt Mann, Frau und Tochter, die größere Mann, Frau und einen Neffen

als Leiter, ferner 3 Knechte und 2 Mägde ständig, außerdem 6 Frauen zum Behacken im Sommer, 2 Männer und 4 Frauen zur Erntezeit und 3 Frauen im Winter zum Dreschen."(137) Statt der temporär beschäftigten Personen nimmt Hertz 3 ganze Jahresleistungen an (S.75).

"Maschinen werden stark benützt, selbst die kleine Wirtschaft (siehe: Vorher war Hertz von der Handarbeit so überzeugt. Der Verf.) gebraucht Dampfmaschine, Walzen, Extirpator etc."

Nun werden statistisch die unterschiedlichen Hektarerträge aufgelistet. Für unseren Zweck reicht es, jene Frucht anzugeben, bei der die größte Hektardifferenz auftritt.(138)

1 qu = 5o kg

	I	II	Differenz
Zuckerrüben	816 qu	714 qu	76 qu

Hertz gibt dann als Formel für die Produktivität an:

$$p = \frac{w - k}{t}$$

w = Wert
k = Kostenaufwand ohne menschliche Arbeitskosten
t = Zeit . (139)

Berechnen wir nun die Produktivität (140) anhand jener Kulturgattung, bei welcher die größte Ertragsdifferenz pro Hektar besteht:

Zuckerrüben = 76 qu Differenz.

Wir setzen in Ermangelung von Angaben Hektarertrag = Wert und Kosten für I = 1, für II = 5,75 (analog zur Betriebsgröße) (141), weiters rechnen wir die Woche pro Arbeitskraft mit 50 Stunden, das Arbeitsjahr mit 52 Wochen und außerdem, daß beide Betriebe ihre Wirtschaftsflächen mit Zuckerrüben bebaut hätten.

Wir kommen also auf:

I = 3.753,6 qu Zuckerrüben   II = 18.921 qu Zuckerrüben
I = 7.800 Jahresstunden   IIa= 28.600 Jahresstunden
                                 IIb= 20.800 Jahresstunden

IIa = Unternehmensleitung arbeitet mit,
IIb = Unternehmensleitung arbeitet nicht mit.

Setzen wir nun unsere Annahme ein, so ergibt dieses Verfahren:

$$p = \frac{w - k}{t} = I = \frac{3.753,6 - 1}{7.800} = 0,48$$

$$IIa = \frac{18.921 - 5,75}{28.600} = 0,66$$

$$IIb = \frac{18.921 - 5,75}{20.800} = 0,91$$

Wir können einen betriebswirtschaftlichen Vorteil von Betrieb IIa von 37,5 %, von Betrieb IIb von 89,6 % je Arbeitskraft und im Falle der Unternehmensführung nach IIb eine Ausbeutungsrate von 38 % errechnen.

Graphische Darstellung der Produktivität:
(Produktivität in Abhängigkeit von den Kosten)

Zu diesem Zweck vergleichen wir die Formel: $p = \frac{w - k}{t}$

mit der mathematischen Beschreibung der Geradengleichung:
$y = Kx + d$ für die Fälle I und II. (Die Variable k bedeutet hier die Steigung der Geraden.)

Fall I: $y = pI$; $pI = \frac{wI - kI}{tI}$; $wI = 3.753,6$; $tI = 7.800$

$$y(kI) = k \cdot KI + d = \frac{-kI + 3.753,6}{7.800} = -\frac{1}{7.800} kI + \frac{3.753,6}{7.800}$$

Steigung der Geraden = $\frac{1}{7.800}$ = 0,000 128; d = 0,48

Der Zusammenhang zwischen Produktivität und Kosten wird beschrieben durch:
  pI = - 0,000 128·kI + 0,48

Fall II: y = pII; w II = 18.921; tII = 28.600

  Wir berechnen analog und bekommen:
  pII = - 0,000 036·kII + 0,66

<u>Wir stellen das dar:</u>
Der Anschaulichkeit halber tragen wir auf der
  x - Achse   10.000 Kosteneinheiten = 3 cm und der
  y - Achse   1 Produktionseinheit   = 3 cm auf.

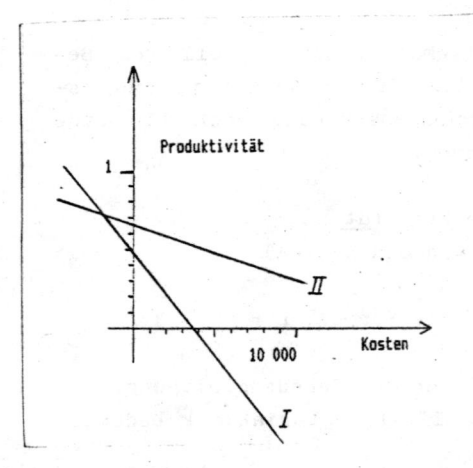

<u>Resumee:</u> Der Fehler, dem Hertz unterliegt, ist der, daß er mit einer höheren, durch intensivere Bewirtschaftung erzielten Hektarproduktivität eine höhere Netto-Arbeitsproduktivität beweisen will.

Auch die Graphik zeigt eindeutig die höhere Netto-Arbeitsproduktivität von Fall II, ohne daß wir für die Kosten einen fiktiven Wert annehmen mußten.

(Diese Darstellung erfolgte durch Mag. Margarethe Haderer, Linz, AHS-Lehrerin für Mathematik und Physik)

Der betriebswirtschaftliche Vorteil liegt im Gegensatz zu Hertzens Beteuerungen auf seiten des Großbetriebs.(142)
Die größere Intensität des Kleinbetriebes ist durch vermehrten Einsatz von variablem Kapital und damit desselben geringerer Produktivität erkauft.
An diesen Beispielen wollten wir zeigen, in welche Fehler Hertz verfällt, wenn er polemisiert.
Argumentiert der Autor hingegen streng wissenschaftlich, bringt er für seine Zeit beachtliche Erkenntnisse, womit er seine eigenen Polemiken ständig widerlegt.
Bevor wir auf die fundamentalen Aussagen von Hertz eingehen, wollen wir einige statistische Angaben aus Österreichs Landwirtschaft der Gegenwart geben. Sie sollen uns die tatsächlichen Entwicklungstendenzen zeigen und als Vergleich für die späteren Aussagen dienen (143):

Die wirtschaftliche Zugehörigkeit der Wohnbevölkerung:

	1910	1951	1977
Land- u. Forstwirtsch.	2,078.228	1,515.945	623.000
Gewerbe u. Industrie	2,148.256	2,585.587	2,448.000
Dienstleistung	2,419.382	2,832.373	4,338.000

Zahl der land- und forstwirtschaftlichen Betriebe:

	1951	1960	1970
Unter 2 ha	105.213	90.708	79.426
2 bis 5 ha	102.687	90.708	77.942
5 bis 1o ha	81.547	76.323	66.151
1o bis 20 ha	76.874	76.077	72.212
20 bis 50 ha	52.166	53.451	57.140
50 bis 1oo ha	8.083	8.231	8.500
1oo ha und mehr	6.278	6.788	6.367

Wirtschaftsfläche in Hektar:

	1951	1960	1970
Unter 2 ha	120.543	104.308	90.065
2 bis 5 ha	340.672	300.881	257.655
5 bis 1o ha	583.000	547.492	475.644
10 bis 20 ha	1,102.854	1,094.035	1,046.123
20 bia 50 ha	1,514.760	1,551.600	1,666.418
50 bis 100 ha	541.895	550.527	566.496
100 ha und mehr	3,522.504	3,700.194	3,624.987

In der Tat setzt sich - zumindest in Österreich - in der Land- und Forstwirtschaft der Mittelbetrieb (20 bis 50 ha) durch, auf Kosten des Klein- und bei Stabilität des Großbetriebes. Dieses Faktum stellt auch Hertz - außer in seinen Anti-Kautsky-Beweisführungen - fest.(144)

Diese Phänomen nimmt uns nicht weiter Wunder, lediglich die Tatsache, daß nicht schon Karl Marx bei seinen Differentialrententheorien (145) zu diesen Schlüssen gekommen ist, wo doch J.H. v. Thünen bereits die Existenz der Lagerrente, die aus der Marktentfernung des Gutes entspringt, festgestellt hat.(146)

Also muß auch die Nutzung eines allzu großen Gutes durch zu weite Entfernung vom Gutshof einige jener Produktionsnachteile mit sich bringen, die beim Kleinbetrieb mit Gemengelage ganz kraß zum Ausdruck kommen.

3.2.2.1. DIE THEORETISCHEN AUSSAGEN VON FRIEDRICH OTTO HERTZ

"Wir stellen nun die Frage, welche Verschiebungen in der Betriebsgröße finden statt? Welches ist die natürliche Tendenz der landwirtschaftlichen Entwicklung? Die Statistik aller Länder zeigt uns, daß die mannigfaltigsten Bewegungen sich kreuzen, im Allgemeinen aber der Mittelbetrieb und der Kleinbetrieb sich weit besser halten als der Großbetrieb. Keinesfalls besitzt dieser auch nur annähernd jene Ueberlegenheit wie in der Industrie."(147)

Der Autor versucht in seinem Werk die notwendige Bauernpolitik der Sozialdemokratie im Kapitalismus darzustellen, weiters Perspektiven für eine sozialistische Zukunft zu entwerfen.
Hier müssen wir deutlich festhalten: Friedrich Otto Hertzens Anliegen ist die Bauernpolitik! Die Frage des Großgrundbesitzes und der Landarbeiter findet er durch Karl Kautsky und für Österreich durch Dr. Verkaufs Referat am Prager Parteitag von 1896 (siehe oben) hinreichend behandelt und für die Partei soweit geklärt, daß eine klare Agitationslinie abgesteckt werden könne.(148)
Hinsichtlich der kleinen und mittleren Bauern sieht er die Sozialdemokratie - besonders durch den Einfluß Kautskys - (149) auf einem gefährlichen Weg und versucht deshalb, Richtlinien für eine diesbezügliche sozialdemokratische Arbeit zu entwerfen; sowohl für die Tätigkeit unter kapitalistischen Verhältnissen wie für künftig sozialistische.

3.2.2.2. ENTWICKLUNGSTENDENZEN UND SOZIALDEMOKRATISCHE AGRARPOLITIK IM KAPITALISMUS

An Beispielen von Rußland, den USA, Frankreich, Dänemark (150), den österreichischen Alpenwirtschaften, Belgien (151) - dort waren die Sozialisten in der Landwirtschaftspolitik besonders aktiv, auch hat sich in Belgien der Kleinbauer durchgesetzt und als produktionsstark erwiesen - versucht Hertz die aus ökonomischen Ablaufgesetzen sich ergebende Notwendigkeit und Existenzberechtigung des bäuerlichen Betriebes sowohl im Kapitalismus wie im Sozialismus zu beweisen.
Hertz weist Kautskys Darstellung der bäuerlichen Landwirtschaft (152) als falsch zurück, besonders daß (153):
1. der Großbetrieb dem Kleinbetrieb in allen bedeutenden Zweigen - zwar nicht in dem Ausmaß wie in der Industrie - überlegen sei,

2. der Untergang des Kleinbetriebes wegen der eigentümlichen kapitalistischen Tendenzen in der Landwirtschaft nicht stattfindet, weil
   a) sich der Kleinbetrieb durch Ausübung von Hausindustrie,
   b) durch Überarbeit und Unterkonsumption (154),
   c) durch Lohnarbeit beim kapitalistischen Großbetrieb dagegen wehrt,
   d) deswegen der kapitalistische Großbetrieb des Kleinbetriebes zwecks konstanter Lieferung billiger Arbeitskräfte geradezu bedarf, und
   e) es daher zu einer ständigen Fluktuation in der kapitalistischen Entwicklung zwischen Groß- und Kleinbetrieb kommt: Zunahme des Großbetriebes bei Arbeitskräfteüberschuß in der Landwirtschaft, Zunahme des Kleinbetriebes bei Arbeitskräftemangel auf den Großbetrieben,

3. die Entwicklung einer reinen Kleinlandwirtschaft (ohne

industriellen oder gewerblichen Nebenbetrieb) unter den gegebenen Verhältnissen unweigerlich in einer Sackgasse enden müsse,

4. die Landwirtschaft nicht in der Lage sei, sich selbst zu befreien, und dazu eines Anstoßes der revolutionären Kräfte aus der Industrie bedürfe (155), und

5. die Bauernschaft, wenn sie für die sozialistischen Ideen wegen der immanenten widerstreitenden Triebkräfte - nämlich das Besitzinteresse als Betriebseigentümer und das proletarische Interesse als Taglöhner, Kolone etc. - nicht gleich zu gewinnen sei, politisch neutralisiert werden müsse,

Hertz hält letzterem entgegen, daß, wenn im Kleinbauern tatsächlich das Lohnarbeiterinteresse das Besitzinteresse bereits überwiegt, die Bauernpolitik für die Sozialdemokratie überhaupt keinen Sinn hätte. Dann könnten sich die Sozialisten gleich auf den Standpunkt des "Nur-Arbeiterschutzes" stellen. "Es ist also, bevor wir unsere systematische Darlegung beginnen, eine Prüfung nothwendig:
1. der Stärke des Arbeits- und Besitzinteresses in der Landwirtschaft, 2. der socialen Function des Kleinbauern und 3. der Zulänglichkeit des 'Nur-Arbeiterschutz'-Standpunktes." (156)

1. Bezüglich der Lohnarbeiter- und Besitzerinteressen verweist Hertz auf das Referat von Dr. Verkauf auf dem Prager Parteitag 1896 und akzeptiert dessen Darstellung.(157)

2. Der soziale Unterschied von Groß- und Kleinbetrieb ist für Hertz ein zweifacher: nicht nur ein quantitativer, sondern auch ein qualitativer. "Es ist bekannt, daß zwischen Groß- und Kleinbetrieb nicht nur ein quantitativer, sondern auch ein qualitativer Unterschied besteht. Der

erstere muß gesellschaftlich bestimmte Zinsen und eine Rente tragen, der zu erzielende Geldertrag des letzteren findet seine unterste Grenze nur in dem zum Wiederersatz des verbrauchten constanten Capitals und der Arbeitskraft aller im Betriebe Arbeitenden nothwendigen Betrag, sofern nicht aus der Wirtschaft hinauszuzahlende Zinsen einen Theil des Ertrages vorwegnehmen (Hertz denkt dabei an auszuzahlende Erbteile, auch an Rückzahlungen für Kauf und Investitionen. Der Verf.)" (158) Der Kleinbauer ist also nicht Unternehmer (159), der nach der Formel E = c + v + m nach Hertz G - W - G+g produziert, sondern nach der Formel G - W - G also E = c + v. Er hat daher nur seinen Arbeitsertrag, keinen Mehrwert, "er kann auf Profit und Grundrente verzichten."(160)

Hertz nimmt damit bereits 1899 eine der wesentlichsten Aussagen Otto Bauers vorweg (Bauer stellt das Problem zwar anders dar. Er sagt, der Kleinbauer habe zwar Grundrente und Durchschnittsprofit - obgleich in geringem Maße -, er verzichte aber oft darauf, um eine Arbeitsstelle zu bekommen, indem er den Boden überzahle; er leiste eine "Selbständigkeitsprämie". Das Resultat ist aber dasselbe wie bei Hertz (161). Ja, Hertz geht über Bauer hinaus, wenn er schreibt: "Wenn z.B. die verschiedenen Enqueten in ihren Rentabilitätsberechnungen Rente und Zinsen einstellen, so ist dies nur fictiv und geht auf Kosten des Lohnes, der dann niedriger erscheint. Uebrigens constatiren sie dies stets selbst. In von Bauern selbst angestellten Berechnungen werden die Productionskosten stets dargestellt durch die Summe des Geldwertes des wiederzusetzenden Materials, der zugekauften Consumartikel, nie aber werden Zinsen auf das vorgestreckte 'Capital' berechnet. Die Differenz zwischen den so gefundenen Productionskosten und dem Verkaufspreis sämmtlicher verkauften Artikel bildet eine Versicherungsprämie für schlechte Jahre, aber der silberne Thaler im Strumpfe 'accumulirende' Bauer existiert heute nur mehr in der Sage."(162)

Daraus folgt wiederum die hohe Konkurrenzfähigkeit des Kleinbetriebes gegenüber dem Großbetrieb: "Diese steigt, je größer das vorgeschossene Capital ist, und je höher der Zinsfuß steht, je größere Zinsen also der capitalistische Betrieb fordern muß, auf die der Kleinbetrieb verzichtet."(163)
Da die Kleinbauern keine Revenuebezieher sind, sondern genauso wie die Arbeiter vom Verkauf ihrer Arbeitskraft - zwar in bereits vergegenständlichter Form - leben, "und zwar Beide um einen durch die Concurrenz in Richtung Existenzminimum getriebenen Preis" ihre Arbeitskraft verkaufen müssen, gibt es unter diesen Verhältnissen weder in der Praxis noch in der Theorie einen Klassengegensatz zwischen Arbeitern und Bauern. "Auch überschätzt Kautsky den 'Eigentumsfanatismus' des Kleinbauern; derselbe richtet sich nur gegen jene, die ihn seiner einzigen Arbeitsgelegenheit, des Grund und Bodens, berauben wollen, man sollte ihn also besser 'Arbeitsfanatismus' nennen."(164)

3. Der "Nur-Arbeiterschutz-Standpunkt (165) ist unter den gegebenen Verhältnissen nicht durchzusetzen, weil
   a) die ideologischen und geistigen Voraussetzungen bei den Bauern noch nicht gegeben sind, und weil
   b) er leicht zu unterlaufen ist, da
      1) der Arbeiterschutz den sich selbst ausbeutenden Kleinbauern außer in seiner Funktion als Taglöhner nicht trifft,
      2) der Großbetrieb bei Verteuerung der Arbeitskraft zu noch extensiverer Produktion überginge oder
      3) seinen Grund als Parzellen an Kleinbauern ausgäbe, diese als Kleinpächter einer noch ärgeren Ausbeutung unterlägen (man denke nur an die Möglichkeit des Kolonensystems) und
      4) selbst die besitzlosen Landarbeiter die Einhaltung des Arbeiterschutzes vielfach nicht forderten, da der Klassengegensatz wegen vielfacher Verwandtschaftsbande, des Besitzes von Forderungen aus

Erbgängen an den Hof, des Wohnens unter einem Dach usw. nie so kraß hervorträte wie in der Stadt. Letzteres gilt sicherlich nur für die bäuerliche Landwirtschaft und nicht für die Gutswirtschaft, bei der die Klassenstandpunkte wesentlich klarer ausgeprägt sind.

Es ist sicherlich richtig, wenn Hertz in der Folge darauf hinweist, daß die Produktionsverhältnisse in allen Bereichen unterschiedliche nationale Charaktere aufweisen, die sich wegen des Produktionsmittels "Boden" in der Landwirtschaft noch verstärken, daß eine nur kosmopolitische Betrachtung des Kapitalismus verfehlt sei - was ebenso für den Sozialismus zutreffe -, doch so rigoros, wie das der Autor tut, lassen sich der nationale Charakter des Kapitalismus und des Sozialismus nicht darstellen: "Eine allgemeine Form des Capitalismus können wir daher nicht anerkennen. Er tritt ja eben nur in den einzelnen Volkswirtschaften als nationaler Capitalismus in Erscheinung." (166)
Wir hingegen sehen im Kapitalismus wie im Sozialismus einen dialektischen Prozeß zwischen allgemeingültigen Grundtendenzen (im Kapitalismus z.B. das Streben nach Profitmaximierung) und nationalen Verhältnissen (z.B. die Güte des Bodens, die Qualifikation der Arbeiter). Hertz beweist das eben Gesagte ja selbst, wenn er Bernstein folgendermaßen verteidigt: "Noch immer wird in ganz oberflächlicher Weise behauptet, 'England zeigt uns das treue Spiegelbild unserer Zukunft,' 'genau wie in England wird bei uns der Kleinbauernstand verschwinden etc', wenn dann aber Bernstein zeigt, wie in England die Dinge sich entwickeln, schreit Alles: 'Das gilt für England, bei uns sind ganz andere Verhältnisse.'"(167)
Auf diese nationalen Landwirtschaften wirken besonders die "natürlichen Verhältnisse des Bodens, des Klimas, der Lage, der Möglichkeit leichter oder schwerer Communication, Zusammentreffen und Combination verschiedener Naturfactoren etc. Zweitens historische Momente", aber meistens beide

Momente zusammen ein. Außerdem die Frage, ob noch freier Boden vorhanden ist, und wie sich die damit verbundenen Verkehrsmöglichkeiten mit demselben darstellen. (168)
Obwohl der Autor diese Fragen nur national zu beantworten können glaubt, stellt er abschließend ein gemeinsames übernationales Moment fest, das uns als Kernaussage und das Ziel seiner Beweisführungen überhaupt erscheint: "Was für uns das wichtigste gemeinsame Moment aller dieser agrarischen Situationen bildet, <u>ist der durch die Natur des landwirtschaftlichen Betriebes ermöglichte Fall der capitalistischen Ausbeutung ohne gleichzeitigen Fortschritt zum capitalistischen Großbetrieb, im Gegentheil meist unter gleichzeitiger Zersplitterung der hiezu vorhandenen Ansätze.</u> Es ist dies das schwierigste uns gestellte Problem ; es scheint thatsächlich hier die rein ökonomische Entwicklung auf einen todten Punkt zu gelangen."(169)

Friedrich Otto Hertz will nichts anderes damit beweisen, als daß sich die Sozialdemokratie schon aus rein ökonomischen Gründen bereits im Kapitalismus um den Bauern kümmern müsse, da für die bäuerliche Wirtschaft im Sozialismus ein fixer Platz reserviert sei, wenn auch unter fortgeschrittenen Produktionsbedingungen.(170)
Nicht wegen der von Kautsky angeführten Bedingungen gebe es im Kapitalismus keine absolute Konzentration in der Landwirtschaft, sondern der bäuerliche Betrieb halte sich nach Hertz deswegen, weil (171)
1. die Verschuldung der bäuerlichen Betriebe keine Konzentration derselben herbeiführe, da
   a) der große Besitz prozentuell stärker verschuldet ist als der kleine (172) - ausgenommen reiner Parzellenbesitz -,
   b) der kleine Besitz günstigeren Genossenschaftskredit bekommt (173), wodurch der Bauer als Genossenschaftsmitglied
   c) zu seinem eigenen Gläubiger wird,

d) es sich beim bäuerlichen Kredit lediglich um einen Zwischenkredit handelt: "kein Besitz - verschuldeter Besitz - freier Besitz" (174),

e) die Hypothek kein Mittel ist, den Bauern abzustiften (kein Mittel zur Konzentration), "sondern umgekehrt einen Nichteigenthümer, der ohne Credit das Grundstück nie hätte erwerben können, zum Eigenthümer zu machen."(175) und

f) auch das Hypothekenkapital selbst keine Tendenz zur Konzentration zeigt, sondern auf viele Gläubiger aufgeteilt ist.

Eine Enteignung der Hypotheken, wie Kautsky fordert, träfe daher nicht die Kapitalisten, sondern die kleinen Leute, die ihre kargen Ersparnisse in Hypotheken angelegt haben. "Es wäre das schlechteste Mittel, um das Großkapital zu treffen, wohl aber das beste, um die ungeheure, stets wachsende Armee der kleinsten Besitzenden, besonders auch der ländlichen Dienstboten, gegen uns in Reih' und Glied zu bringen."(176) Hertz bringt zur Untermauerung seiner Thesen eine große Zahl von Statistiken, doch müssen wir, von heute aus betrachtet, feststellen, daß die skizzierte Entwicklung zu glatt ablaufend dargestellt wurde. (177) Selbst Hertz sieht sich oft gezwungen, auf Ausnahmen hinzuweisen. Trotzdem sind wesentliche Entwicklungstendenzen richtigt aufgezeigt, und es ist sicher das Verdienst von Friedrich Otto Hertz, statt in den apokalyptischen Chor der Dogmatiker einzustimmen, dieses Problem einer kritischen Analyse zugeführt zu haben.

Wenn wir auch zu bemerken gezwungen sind, daß die die Verschuldung und die nicht vorhandene Konzentrationsdichte des Hypothekarkapitals betreffenden Darstellungen zu rosa gefärbt worden sind (178), so ist eines ebenfalls so klar zu bemerken, daß es dadurch zu keinem Untergang oder extremen Verelendung des bäuerlichen Besitzes gekommen ist.

2. Eine Verschiebung in Richtung Großbetrieb bringt in der Landwirtschaft der Kapitalismus nicht mit sich, weil (179)
   a) die technische Überlegenheit des Großbetriebes (also doch! Der Verf.) nicht in dem Ausmaß gegeben ist wie in der Industrie, weil die tierische Arbeit die maschinelle überwiegt, die Werkzeuge nur saisonbedingt einsetzbar sind, diese wiederum genauso wie Rohstoffe vom Kleinbetrieb durch genossenschaftliche Verbindungen bezogen werden können (180) und der Großbetrieb sehr vom Weltmarkt abhängig ist.

   Diese Aussagen müssen aus heutiger Sicht relativiert werden: Die maschinelle Kraft hat die tierische weitgehend ersetzt, auch der Vorteil der Genossenschaften wird zu hoch angesetzt, da sich diese durchaus den kapitalistischen Gegebenheiten angepaßt haben und sicher nicht von den Kleinbauern beherrscht werden; (181) eine andere Qualität haben unserer Ansicht die Maschinenringe.

   b) Weil die ökonomische Überlegenheit in vielen Fällen beim Kleinbetrieb liegt, da dieser intensiver arbeitet, billiger produziert, weil auf Zins und Rente verzichtet wird und
   c) die Bodenbeschaffenheit und eventuelle Spezialkulturen eine natürliche Grenze für den Großbetrieb bilden, woraus folgt:
   d) "Der landwirtschaftliche Großbetrieb kann, soweit wir von nicht-wirtschaftlichen Umständen absehen, unter keiner Bedingung, weder durch langsames Niederconcurirren, noch durch die Sturmflut der von ihm entfesselnden Ueberproduction den Kleinbetrieb hinwegräumen, es müßten sich denn schon die ungünstigsten Umstände auf Seite des letzteren vereinigen."(182)

Zur Überproduktion in der Landwirtschaft ist zu sagen, daß Hertz die Möglichkeit des Auftretens einer Überproduktion grundsätzlich bestreitet. Daß er hierin irrt, kann täglich aus den Wirtschaftsseiten der Zeitungen, dem Rundfunk usw. entnommen werden. Unsere Frage muß aber die nach dem bäuerlichen Betrieb in dieser Krise sein: Die Bauern gehen nicht zu Grunde, sie klagen aber über die sich immer weiter öffnende Preis - Einkommensschere, sind vielfach auf einen Nebenerwerb angewiesen, werden aber auch zur Sicherstellung der Volksernährung in eventuellen Notzeiten und wegen der Wichtigkeit der Landschaftspflege (Fremdenverkehr) subventioniert. Allerdings gibt es auch Pläne, die Kleinbetriebe durch reine Mengensubventionen - den eindeutigen Vorteil davon hätte der Großproduzent - "wegzusubventionieren" (183) oder, wie der Mansholt-Plan es vorsah, die Kleinbauern durch Zahlung von Prämien zur Aufgabe zu bewegen, respektive Unwillige auszuhungern. (184) Mit den dann übrigbleibenden Großbetrieben sollte das Überschußproblem dann zu lösen sein. Daß Hertz 1899 nicht unbedingt Überproduktionssituationen prognostizieren konnte (185), soll uns historisch nicht wundern.(186) Andererseits muß erwähnt werden, daß auch heutzutage die landwirtschaftliche Überproduktion kein weltweites Phänomen ist, sondern nur die hochentwickelten Industriestaaten trifft, was aber wiederum die Ertragssteigerung in der Landwirtschaft bei Einsatz von Wissenschaft und Technik bestätigt und Hertz in diesen Bereichen falsifiziert.

3. Sehr realistisch zieht Hertz die Folgerungen aus seinen Erkenntnissen:(187) "Was den Betrieb angeht, sehen wir, daß der Vorzug des Groß- oder Kleinbetriebes gänzlich relativ ist, abhängt von den technisch-wirtschaftlichen Bedingungen des Standortes."(188)
Grundsätzlich stellt er dazu zwei Haupttendenzen unter kapitalistischen Verhältnissen fest:

a) Wenn noch freier Boden vorhanden ist, nimmt generell der Mittelbetrieb zu (189),
b) ist kein freier Boden vorhanden, außerdem die Industrie nicht fähig, freiwerdende Arbeitskräfte aufzunehmen, nimmt die Parzellenpacht zu - als sichere Arbeitsstelle. (190)

4. Daraus folgt: Nimmt die Bevölkerung zu, und hat die Industrie keinen Arbeitskräftebedarf, das tritt auch ein, wenn die Produktivkräfte im Kapitalismus voll entwickelt sind, steigt die Nachfrage nach intensiv zu bewirtschaftenden Parzellen und damit der Bodenpreis. "Wir sehen, daß das letzte Ziel der capitalistischen Landwirtschaft nicht der Großbetrieb ist, sondern die Parcellenpacht." Die Entwicklung geht also nicht in Analogie zur Industrie. (191) Da nun der Bauer kein Kapitalist, sondern Arbeiter ist, der seine Parzelle als Arbeitseigentum kauft, dadurch der industriellen Arbeitslosigkeit entkommen will, er sein Stück Land zu Preisen übernimmt, die kein Kapitalist zahlen könnte, da ersterer auf Zins und Rente verzichtet, der Bodenpreis somit schier unendlich steigt, steigt damit auch die Verschuldung der Bauern, besonders der Parzellenbauern, (192) was wiederum den Hauptgrund für die Agrarkrisen darstellt. "Der Fehler unserer Agrarverfassung liegt ebensowenig in der Concurrenzunfähigkeit des Kleinbetriebes als im theuren Viehsalz. Der einzige organische Fehler liegt vielmehr in den an den Besitz sich knüpfenden Fragen, vorzüglich im Bodenpreis."(193)

Um einem unvermeidlichen Widerspruch zu seiner anfangs gemachten Behauptung, daß die Überschuldung die Kleinbauern nicht in ihrer Existenz gefährdet, zu entkommen, schreibt Hertz weiter: "Andererseits wird diese Verschuldung der Parcellenbesitzer meist rasch getilgt, da sie eben nur relativ zum Gutswert, aber keineswegs absolut hoch ist. Es wird dem Besitzer nicht schwer, durch Rührigkeit, Betrieb

von wertvollen Specialculturen oder auch ein Nebengewerbe (Gastwirtschaft, Handwerk, Lohnarbeit etc) den kleinen Betrag aufzubringen und seine Schuld zu tilgen. (194) ....
Es steht somit fest, daß die Verschuldung unter jenen vorgeschrittenen (?) Verhältnissen und unter Voraussetzung völlig freier Beweglichkeit des Bodens einen drohenden Charakter nicht besitzt. Von einem 'Zusammenbruch', einem 'Krach', kann natürlich gar keine Rede sein. Ueber einen gewissen Punkt kann der Bodenpreis überhaupt nicht steigen, denn bei einer gewissen Höhe wird der Uebergang zur Industrie, die Ansiedlung in Colonien vortheilhafter, andererseits bildet der Großgrundbesitz noch eine enorme Reserve an Boden, die bei einer gewissen Höhe der Pachten und Bodenpreise zur Zerschlagung kommt und ein weiteres steigen verhindert." (195)
Damit glaubt sich Hertz gerettet, daß dem nicht so war und nicht so ist, beweist die tatsächliche Entwicklung.(196) Wie wir gesehen haben, vertritt Hertz das liberale Dogma von der Freiteilbarkeit des Bodens. Das müßte aber zu noch größerer Zersplitterung des Bodens führen. Daß dies ein volkswirtschaftlicher Nachteil wäre, kann man als sicher gelten lassen (197), daß dies nicht unbedingt ein Vorteil ist, erkennt ja Hertz selbst, wenn er schreibt: "Jedenfalls ist nicht zu leugnen, daß dieser Parcellenbetrieb große wirtschaftliche Energie erfordert und wenigstens in gewissen Fällen - in unbeständigem Klima, bei starken Preisschwankungen unterworfenen Culturen und dgl. - keineswegs als sichere Arbeitsanlage gelten kann."(198) Obige Ansicht scheint uns auch aus historischer Sicht unverständlich. Hertzens Meinung, durch ein großes Bodenangebot müsse der Bodenpreis eingedämmt werden können, wäre eine Untersuchung der Bodennachfrage entgegenzustellen. Und ließe sich dadurch der Bodenpreis auch etwas stabilisieren, die volkswirtschaftlichen Nachteile würden dadurch nicht geringer.
Hertz bemerkt das auch, wenn er schreibt: "Dort, wo die Vergangenheit in der Zersplitterung und Gemengelage der

Bodenstücke ein unheilvolles Vermächtnis uns hinterlassen hat, ist ein volkswirtschaftlich unproductiver Arbeitsaufwand und ein Verzicht auf den Genuß höherer Culturgüter unausweichlich."(199) Trotz dieser Widersprüchlichkeiten, die hauptsächlich seinem Zwang, Kautsky zu widerlegen, entspringen dürften, kommt Hertz zu einer Bewertung der kleinen Landwirtschaft, die als Verdienst Otto Bauers angesehen wird (200): Übrigens dürfte sich im Allgemeinen die Kritik des Parcelleneigenthums ebenso wie die der Lohnarbeit schließlich nicht so sehr gegen die absolute Niedrigkeit des Lohnes, als gegen die Unsicherheit der Arbeitsgelegenheit richten."(201)

Wir sehen also bei Friedrich Otto Hertz bereits viele Ideen festgemacht, die eigentlich immer einer späteren Epoche zugeschrieben worden sind, wie z.B. die Berechtigung des bäuerlichen Besitzes in ökonomischer Hinsicht, die Klassenverwandtschaft von Arbeitern und Kleinbauern, die Unsicherheit beider Arbeitsgelegenheit. Auch dieses Verdienst des Autors will bei mancher sonstiger Widersprüchlichkeit unsere Arbeit würdigen, besonders unter dem Gesichtspunkt , daß die Agrarreformer der Republik jene der Monarchie sehr bewußt ins Abseits gestellt haben. So schreibt Otto Bauer in seinen Erläuterungen des Agrarprogramms eine Kritik über die Irrtümer des älteren Sozialismus, ohne zu erwähnen, daß in weiten Teilen der Bewegung auch andere Ansichten zu diesem Problem vorherrschend waren. (202)

Bezüglich des kollektiven Großbetriebes in der Landwirtschaft, dessen Berechtigung Hertz unter gewissen Voraussetzungen durchaus anerkennt (203), meint der Autor, daß ein solcher sowohl auf demokratischer wie autoritärer Grundlage geführt werden kann, was auch für die Betriebsverhältnisse im Sozialismus zutrifft.

Die Hauptschwierigkeiten in der Führung eines solchen Großbetriebes lägen darin, daß es gerade in der Landwirtschaft wegen des eigentümlichen Produktionsmittels "Boden" am we-

nigsten möglich sei, überall nach dem wirtschaftlichen Prinzip (geringe Kosten, höchste Erträge) zu arbeiten, und daß sich deshalb der Vorteil einer Großproduktion relativierte.Es hänge nämlich nicht von schablonisierter (z.B. Fließband), sondern von sorgfältiger Produktionsweise ab, welche Erträge erzielt werden. Hierin liege der Vorteil der kleinen selbstbearbeiteten Wirtschaft zur großen verwalteten. (204)
Unter diesem Gesichtspunkt - der rationellsten Produktionsweise - beleuchtet Hertz kurz auch die forstwirtschaftlichen Verhältnisse. Vergleichen wir diese Überlegungen mit den späteren Otto Bauers (205) auf diesem Gebiet, so erkennen wir die tatsächlich neuen ingeniösen Erkenntnisse des letzteren. Im Gegensatz zu Hertz bemerkte nämlich Bauer bereits die Gefahren, die eine reine forstwirtschaftliche Ertragswirtschaft für den Waldbestand und die Umwelt mit sich brächten.
Bedenkt man die heutigen Umweltprobleme und -debatten, kann man den Weitblick Otto Bauers gar nicht hoch genug einschätzen. Dazu muß aber bemerkt werden, daß Hertz vom Problem des optimalen Wirtschaftsertrages ausging und zu beweisen versuchte, daß in der Land- und Forstwirtschaft es nicht a priori möglich ist, nur einer Betriebsgröße das Wort zu reden, ebensowenig wie nur einer Besitzform, sondern sich beides den Umweltbedingungen und der psychischen Einstellung der Bodenbebauer anzupassen habe, wobei es Aufgabe der Politik sei, das Allgemeinwohl einem zu radikalen Eigentümerinteresse gegenüber zu vertreten.(206)

Die Sozialdemokraten haben die Aufgabe, für diese Ziele am Land zu agitieren, ohne aber die Wirkung der alleinigen Agitation zu überschätzen, sondern sie müssen sich auch bemühen, Agrarprogramme - besonders regionale - aufzustellen.(207) Wir erfahren also aus dieser Schrift, daß der Wunsch nach einer Agrarprogrammatik - dieses Problem sollte heftige Diskussionen hervorrufen - schon Eingang in die Partei gefunden hatte, wenn auch dazu bemerkt werden muß,

daß dieser Wunsch noch längst nicht zum Allgemeingut gehörte. Besonders empfiehlt Hertz, für die Stärkung der Landgemeinde sowohl in wirtschaftlicher wie in politischer Hinsicht einzutreten, eine Forderung, die von fast allen Sozialisten und auch vom Agrarprogramm 1925 vertreten wurde. (208)
Das wichtigste dabei ist, für das demokratische Wahlrecht in diesen Körperschaften zu kämpfen: "Zuerst gilt es das Wahlrecht für die Gemeinde zu erobern, resp. zu erweitern. Mit jeder Gemeinde erobern wir ein Stück Demokratie, erobern wir ein Stück Socialismus!" (209)
Bei Agitation, Programmatik und bei der Parlamentsarbeit sollte der größte Wert nicht auf das Zustandekommen sozialdemokratischer Gesetze gelegt werden, vielmehr das wesentlichste ist, die bestehenden Möglichkeiten im sozialistischen Geist anzuwenden, denn "der de facto Zustand ist besser als der de jure .... Es kommt oft nicht sowohl darauf an, ein dem Wortlaut nach socialistisches Gesetz zu erwirken, als das Gesetz im socialistischen Geiste anzuwenden, resp. nicht anzuwenden."(210)
Die Maßnahmen, die bäuerliche Bevölkerung der Sozialdemokratie zu gewinnen, haben also klare Programmatik, Agitation, der Kampf um ein demokratisches Gemeindewahlrecht und die Anwendung der bestehenden Möglichkeiten im sozialistischen Sinne zu sein. Dann wird auch dieser Bevölkerungsteil der Sozialdemokratie die Gefolgschaft nicht versagen und zum Gedeih der Gesamtbevölkerung an einer sozialistischen Zukunft mitwirken.

3.2.2.3.   DIE LANDWIRTSCHAFT UND DER SOZIALISMUS

"Egal ob die Katze schwarz oder rot ist, Hauptsache sie fängt Mäuse" (Deng Shiao Bing).

Nirgends kommt Hertzens Reformismus deutlicher zum Ausdruck, als in seinen Gedanken bezüglich des Überganges zum und

der Stellung des landwirtschaftlichen Besitzers im Sozialismus.
Über den Übergang zum Sozialismus und die dafür notwendigen Maßnahmen denkt Hertz im folgenden Vergleich: "Das einzige 'Endziel' jeder kriegerischen Operation ist, den Feind unschädlich zu machen, dies ist aber auf die mannigfaltigste Weise möglich, ich kann ihn im offenen Gefecht vernichten, ich kann ihn cerniren, ihn durch Besetzung geeigneter Punkte in Schach halten - vielleicht sagt man, erstere Weise sei die 'gründlichere', aber auch durch die letztere wird mein 'Endziel' erreicht, und vielleicht mit weniger Opfern und schneller als sonst .... Das eigentliche Endziel ist doch die möglichst sichere und billige Unschädlichmachung des Feindes, ebenso kann das eigentliche Endziel des Socialismus nur das eine sein: die anarchische und volksaussaugende Tendenz der capitalistischen Production zu bändigen, unschädlich zu machen - auf die möglichst sichere und billige Weise .... Das oben ausgesprochene 'Endziel' - der Gesellschaft die Zügel der Production und Vertheilung in die Hand zu legen - ist aber ebenfalls auf die verschiedenste Weise zu erreichen, in vielen Fällen gewiß durch Vergesellschaftung der Productionsmittel, in manchen aber vielleicht sicherer und billiger als auf diesem 'reinlichen' Weg. Eine 'Schwäche', 'Opportunismus', läßt sich aus einer solchen Taktik auf keinen Fall deduciren, wie ja auch der Heerführer die militärischen Operationen gewiß nicht energischer leitet, jede Schwäche des Feindes rücksichtsloser ausnutzt, ob er nun dieses oder jenes 'Mittel' wählt. Ueberlassen wir die Entscheidung über die 'Mittel' der geeigneten Zeit, halten wir das 'Endziel' im oben bestimmten Sinn fest, dann landen wir von selbst an der richtigen Stelle der neuen Welt." (211)
Im Anschluß daran macht sich Hertz Gedanken über ein die sozialdemokratische Bewegung schon naturgemäß beschäftigendes Problem; über das Eigentum.

3.2.2.4. KAPITALISTISCHES UND SOZIALISTISCHES EIGENTUM

Die Besprechung dieses Kapitels möchten wir kurz halten, denn, obwohl Hertz hauptsächlich auf das landwirtschaftliche Eigentum im Sozialismus Bezug nimmt, handelt es sich um sehr allgemeine und komplexe Überlegungen, die der Autor sehr langatmig behandelt. Wir glauben, dem Problem am ehesten gerecht zu werden, wenn wir punktuell des Autors Überlegungen darstellen.

Da einerseits zwischen Eigentum und Besitz unterschieden werden muß, andererseits Hertz mannigfache bürgerliche Eigentumsdefinitionen anführt (212), wollen wir zuerst das österreichische Allgemeine Bürgerliche Gesetzbuch (ABGB), das aus dem Jahre 1811 stammt - also zur Entstehungszeit der zu besprechenden Schrift in Kraft war -, dazu zitieren und im Anschluß des Autors genauere Eingliederung des bürgerlichen Eigentumsbegriffes:

Eigentum: § 353: Alles, was jemanden gehört, alle seine körperlichen und unkörperlichen Sachen, heißen sein Eigentum.

§ 354: Als ein Recht betrachtet, ist Eigentum das Befugnis, mit der Substanz und den Nutzungen einer Sache nach Willkür zu schalten, und jeden anderen davon auszuschließen.
Um arge Mißbräuche zu vermeiden, wurde § 354 eingeschränkt. Die Rechtssprechung spricht bezüglich des Eigentums von einem verfassungsmäßig gewährleisteten, relativen Grundrecht (siehe dazu auch Art. 5 Staatsgrundgesetz über die allgemeinen Rechte der Staatsbürger 1867).

§ 365: Wenn es das allgemeine Beste erheischt, muß ein Mitglied des Staates gegen eine

> angemessene Schadloshaltung selbst das vollständige Eigentum einer Sache abtreten.

Besitz: § 309: Wer eine Sache in seiner Macht oder Gewahrsame hat, heißt ihr Inhaber. Hat der Inhaber einer Sache den Willen, sie als die seinige zu behalten, so ist er ihr Besitzer.
Ein Dieb kann demzufolge zwar Besitzer - wenn auch ein unrechtmäßiger, unredlicher und unechter - sein, aber niemals Eigentümer.

Hertz versucht nun, den Begriff des bürgerlichen Eigentums seinem Inhalte nach aufzugliedern: (213))

1. Recht des Besitzes:
   a) Recht der Ausschließung jedes anderen nicht besser Berechtigten nach Maßgabe des Gesetzes. Recht der Erhaltung und Zerstörung der Sache. Recht der Theilung der Sache. Gewisse nur an den Besitz geknüpfte Pflichten. (214)

2. Recht der Nutzung, zerfällt in folgende Rechte und Pflichten:
   A- Produktion:
   a) allgemeine Ausübung oder Nichtausübung der Production,
   b) Richtung der Produktion,
   c) Betrieb und Stufenleiter der Production (extensiv, intensiv, Groß-, Kleinbetrieb),
   d) gewisse Pflichten der Production zur
      I) Ermöglichung, II) Sicherung, III) Steigerung der Production fremder oder der eigenen Wirtschaft.
   B- Verfügung über die Produkte. Rechte resp. Pflichten auf:
   a) Belassen derselben im Naturzustand oder Veräußerung derselben.

b) Recht auf Bezug eines Theiles des Ertrages
   I) nur auf Grund des Eigenthums. (Ausgeschlossen die Productionsthätigkeit). II) Auf Grund der Mitwirkung in der Production. III) Bestimmung dieser Theile nur auf Grund der ökonomischen Machtvertheilung.
c) Pflicht zur Leistung gewisser Abgaben auf Grund der Nutzung.
d) Pflicht der Hingabe eines Theiles an die an der Production Theilnehmenden und zwar
   I) nur nach Maßgabe der ökonomischen Machtvertheilung.

3. Verfügung über einzelne Eigenthumsrechte oder den ganzen Complex.
   Uebertragung I. der Sache oder ihrer Nutzung selbst
   1. unter Lebenden. a) Entgeltlich (Kauf, Pacht, Tausch), b) unentgeltlich (Nießbrauch, Schenkung).
   2. Im Erbgange. Pflichten gewisser Abgaben an den Staat, Pflicht der Pflichttheile und ev. der Substitution.
   II. Des Wertes der Sache in der Form der Verpfändung.

Fr. O. Hertz sieht bezüglich des Eigentums einen ständigen Übergang von der privaten in die öffentliche Sphäre. "Diese Bewegung wird vorzüglich bedingt durch die Veränderung der ökonomischen Grundlagen, durch die Nothwendigkeit der Erweiterung und Sicherung der Production, wie sie aus der Thatsache der natürlichen Volksvermehrung entspringt."(215)

Wir erkennen hier eindeutig den evolutionstheoretischen Ansatz des Autors, der als Zeugen dafür Marx, Vandervelde (belgischer Sozialist, der sich mit der Landwirtschaftspolitik beschäftigte), aber auch Bernstein nennt.

Diese oben dargestellte Bewegung des Eigentums in der bürgerlichen Gesellschaft schließt die Bewegung zum Sozialismus mit ein. Um ökonomisch zu überleben, ist selbst die bürgerliche Gesellschaft zu ständigen Reformen - selbst der Eigentumsverhältnisse - gezwungen. "Wir sehen gleichzeitig, wie kaum eines der wichtigen Eigenthumsrechte nicht

schon von bürgerlichen Oekonomen angetastet worden wäre, wie aber das Merkmal des Socialismus eben darin liegt, daß er jene vereinzelten Vorschläge planmäßig in ein großes System bringt, sie aus dem einheitlichen Princip der Organisation der Wirtschaft ableitet und aus der Summe jener 'Reformen' eine wahrhafte 'Revolution' macht."(216)
Nach diesem Bekenntnis zur evolutionären Entwicklung kommt Hertz zur Darstelung des sozialistischen Eigentumsbegriffes im Vergleich zum bürgerlichen (217):

1. "Das Recht des Besitzes betreffend, sehen wir nicht ein, warum es absolut aufgehoben werden sollte, da es doch in seiner Allgemeinheit am wenigsten Bezug zur Production hat (218). Dieses Recht darf aber nicht dazu benützt werden, Produktionsinteressen zu stören oder Sachen zu zerstören. Das Recht der Erhaltung des Besitzes ist in eine Pflicht umzuwandeln. Andererseits ist der Besitz ein wichtiges psychologisches Motiv zur Steigerung der Produktion.

2. Das Recht der Nutzung:
   A- Die Produktion:
   a) Sie muß bei sonstiger Enteignung ausgeübt werden.
   b) Auf die Richtung der Produktion muß die Gesellschaft wegen Konjunkturschwankungen und der geregelten Volksversorgung Einfluß haben.
   c) Betrieb und Stufenleiter der Produktion haben so geregelt zu werden, daß jedes Stück der beschränkten Erde die höchste Produktivität erreicht.
   B- Die Verfügung über die Produkte:
   a) Die freie Veräußerung der Produkte muß gesellschaftlich reguliert werden, z.B. durch das Getreidemonopol.(219)
   b) Die Verteilung des Ertrages ist so vorzunehmen, daß die geleistete Arbeit die Haupteinnahmequelle darstellt. Es sind Preistaxen, Minimallohn und Pachtzinsmaximum festzusetzen.

3. Verfügung über die Eigentumsrechte:
   a) Gegen die unentgeltliche Übertragung und gegen den Tausch gibt es auch beim sozialistischen Eigentum nichts einzuwenden, wenn die Produktion dadurch keinen Schaden erleidet, anders sind
   b) die vier Rechte des Verkaufs, der Verpachtung, der Vererbung und der Verpfändung die schwierigsten Probleme einer sozialistischen Agrarpolitik, "da bei ihrer Ausübung nothwendigerweise das Gespenst des Bodenpreises resp. der Rente mit ihren Schwankungen erscheint .... Die Gefahr liegt hauptsächlich im Vorhandensein und in der Bewegung der Rente, die einerseits eine Schranke für die freie Berufswahl der minder Bemittelten bildet und so sociale Ungleichheit herstellt und jede Krise verschärft, andererseits entweder als Grundlage zu Rechtsverpflichtungen dient, mit denen dieser leicht bewegliche Factor alsbald sich in Widerspruch stellt, oder durch bare Auslage eines hohen Bodenpreises die Production beeinträchtigt. Diese Gefahr, die Hauptkrankheit unserer Landwirtschaft, steht und fällt also mit der Rente. Diese nach bodenreformlerischem Muster wegzusteuern, ist aber technisch undenkbar.

   Es ist demnach klar, daß nicht alle Eigenthumsrechte in gleicher Weise verworfen oder getadelt werden müssen. Eine allgemeine in einem Momente erfolgende Umwandlung des gesamten Rechtscomplexes, der das Eigenthum bildet, ist weder nöthig noch möglich, noch wünschenswert."
   (220)

Der Ausweg aus diesem Dilemma ist, da die Bauern psychologisch gesehen, nicht bereit sind, der Aufgabe ihrer Eigentumsrechte für einen sozialistischen Zusammenschluß zuzustimmen, andererseits ein Verelenden- und Imstichlassen der Bauern der Volkswirtschaft großen Schaden (221) zufügte und ebenfalls nicht zum Ziel des kollektiven Großbetriebes

führte, die Gründung von Genossenschaften verschiedenster Qualität. Aber das sähen die Bauern bereits selbst ein, und der im Gang befindliche Aufbau der Genossenschaften gedeihe prächtig.
Diese Verbindungen, die gerade dem kleinen Besitzer am meisten hülfen, sollten mit den städtischen Verbrauchergenossenschaften in direkten Kontakt treten, um den Zwischenhandel auszuschalten.(222)
Der größte Vorteil der Genossenschaften aber wäre deren Einfluß auf die landwirtschaftliche Betriebsorganisation, "obwohl dieser Factor bisher sehr wenig wissenschaftlich gewürdigt wurde."(223)
Die notwendige Genesis einer genossenschaftlichen Entwicklung bei Friedrich Otto Hertz (224):

1. Lokale Vereinigungen zur gemeinsamen Abwehr von Mißständen mit vollster individueller Freiheit der Mitglieder. Die erste Funktion stellt den Ankauf, die zweite den Verkauf verschiedenster Produkte dar.

2. Bei günstigem Wirtschaftsfortgang wird das Unternehmen stabilisiert und die Haftung der Genossen eingeführt.

3. Ankaufs- und Ablieferungszwang für alle Mitglieder.

4. Die vereinzelt gestreuten Lokalgenossenschaften zentralisieren sich.

5. Einführung des Propregeschäftes (Geschäfte werden nur mehr auf Rechnung der Genossenschaften gemacht, nicht mehr auf Rechnung der einzelnen Mitglieder).

6. Die Genossenschaft greift in den Produktionsablauf der Wirtschaften ihrer Mitglieder ein.

7. Die vor- und nachgelagerte Produktion wird ebenfalls

vergenossenschaftet.

8. Es werden große genossenschaftliche Zentralbetriebe gegründet.

9. "Die Vollendung des Gebäudes ist die Vereinigung der verschiedensten Genossenschaften mit bestimmten Zwecken zur einer, das Gesammtwirtschaftsleben des Genossen umfassenden."(225)

Diese stufenweise Entwicklung schüfe die Vorsetzung für einen harmonischen Übergang zum Sozialismus in der Landwirtschaft, die Bauern würden nicht plötzlich durch einen zentralisierten, von der Gesellschaft verwalteten Betrieb, mit dem sie im Moment noch nichts anfangen könnten, überrascht, und außerdem gewährleistete diese Entwicklung die sukzessive Herausbildung geeigneter Verwaltungskräfte. Die Basisverwaltung des gesamten Wirtschaftslebens wäre - ähnlich der heute bestehenden "Paritätischen Kommission" - aus Beiräten der verschiedensten Interessensgruppen (Produzenten - Konsumenten) zusammenzusetzen.(226)
Das sozialistische Eigentum in der Landwirtschaft bestünde somit aus einer Vielzahl beschränkt eigenhandlungsfähiger, den Genossenschaften untergeordneter, größerer und kleinerer Betriebe.
"Vor allem darf über dem täglichen Kampf der Aufbau der zukünftigen Gesellschaft in den gewerkschaftlichen und genossenschaftlichen Vereinigungen nicht vernachlässigt werden, in der einen Hand das Schwert, in der anderen die Kelle - das ist die richtige Kampfesweise auch heute."(227)

3.2.2.5.   DIE LANDWIRTSCHAFTLICHE BETRIEBSORGANISATION IM SOZIALISMUS

Die Tendenz der evolutionären Entwicklung zum Sozialismus, genossenschaftliche Betriebe zu schaffen, haben wir im vorigen Abschnitt gezeigt, jetzt ist die Frage nach Größe und Besitzstruktur dieser Betriebe zu stellen.(228)

1. Die Größenverhältnisse werden so zu gestalten sein, daß sie den Standorten optimal angepaßt sind: An vielen Orten werden die Bauernwirtschaften in Großbetriebe, in anderen die Großbetriebe in Kleinbetriebe aufgelöst. In anderen Gegenden wiederum sind nur gewisse Betriebsfunktionen zu vergesellschaften. "Das große Problem ist, einer Wirtschaftsverfassung den Weg zu bahnen, die, naturgemäß aus den wirtschaftlichen Verhältnissen herauswachsend, alle wirtschaftlichen und socialen Vortheile der Großproduction verstärkt durch den kräftigsten wirtschaftlichen Antrieb des unmittelbaren Selbstinteresses, die anpassungsfähig genug ist, um unter wechselvollen Verhältnissen der Landwirtschaft überall den denkbar stärksten psychologischen Antrieb und die günstigsten technischen Bedingungen zur vollkommensten Ausnutzung jeden Stückes unserer beschränkten Erde herzustellen."(229)

2. Die Frage des Besitzes ist auf jene des Betriebes abzustimmen:
   a) Der Staatsgroßbetrieb, in dem die Bebauer des Bodens eine beamtenähnliche Stellung einnehmen.
   b) Der individuelle Kleinbetrieb mit Privateigentum.
   c) Die gemischte Betriebsform.

Auf alle diese Betriebsformen haben die obersten Prinzipien des Sozialismus Anwendung zu finden: "Jedermann nach seinen Kräften und Fähigkeiten in den Dienst der Gesammtheit zu stellen und die Gesammtheit wieder in ihren öffentlichen Diensten zum Diener jedes Einzelnen zu machen. Formulieren wir dieses Verhältnis, so verwandelt es sich in unsere alten Bekannten: Die Pflicht zur Arbeit und das Recht auf Existenz. Beide sind natürlich unmöglich ohne gesellschaftliche Organisation der Arbeit."(230) Um seine Vorstellungen einer künftigen Gesellschaft weiter zu präzisieren, zitiert Hertz den französischen Sozialisten Jean Jaures: "Es wird keine Müßiggänger geben, die von der Arbeit anderer und der Grundrente leben. Einerseits werden Bauernfamilien existieren, von denen jede ein kleines Gütchen bebaut; andererseits Vereinigungen ländlicher Arbeiter, Abtheilungen der ländlichen Genossenschaft, die die Großbetriebe bebaut. Schließlich wird es eine Art Gemeindearbeiter geben.", die kein eigenes Land haben, sondern zu Arbeiten des vorübergehenden Bedarfes herangezogen werden. Alle drei Gruppen seien aber Eigentümer. "Selbst die Gemeindearbeiter seien Eigenthümer, denn sie erhalten als Lohn jenen Betrag, den sie täglich auf eigenem Boden erarbeiten könnten, also den vollen Arbeitsertrag."(231)

3. Dort, wo weiterhin der Privatbesitz angewendet wird, ist das Hauptproblem die Bodenrente, die bei Kauf, Pacht, Verpfändung und Vererbung auftritt. Hertz gibt Vorschläge zur Verhinderung derselben (232):
   a) In den Alpen, wo die Bodenbeschaffenheit den zentralen Großbetrieb ausschließt, ist wegen der extensiven Wirtschaftsweise (Wald, Weide, Alpen) der Mittelbetrieb optimal. Da bei dieser Wirtschaftsweise mehrere Arbeitskräfte erforderlich sind, niemand aber von der Arbeit anderer profitieren soll, ist es Aufgabe des Staates, für diese Betriebsform eine angemessene Rechtsform auf Basis einer Familiengenossenschaft zu erzeugen.
   b) In manchen Gegenden wird ein sozialpolitisch ausgebautes Pachtrecht - besonders bei Groß- und Staatsbe-

sitz - anzuwenden sein.
c) Genauso hat der freie Besitz unter Kontrolle der Genossenschaft (siehe oben) seine Berechtigung.

Zur Ausschaltung der Bodenrente bei Privatbesitz kann die Gesellschaft dem Bodenbebauer einen jährlichen Betrag auszahlen, wofür dieser dann sämtliche Produkte abzuliefern hätte . (233) Die Rente fällt somit der Gesellschaft zu, die dafür einem solchen Gut die Versorgungsfunktionen abzunehmen hätte, indem sie Miterben als Pächter auf Staatsgüter einsetzt oder diese als Arbeiter in Staatsbetrieben beschäftigt.
Um den Antrieb für notwendige Betriebsverbesserungen nicht zu nehmen, "möge jede durch Betriebsverbesserung erzielte Ertragssteigerung dem Bebauer auf gewisse Zeit (Lebenszeit, 10 Jahre) zu Gute kommen, jedoch nicht fortdauernd, da sonst wieder die Rente erscheint."(234)

Soweit zu Friedrich Otto Hertzens grundsätzlichen, wie er selbst betont, demonstrativ dargestellten Vorstellungen (235) der Landwirtschaft in einer sozialistischen Gesellschaft und beim Übergang zu einer solchen.
Auf eines möchten wir abschließend noch einmal hinweisen, daß dieses Werk zwar einige Schwächen aufweist: die heiteren, aber nicht beweiskräftigen Anti-Kautsky-Stellen, die rein ertragsorientierte Betrachtungsweise der Land- und Forstwirtschaft, ohne deren soziale Funktion zu erkennen, das Eintreten für die absolute Freiteilbarkeit des Bodens, das Verkennen der Möglichkeiten von Wissenschaft und Technik in der Landwirtschaft, das Überschätzen der sozialen und wirtschaftlichen Funktion der Genossenschaften und deren Entwicklungstendenz usw., daß dieses Werk aber trotzdem grundlegende Überlegungen der zukünftigen sozialdemokratischen Landwirtschaftspolitik und Landwirtschaftstheorie klar darstellt: Das Problem der Bodenpreise und der Bodenrente, den Verzicht des Arbeitsbauern auf Zins und Rente,

um eine Arbeitsstelle zu bekommen und nicht der industriellen Arbeitslosigkeit anheimzufallen, die Tendenz des arbeitsbäuerlichen genauso wie des Arbeiterlohnes zum Existenzminimum und die Gründe dafür, die Notwendigkeit des Rechts auf Arbeit als Vorbedingung für das Fallen der Grundstückspreise und die ökonomisch berechtigte Sicherung der bäuerlichen Arbeitsstellen, eingebettet in eine rigorose Sozialgesetzgebung.

Diese Schrift ist ein weiterer Beweis dafür, daß in der österreichischen Sozialdemokratie um die Jahrhundertwende bereits Ideen Einzug gehalten haben, die die bisherige Forschung einer späteren Zeit zugeordnet hat.

Eines sei aber doch noch vermerkt: So klar wie Friedrich Otto Hertz bekannte sich kein großer, sozialdemokratischer, agrarpolitischer Denker (236) - weder Renner, Schärf, Genner, Winkler noch Bauer - in dieser Frage zum Revisionismus Bernsteinscher Prägung. Und trotzdem: Die Resultate sind sehr ähnlich und auch das Wollen.

3.2.3. DIE GROBE AGRARDISKUSSION AM GRAZER PARTEITAG 1900

Nachdem auf Druck verschiedener Lokalorganisationen und auf Antrag von Dr. Ellenbogen eine agrarpolitische Kommission in Brünn 1899 eingesetzt worden war (237), kam es in Graz 1900 zur ersten wirklich großen Agrardiskussion auf einem sozialdemokratischen Parteitag, an welcher am ersten Tag auch der bayrische Landagitator Georg von Vollmar teilnahm (238). Schon allein dessen Teilnahme ließ Bauernschutzdiskussionen unbedingt erwarten.

Zuerst wurde ein Antrag der Parteienvertretung als Resolution eingebracht, die hauptsächlich auf Arbeiten von Wilhelm Ellenbogen beruhte, im Anschluß einige Zusatzanträge zum Hauptantrag, sowie nach dem Referat Ellenbogens ein Antrag

(Dobiasch Nr. 55), dieses Referat als Broschüre herauszugeben.(239)
Die Anträge - außer Nr. 55 - wörtlich (240):

49. Antrag der Parteivertretung: Resolution
Obgleich die industriell-kapitalistische Entwicklung Oesterreichs gegen die anderen Staaten weit zurückgeblieben ist und demgemäß auch der Ausbau der Organistion der industriellen Arbeiterschaft noch einer gründlichen und mühevollen Arbeit bedarf, ist es unsere Pflicht, die Ideen des Sozialismus, so weit es möglich ist, schon jetzt unter die Landbevölkerung zu tragen, deren wirthschaftliche Existenzbedingungen unter demselben schweren Drucke leiden wie die der Arbeiter. Ueberdies nöthigt uns hiezu das aller Vernunft hohnsprechende Wahlsystem der fünften Kurie mit seinen ungeheuren Wahlbezirken.
Ohne in prinzipielle Erörterungen der Agrarfrage, deren wissenschaftliche Grundlagen noch theilweise unausgebaut sind, einzugehen, erklärt daher der Parteitag:
Die Aufgabe der sozialdemokratischen Landagitation ist es zunächst, die Landbevölkerung zu sozialistischem Denken zu erziehen, und sie hat sich daher in erster Linie an jene Schichten zu wenden, die vermöge ihrer Klassenlage der Idee des Sozialismus am zugänglichsten sind, <u>an die Landarbeiter und Kleinbauern.</u> Sie muß ferner vor Allem die Beseitigung all der geistigen und politischen Schutzwehren des ländlichen Konservativismus anstreben, also die Erweiterung der Schulbildung, die Uebernahme der Schullasten durch den Staat, die Erkämpfung des allgemeinen, gleichen, direkten und geheimen Wahlrechtes und die Aufklärung der Landbevölkerung durch Zeitungen, Broschüren, landwirthschaftliche Kalender und dergleichen energisch betreiben und hat, <u>indem sie es gemäß unserem Programm vermeidet, die religiösen Empfindungen der Landbevölkerung zu verletzen</u> , den Kampf gegen den volksverdummenden Klerikalismus mit aller Wucht zu führen. Da die kleinen Landgemeinden vorzügliche Ausgangspunkte für

die Landagitation sind, soll der provinziellen Kommunalpolitik ein sorgsames Augenmerk zugewendet werden.

Unter den praktischen landwirtschaftlichen Reformen ist für diejenigen einzutreten, die

1. auf eine gesellschaftliche Organisation der Erzeugung und Vertheilung der Bodenprodukte abzielen, also: Vergesellschaftung von Wald, Wiese, Wasserkraft durch Staat, Land oder Gemeinde, Erweiterung des öffentlichen Landbesitzes durch eine volksfreundliche Landpolitik, Ausbau des landwirthschaftlichen Genossenschaftswesens auf völlig demokratischer Grundlage und dergleichen;

2. die gegen die Privilegien und Uebergriffe einzelner Besitzenden gerichtet sind, also: Aufhebung sämmtlicher mit dem Grundbesitz verbundener Vorrechte (Bannrechte, Fideikommisse, Propinationen, Wahlkurien). Uebergabe der Jagd- und Fischereirechte an die Gemeinden;

3. die auf die allgemeine, der Gesammtheit zugute kommende Hebung der Bodenkultur sowie die Verbesserung, Verbilligung und Zufuhrserleichterung der Lebensmittel gerichtet sind, also: Bodenmeliorationen durch Staat und Land (Wildbachverbauungen, Drainagen, Gewinnung wüster Ländereien für die Kultur u.s.w.), Errichtung von landwirthschaftlichen Versuchs- und Untersuchungsstationen, eine den Anforderungen der modernen Wissenschaft entsprechende Vieh- und Fleischbeschau, Aufhebung der Lebensmittelzölle, Herabsetzung der Frachttarife für Lebensmittel, Unentgeltlichkeit des landwirthschaftlichen Unterrichts, Wahrung der Interessen der landwirthschaftlichen Bevölkerung gegen die Uebervortheilung durch Ungarn, mithin politische und fiskalische Trennung Oesterreichs von Ungarn;

4. die auf den physischen und geistigen Schutz der Landarbeiter gerichtet sind, also: Staatliche Kranken-, Unfall- Invaliditäts- und Altersversicherung der Landarbeiter, Beseitung der Gesindeordnungen, landwirthschaftliche Inspektoren, Gründung von Landarbeitergenossenschaften, volles Koalitionsrecht für die Landarbeiter, Landgerichtshöfe analog

den Gewerbegerichten, mit der Befugniß der Bestimmung der Arbeitszeit, des Lohnes, der Pachtverträge und dergleichen. Schließlich ist daran festzuhalten, daß die Aufrüttelung der Landbevölkerung auch wesentlich Sache des politischen Kampfes ist und die Bewohner des flachen Landes um so innigeren Anschluß an die Sozialdemokratie suchen werden, je energischer und rücksichtsloser diese ihre Pflicht im Kampfe für alle Forderungen der Menschlichkeit, des Rechtes und der Freiheit erfüllen wird. Darum ist es die Aufgabe auch der Landagitation, für alle übrigen Forderungen der Sozialdemokratie unverhüllt überall da einzutreten, <u>wo sie in Frage kommen,</u> und durch unermüdliche Aufklärungsarbeit die Landbevölkerung dem Banne des Indifferentismus zu entreißen.

50. Antrag Hackenberg (Krems):
Es ist in der Resolution dritter Absatz, hinter dem Worte "Fleischbeschau" folgender Satz einzuschalten: "Verbesserung der Thierseuchengesetze durch <u>Schadloshaltung der durch die Handhabung dieses Gesetzes geschädigten Landwirthe."</u>

51. Antrag Jodlbauer (Graz):
Es ist in der Resolution, dritter Absatz, hinter dem Satz über Bodenmeliorationen folgender Satz einzuschalten: "Ausbau des Versicherungswesens durch Uebernahme der Versicherungen durch den Staat."

52. Antrag Barth (Gablonz) - Klingsbögl (Wien):
Es ist in der Resolution, dritter Absatz, der Satz zu streichen: "Mithin politische und fiskalische Trennung Oesterreichs von Ungarn."

53. Antrag Dolejsi (Wien):
Der Parteitag beauftragt die Parteienvertretung mit der Ausschreibung einer Preiskonkurrenz für eine den österreichischen wirthschaftlichen und politischen Verhältnissen angepaßte und leichtverständliche Agitationsschrift, welche

für die Massenverbreitung unter der landwirthschaftlichen Bevölkerung geeignet wäre.

54. Antrag Witzmann (Wien):
In Erwägung, daß die Landagitation durch Versammlungen in vielen Orten infolge der systematischen Verhetzung durch die Klerikalen unmöglich ist; in weiterer Erwägung, <u>daß die kleinbäuerlichen und proletarischen Schichten der Landbevölkerung, wie die Erfahrung (!) lehrt, den Ideen des Sozialismus nicht unzugänglich sind,</u> beschließt der Parteitag: Die Reichsparteivertretung wird beauftragt, an jenen Orten, wo die Agitation durch Versammlungen momentan unmöglich ist, Agitationsbroschüren und -schriften durch die dortigen Vertrauenspersonen unentgeltlich verbreiten zu lassen.(241)

Beachtenswert ist besonders der Punkt 1. der Resolution, in dem ein Vergesellschaftungskatalog aufgestellt ist, wobei der Ackergrund des Bauern nicht angeführt wird. Im Antrag 50. und im Antrag 51. finden wir sogar echte Bauernschutzmaßnahmen, wie Schadloshaltung geschädigter Landwirte oder die Übernahme der Versicherungslasten durch den Staat.
Wir werden auch in späteren Überlegungen der österreichischen Sozialisten immer wieder erkennen, daß sie für Vergesellschaftung von Wald (besonders Otto Bauer), die Energiegewinnung, für die Stärkung der Gemeinde durch Ausdehnung ihrer Wirtschaftskraft und damit ihrer sozialpolitischen Möglichkeiten sowie für Genossenschaften auf demokratischer Basis eintreten, aber nicht für die Vergesellschaftung des Ackers der Arbeitsbauern, ja sogar für Zuteilung von Ackerflur an diese durch Expropriation nicht arrondierten Großgrundbesitzes.(242) Der gedankliche Grundstein dazu in der Partei sowie für die Erkenntnis der Erhaltungs- und Schützenswürdigkeiten des Kleinbesitzes ist sicherlich auf diesem Parteitag gelegt worden, wenn auch noch nicht alle restlos überzeugt wurden, so z.B. Viktor Adler.
Nach dem Einbringen der Anträge wurde die Diskussion zum

Agrarproblem, die zwei Halbtage dauerte, mit einem Referat Wilhelm Ellenbogens eröffnet (243):
Er begründet zuerst die Notwendigkeit einer Bauernpolitik mit der Berufsstruktur in Österreich (59,8 % der Erwerbstätigen seien 1895 in der Landwirtschaft beschäftigt gewesen) (244) und mit dem österreichischen Wahlsystem (Einführung der 5. allgemeinen Kurie 1896), das die Wahlbezirke so aufteilte, daß Stadt und Land wahllos durcheinandergewürfelt waren, wobei "vor Allem die industriellen Zentren durch die Masse der Landbevölkerung erdrückt werden, so waren wir gezwungen, ob wir wollten oder nicht, mit unserer Agitation aufs Land hinauszugehen. Der Zwang bestand, aber eine Methode, wie wir mit der Landbevölkerung zu reden und auf sie einzuwirken hatten, fehlte. Das hat die Genossen der Alpenländer wie der Landwirthschaft treibenden Länder überhaupt bewogen, von den Parteitagen eine Direktive zu verlangen."(245)
Man müsse also neben den Landarbeitern auch die selbstarbeiteten Bauern ansprechen, um Erfolge zu erzielen. Der Referent verweist dabei auf Beispiele und Wahlstatistiken von Belgien, Deutschland (er nennt Vollmar und David nicht, kann jedoch nur sie meinen), Frankreich (wo es bereits ein sozialistisches Agrarprogramm gab), Italien u.a. "Fassen wir diese Thatsachen zusammen, so ergibt sich, daß Erfolge der sozialdemokratischen Agitation nur dort erzielt wurden, wo sich die Partei nicht darauf beschränkt hat, den Landarbeiter allein aufzusuchen, sondern wo sie unerschrocken erklärt hat, ihre Agitation auf den kleinen Besitzer ausdehnen zu wollen. Diese Anschauung mag scheinbar unserem Prinzip zuwiderlaufen, aber die Genossen haben sich gesagt, es ist nothwendig, daß wir diese Bevölkerung aufwühlen, denn ohne sie werden wir den ungeheuren Mauerwall der Reaktion nicht zu brechen im Stande sein." Ellenbogen verweist dann auf Dr. Verkaufs Berechnungen der zu gewinnenden Landbevölkerung (246) und fährt dann fort: "Das sind fünfeinhalb Millionen Leute mit denen wir da zu rechnen haben, und die

sollen wir Alle links stehen lassen? Wir sollen sie bloß 'neutralisiren'? .... Nein, und wenn wir sie nicht an uns ziehen, so werden sie einfach die Beute unserer Gegner." (247) Gegen diese wahltaktischen Überlegungen gab es keine Einwände, ja ungeteilte Zustimmung. Die Fragen, die den Parteitag diesbezüglich beschäftigten, waren:

1. Was darf man den besitzenden Bauern versprechen, ohne wesentliche sozialistische Prinzipien aufzugeben und opportunistisch sein zu müssen, und

2. wie kommen wir an die Bauern, aber zugleich auch an die Landarbeiter heran?

Diese zweite Frage war weder intellektuell noch materiell einfach zu lösen: Nämlich, wie weit sind einerseits die bildungsmäßigen Voraussetzungen der Landbevölkerung, dem sozialistischen Gedankengut folgen zu können und zu wollen, andererseits, wie gefährlich ist es für die Referenten, sich vor die von der Dorfbourgeoisie und vom politischen Katholizismus aufgehetzte Landbevölkerung zu wagen. Zeitungsberichte und Parteitagsbeiträge von Vollmar, Dobiasch, Sehlinger führen uns diese Schwierigkeiten eindrucksvoll vor Augen.(248)

Diese Probleme zwangen dem Parteitag die Hauptdiskussionspunkte förmlich auf:

1. Welche Ziele vertreten wir mit unserer Agrarpolitik,

2. wer soll von uns angesprochen werden,

3. wie erkläre ich den Angesprochenen verständlich unsere Ziele,

4. wodurch unterscheiden wir uns von anderen politischen Gruppierungen,

5. soll ein eigenes Agrarprogramm aufgestellt werden oder genügt das allgemeine Parteiprogramm und

6. wie verhalten wir uns zu dem von uns abgelehnten politischen Katholizismus, ohne die Landbevölkerung in ihren religiösen Gefühlen zu verletzen?

3.2.3.1. ZIELE DER AGRARPOLITIK

Größte Übereinstimmung erzeugte die Auffassung, daß die Gesetze der Industrie nicht direkt auf die Landwirtschaft übertragbar seien, man also nicht auf Konzentration und daraus notwendige Vergesellschaftung warten dürfe, eher eine Parzellierung eintrete, wobei aber auch darauf hingewiesen wurde, daß es Länder mit anderer Entwicklung gebe, als sie in Österreich zu beobachten sei. Eine international einheitliche Entwicklung wäre nicht feststellbar. Diese Unterschiedlichkeit hänge mit den Unterschiedlichkeiten der Möglichkeiten der Bebauungsintensität (Bodenqualität, Qualifikation etc.) und den angebauten Kulturgattungen engstens zusammen.
Es gibt in vielen Gebieten daher eine große Zahl von Kleinbauern und Kleinpächtern, die zwar Eigentümer von Produktionsmitteln sind, damit aber niemand ausbeuten. Soll man nun die Ziele der Agrarpolitik auch auf diese ausrichten oder nur auf die Landarbeiter? (249)

Die Bauernagitation wurde von einem Großteil der Genossen - schon aus wahltaktischen Überlegungen, wie berichtet - bejaht (Ellenbogen, Dobiasch, Krapka, Vollmar als Gast, Eich, Jodlbauer). Vollmar sagte dazu: "Die Frage ist außerordentlich schwierig zu lösen, weil sie (die Bauern, der Verf.) uns bisher fremd geblieben; ob aber die Bauern schwer oder leicht zu gewinnen sind, sie müssen gewonnen werden. Denn die Eroberung der politischen Macht ohne die Landbe-

völkerung ist schwer; sie aber auch zu behalten und dann das, was wir wollen, auch durchzusetzen, ist gegen den Bauern unmöglich." (250)
Unschlüssig zu dieser Frage äußerte sich Resel (Graz), er verlangte, einen Gesamtparteitag damit zu beschäftigen. Skeptisch, aber nicht grundsätzlich gegen die Bauernpolitik war Viktor Adler. Er spricht zuerst von der Notwendigkeit der Agitation unter der ländlichen Bevölkerung, schränkt dann aber ein: "Erlauben Sie mir aber, daß ich andererseits meinen Bedenken Ausdruck gebe, wenn auch in solchen Gegenden, wo diese Nothwendigkeit (der Landagitation, d. Verf.) nicht so unmittelbar und ausschließlich vorliegt, Kräfte auf die sogenannte Landagitation verwendet werden, da dies meines Erachtens eine Verschwendung bedeuten würde. In jenen Gegenden, die einen erheblichen Perzentsatz von industriellem Proletariat haben, haben wir vor Allem die Aufgabe, dieses Proletariat für uns zu gewinnen" und wir dürfen nicht unsere ganze Kraft dafür opfern, "um die nicht leichteren, aber vielleicht bestechenderen Erfolge unter der Landbevölkerung zu erzielen."(251) Adler warnt weiter vor einem Abgleiten in den Opportunismus:
"Alle Erfolge, die erkauft werden durch feiges Preisgeben der ländlichen Lohnarbeiter .... erscheinen mir nicht als Erfolge, sondern als prinzipieller Parteiverrath, als ein Verrath, der sich früher oder später an uns rächen müßte .... Wir fürchten uns nicht vor der Befestigung des bäuerlichen Besitzes, ebensowenig fürchten wir uns vor allzu rascher Verstaatlichung des Besitzes. .... Unsere Gegner mögen uns Thorheiten nachsagen, aber so töricht sind wir nicht, daß wir das Thörichteste thun und mit der Expropriation der Bauern anfangen, die thatsächlich Arbeiter auf ihrem Boden sind, deren Arbeitswerkzeug der Boden ist." (252) In dieselbe Kerbe schlägt Ellenbogen in seinem Schlußwort: "Wir müssen gegenüber jenen Bauern, die Dienstboten beschäftigen, den Standpunkt hervorkehren, daß wir in erster Linie eine proletarische Partei sind, daß wir die Interessen

der Besitzlosen verfechten, und wenn die hier genannten Besitzenden sich durch unsere Agitation getroffen fühlen, so thut uns das leid. Wir werden um ihre Stimmen nicht betteln, wir wollen keinen Bauernfang betreiben."(253)
Im Lichte der Ellenbogenschen Schlußworte muß besonders die Forderung nach Beseitigung der Gesindeordnung gesehen werden, aber auch die Überzeugung, neben den Landarbeitern die nichtausbeutenden Arbeitsbauern vertreten zu wollen.

Besonderes Augenmerk wurde den Genossenschaften - 1897 noch ablehnend beurteilt (254) - zugewendet, die auch als Instrument gegen den angeblichen Antikollektivismus der Bauern angesehen wurden (255), weiters den die Landwirtschaft und die Konsumenten belastenden Zoll- und Steuerproblemen (256) und der Einführung und Erweiterung des Versicherungswesens. Zu den Bedenken Tullers (257), ob die Bauern dies gutheißen würden, meinte Ellenbogen: "Einer der Genossen hat behauptet, wenn wir zu den Bauern hinausgehen und ihnen von der Kranken- und Unfallversicherung, von der Altersversorgung, Beseitigung der Dienstbotenordnung sprechen, dann sind wir am Lande fertig. Ich erkläre Ihnen: mit denjenigen Bauern, welche uns darauf den Rücken kehren, haben wir nichts zu thun." (258)

Wir erkennen ganz klar als Ziel: Die Bauern zu gewinnen, aber solche, die sich einem Arbeiterschutz nicht verschließen; die Kleinbesitzer und Kleinpächter.

3.2.3.2. WER SOLL ANGESPROCHEN WERDEN?

Über diese Frage, das geht schon aus dem Vorhergehenden hervor, herrschte größte Einigkeit: Die Angesprochenen hatten die Landarbeiter, die Kleinbauern und die Kleinpächter zu sein.
Dazu äußerte sich am ausführlichsten Dobiasch (Wiener

Neustadt) (259):

"Des Schutzes am bedürftigsten, aber auch der Agitation am wenigsten zugänglich ist der Landarbeiter. Etwas mehr zugänglich, wenn auch nur mit größter Mühe, sind die Taglöhner auf den Meierhöfen oder auf den Höfen der Großbauern, die theils Geldlohn, theils Deputat, theil Beides erhalten; bei diesen muß man mit dem A-B-C anfangen. Dann haben wir als dritte Kategorie Jene, die auch ein Stückchen Grund in Pacht oder Eigenthum haben .... Am allerzugänglichsten ist jene Kategorie von landwirthschaftlichen Arbeitern, die ein Häuschen und eine bis zwei Kühe haben, die im Frühjahr und im Spätherbst zu Hause sind, aber im Sommer als Maurer oder Zimmerleute in der Stadt arbeiten. (260)   Dort können wir am besten eindringen, und diese Leute sind Mitglieder der landwirthschaftlichen Organisationen, die draußen gegründet wurden.
Dann haben wir die Kleinbauern, die von dem Ertrag ihrer Felder leben und keinen Knecht und keine Magd beschäftigen. Auch diese sind noch theilweise zugänglich. Weiter haben wir die Kategorie der Mittelbauern, die selbst arbeiten, aber auch einen Knecht haben." Der Redner fährt fort, daß diese Leute vielen Forderungen der Sozialdemokraten zustimmten, außer jenen, die ihre Dienstboten beträfen. Darin dürfe aber die Sozialdemokratie keine Abstriche machen. "Bei unserer Agitation muß uns klar sein, an welche Schichten wir uns halten, und da sage ich, es ist das in erster Linie der Taglöhner, der landwirthschaftlichen Arbeiter und der Kleinbauer. Bei den Bauern, die Knechte und Mägde haben, also schon zu den mehr besitzenden zählen, wird uns eine Agitation schwer fallen." Es sollten daher jene Bauern gewonnen werden, deretwegen man keine Abstriche bei den Landarbeitern und Dienstboten machen mußte, dies aber unbedingt, denn es herrschte bereits die Ansicht vor, "daß, wenn wir weiterkommen wollen, wir unbedingt zu den Bauern hinausgehen müssen." (Eich - Villach) . (261)

Tuller (Steiermark) griff anschließend das Problem der Forstarbeiter auf, welches bisher noch unerwähnt geblieben war: "Es wurde darauf hingewiesen, daß wir den Bauern nicht mit Fragen kommen dürfen, denen sie nicht zugänglich sind. Das ist bezüglich derjenigen richtig, die nicht in großen Massen zusammenleben, wie dies zum Beispiel bei den Holzknechten der Fall ist."(262)
Diesem Adressatenkreis für eine sozialistische Landagitation: Land- und Forstarbeiter als Proletarier und von den Bauern die Selbstwirtschafter, stimmte der Parteitag zu. Grundsätzlich auch Viktor Adler, der aber doch noch mit dem Neutralisierungsgedanken à là Kautsky spielte. Ellenbogen zitierte dazu in Antwort auf Resel Vollmar: "Von der Zahl der Betriebe sind rund neun Zehntel in den Händen von Selbstwirthschaftern, das heißt solcher, welche ihre Güter durch ihre und ihrer Familienangehörigen eigene Arbeit bewirthschaften. Diese Bauern unterscheiden sich vom modernen Proletarier wirthschaftlich nur dadurch, daß sie sich noch im Besitze ihrer Arbeitsmittel befinden. (263) Dieser selbsterarbeitete, auf der Verwachsung des unabhängigen Arbeitsindividuums mit seinen Arbeitsbedingungen beruhene Besitz ist wesentlich verschieden von der kapitalistischen Eigenthumsreform, welche auf Ausbeutung fremder Arbeit beruht. Aehnlich sagen es die französischen Spezialisten - nur haben sie es negativ gefaßt: Der nicht fremde Arbeit ausbeutende Bauer sei es, dessen sich die Sozialdemokratie annehmen soll." (264)

3.2.3.3.   WIE ERKLÄRE ICH UNSERE ZIELE?

Schon aus der Resolution wird deutlich, daß als Grundlage eines kritischen Verständnisses die Erweiterung der allgemeinen wie der berufsbezogenen Schulbildung sowie die Übernahme der erforderlichen Kosten durch den Staat angesehen wurde.(265) Außerdem wrude der Ruf nach Agitatoren und Genossen laut,

die bei der Landbevölkerung Einsicht und Einverständnis erzeugen konnten. "Der Zwang (zur Landagitation, d. Verf.) bestand, aber eine Methode, wie wir mit der Landbevölkerung zu reden und auf sie einzuwirken hatten, fehlte. Das hat die Genossen der Alpenländer wie der Landwirthschaft treibenden Länder überhaupt bewogen, von den Parteitagen eine Direktive zu verlangen."(266)
Ellenbogen schlägt dazu vor: "Als Ausgangspunkt der Landagitation sind vor Allem die kleinen Gemeinden ins Auge zu fassen.(267) In diesen stehen die armen Leute, die industriell thätig sind, mit der bäuerlichen Bevölkerung in einem persönlichen Kontakte, manchmal auch in verwandtschaftlichen Beziehungen. Das ist der glatteste und leichteste Weg, auf dem unsere Anschauungen auf das Land gelangen können. Die Erfahrung lehrt, daß es ganz gut möglich ist, auch der Landbevölkerung unsere Ideen mitzutheilen."(268)
Vollmar warnte die potentiellen Referenten davor, die Bauern für dumm zu halten. "Er hat auch außerordentlich schnell heraus, ob Einer nur so herumredet oder ob er etwas versteht und es ernst meint. Der Bauer will, daß zu den Dingen, die ihn umgeben, Stellung genommen werde. Eine Hand voll Praxis ist ihm lieber als ein ganzer Hügel voll Theorie. Damit hängt auch die ganze Behandlung des Bauern zusammen. Es gibt Agitatoren, die den Bauern, wenn sie das erstemal zu ihm sprechen, mit "Genosse" ansprechen und ihre Rede mit einem Hoch auf die internationale Sozialdemokratie schließen. Das ist genau so, wie wenn man mit dem Mann griechisch reden würde."(269)
Zum Schluß seines Referates sagte Vollmar, was Viktor Adler dann nochmals unterstrich, daß die Agitatoren auch als Lernende aufs Land hinausgehen müßten: "Wer aufs Land hinausgeht, muß langsam vorgehen, der muß zu lernen trachten, wie die Verhältnisse draußen sind, seinen Stolz muß er hübsch daheim lassen."(270)
Für eine falsche Agitationspolitik führt Schlinger (Wien) folgendes Beispiel an: "Es ist verfehlte Taktik, daß, wenn

auf dem Lande eine Versammlung ist, immer ein Dutzend oder mehr Leute mitgehen. Die Schlappen und Keilereien, die wir hatten, sind auf jene vielen Leute zurückzuführen, die da mit hinausgehen und die durch einen ungeschickten Zwischenruf im ungeeigneten Moment die Bauern zum Losschlagen gebracht haben."(271)

3.2.3.4. WODURCH UNTERSCHEIDET SICH DIE SOZIALDEMOKRATIE IN DER AGRARPOLITIK VON ANDEREN GRUPPIERUNGEN?

Der wesentliche Unterschied lag darin, daß die Sozialdemokratie an sich die Anforderung stellte, nicht Bauernpolitik für alle ländlichen Schichten allein wegen der Auffettung des Wählerpotentials zu betreiben, sondern klassenbewußte Agrarpolitik für die Land- und Forstarbeiter sowie die Kleinbauern. Außerdem sollte man vor intensiver Beschäftigung mit der Bauernfrage die ökonomischen Bewegungsgesetze in der Landwirtschaft genau studieren.(272) Schönwälder (Mähren) regte dazu an, auch den Unterschied zwischen Flachland- und Gebirgsbauern zu beachten (273); ein Problem, das auch die gegenwärtige Landwirtschaftspolitik sehr beschäftigt. (274)

Einen besonders klaren Unterschied zu den anderen Parteien strebten die Sozialisten bezüglich des Genossenschaftswesens an; nämlich Genossenschaften organisiert auf demokratischer Basis.(275) Zur Begründung der Notwendigkeit der Genossenschaften und der Form derselben sagt Ellenbogen (Wien): "Eines der wirksamsten Mittel jedoch, um den kollektivistischen Gedanken zu verbreiten, ist das Genossenschaftswesen."

In der Folge zitiert der Referent die Jahresumsätze und Betriebserfolge einiger in- und ausländischer Genossenschaften, warnt aber auch: "Wenn wir solche Genossenschaften verlangen, so ist es selbstverständlich, daß wir sie in einer bestimmten Form verlangen müssen. Auch Reaktionäre verlangen ja Genossenschaften. Der verstorbene, im Leben so beliebt gewesene Ackerbauminister Graf Falkenhayn hat doch auch Bauerngenossenschaften geplant, freilich mit dem Hintergedanken, dadurch die Auslieferung der kleinen Bauern an den Großgrundbesitz zu fördern.(276) Wir verlangen Bauerngenossenschaften auf völlig demokratischer Grundlage, aber keinesfalls solche, wie sie den reaktionären Mächten genehm wären."(277)

Dazu meinte Seliger (Böhmen) etwas widersprüchlich: "Die Resolution des Genossen Ellenbogen verlangt den Ausbau des Genossenschaftswesens. Nun haben wir schon heute verschiedene derartige Genossenschaften, wie Einkaufs- und Verkaufsgenossenschaften, Molkereigenossenschaften und andere, die unter bürgerlicher Flagge stehen, von denen wir aber nicht den Beweis haben, daß sie den Bauern nur deshalb nichts nützen, weil sie nicht sozialdemokratisch sind. Diese Genossenschaften sind aber nicht ohneweiteres zu akzeptiren, denn sie sind in den meisten Fällen eher ein Schutz der größeren Grundbesitzer als der kleinen. Wenn wir dem kleinen Grundbesitzer die Genossenschaften so ohneweiters empfehlen, so wird er uns oft sagen: Ja, wir haben diese Genossenschaften schon gehabt, und sie haben uns nur geschädigt. Wir müssen den Leuten auch sagen, wie die Genossenschaften aussehen sollen. Eine Illusion aber wäre es, zu glauben, eine große gewerkschaftliche Bauernorganisation schaffen zu können."(278)

Wenn wir nun in der Genossenschaftsfrage prinzipielle Übereinstimmung konstatieren können, zeigt dies eine deutliche Weiterentwicklung der Standpunkte, die noch 1897 in Wien vertreten wurden.(279)

3.2.3.5. SOLL EIN SOZIALDEMOKRATISCHES AGRARPROGRAMM AUFGESTELLT WERDEN?

Ellenbogen: "Werthe Parteigenossen! Auf allen Parteitagen trat in letzter Zeit die Forderung nach Bethätigung der

Partei auf dem Lande auf. Bald wird ein Agrarprogramm verlangt, bald wieder Direktiven für die Landagitation."(280)

Bereits in diesen Einleitungsworten Ellenbogens akkumuliert und manifestiert sich die Unsicherheit der Partei in bezug auf die Agrarpolitik im allgemeinen und auf die programmatische Festlegung derselben im besonderen.(281)
Der Referent bemühte sich nun anhand von Betrachtungen der Wahlerfolge auf dem Land in anderen Staaten, deren Stellung zu einem Agrarprogramm darzulegen und kam zur Konklusion, daß, egal ob die sozialistischen Parteien dieser Staaten ein eigenes Bauernprogramm hätten (Frankreich, Italien, Dänemark, Rumänien) oder nicht (die am Land sehr erfolgreichen Belgier), es doch nirgends zur Diskussion stünde, nur die Landarbeiter allein anzusprechen, sondern zumindest auch die Kleinbauern und Kleinpächter. Belgien habe aus diesem Grund auf die Aufstellung eines reinen Landarbeiterprogramms verzichtet und "in Frankreich sind die Führer der sozialistischen Bewegung sehr bald zu der Erkenntniß gelangt, daß ihnen die Landarbeiterschaft allein die Erfolge bei den Wahlen nicht verschaffen wird. Sie haben daher schon im Jahre 1892 auf dem Kongresse in Marseille ein eigenes Bauernprogramm ausgearbeitet, in dem sie ausdrücklich erklärten, es handle sich darum, den nicht ausbeutenden Bauern zu schützen. Sie verlangten daher, daß Land an die Besitzlosen vertheilt werde, daß Invalidenkassen gegründet, daß den Bauern ärztliche Hilfe unentgeltlich zutheil werde, daß die Reservisten entschädigt, daß auf Gemeindekosten Maschinen angeschafft werden sollen etc. Sie haben denn auch mit diesem Programme unleugbar große Wahlerfolge erzielt, und es ist ihnen gelungen, den sozialdemokratischen Gedanken auf das Land hinauszutragen. Dieses französische Agrarprogramm war eigentlich der Ausgangspunkt für die deutsche Agrarbewegung in der Partei."(282)
Der Parteitag 1900 verzichtete dann auch auf die Forderung nach einem eigenen Bauernprogramm und zwar mit der Begrün-

dung, daß die theoretische Frage nicht geklärt sei, "ob es prinzipiell zulässig ist, den bäuerlichen Besitz zu erhalten, und solange das nicht geklärt ist, gibt es kein Agrarprogramm." (Resel, Graz) (283)
Das mutet widersprüchlich an, wenn man bedenkt, daß sich der Parteitag andererseits fast einmütig zum Schutz der Kleinbauern bekannt hat. Diesen Widerspruch vereinigte Ellenbogen in seiner Person, wenn er im Schlußwort fast in einem Atemzuge sagt: "Genosse Resel meinte, daß, so lange die prinzipielle Frage nicht gelöst ist, wir ein Bauernprogramm nicht aufstellen können. Das ist richtig. Meine Resolution ist aber nichts Anderes als ein Rahmen, in dem man noch eine Menge von Forderungen hineinbringen kann. Diese Resolution hat einen rein provisorischen Charakter. Es gibt noch eine Menge von Forderungen, die wir da hätten unterbringen können. Von diesen sind aber eine Reihe strittiger Natur, und wir haben nur jene Forderungen aufgenommen, die nach dem Stande unserer Erkenntnis feststehen."(284)
Wenn diese Forderungen aber feststehen, kann es keinen Zweifel geben, daß zumindest der kleine Bauer geschützt werden muß, wie auch Ellenbogen kurz darauf nochmals bemerkt: "Der nicht fremde Arbeit ausbeutende Bauer sei es, dessen sich die Sozialdemokratie annehmen soll."(284)

3.2.3.6. DAS VERHALTEN ZUR RELIGION BEI DER LANDAGITATION

In dieser Frage gingen die Referenten von zwei Grundsätzen aus:(285)

1. Trennung von Kirche und Staat.

2. Unterscheidung von Religion (Glaube) und parteipolitischem Klerikalismus.

Dazu sagte Vollmar über die bayrischen Verhältnisse, die aber sicher auch für die österreichische Anwendung dargestellt wurden: "Ueber die Religion wurde schon gesprochen, und da muß ich allerdings sagen, daß es eine Voraussetzung für eine erfolgreiche Landagitation ist, daß in unserer Partei in Bezug auf die Behandlung der Religion eine andere Praxis platzgreife. Ich spreche hier allerdings nur für deutsche Verhältnisse. Wir sagen: Religion ist Privatsache, aber ein großer Theil schert sich einen Teufel darum. Wenn irgend ein Grundsatz unseres Programms, so muß der gehalten werden, daß die Religion ein neutrales Gebiet, eine Privatsache sei, und daß es nicht angehen kann, daß es grundsätzlich verkehrt und praktisch so thöricht wie nur irgend möglich ist, wenn man überall die Religion hineinzieht und das, was man in Bezug auf religiöse Ansichten für verkehrt hält, mit Spott und Hohn austreiben will .... Dagegen war es den Leuten sehr leicht begreiflich zu machen, daß die Religion wirklich reine Privatangelegenheit des Einzelnen sein soll, daß man Jeden thun lasse, was er will." Vollmar empfiehlt weiter bei der Landagitation nach Möglichkeit über die Religion zu schweigen, denn "es ist gewiß schön, Religion und Pfaffenthum von einander zu trennen, aber es gehört ein sehr feines Messer dazu, um den Schnitt richtig durchführen zu können, und das ist nicht Sache eines Jeden." (286)
Die österreichischen Genossen stimmten zwar einhellig zu, daß Religion Privatsache sei, sahen sich aber außerstande bei ihrer Agitationstätigkeit darüber zu schweigen, weil die österreichischen Priester nicht Religion und Parteipolitik trennten.
"Wir müssen also dazu Stellung nehmen, weil bei uns in Oesterreich die Religion von den bürgerlichen Parteien zu politischen Zwecken ausgenützt wird." (Schrammel, Böhmen). (287) Ganz kraß formulierte dieses Verhältnis Ellenbogen: "Als ich in dem Buche von Vandervelde von den 'verheerenden' Wirkungen des pfäffischen Einflusses in Belgien las, wo

dargestellt wird, daß den Leuten ganz falsche Vorstellungen von unserer Partei beigebracht werden, daß zum Beispiel 'eine Menge braver Leute glaubte, daß diejenigen, die zwei Kühe besitzen, eine davon hergeben müssen' usw., da sagte ich mir: Belgien, du hast es besser. Solche zarte Agitationsformen kennen unsere Pfaffen nicht. Bei uns begann eine Bauernversammlung, die von uns Sozialdemokraten einberufen wurde und in welcher sich zum Schutze der Seelen einige Kutten aus Brixen, Hall und Innsbruck befanden, in folgender Weise. Der zum Vorsitzenden ernannte geistliche Herr sagt: 'Wißt Ihr, Bauern von Tirol, was das eigentliche Programm der Sozialdemokraten ist? In wenigen Worten werde ich es Euch sagen. Solange nicht der letzte Fürst, König oder Kaiser an den Gedärmen des letzten Pfaffen aufgehenkt ist, solange ist dieses Programm nicht erfüllt.'"(288) Er meinte aber dennoch, daß niemand deswegen glauben soll, daß jemand, "der eine religiöse Ueberzeugung hat, unter gar keinen Umständen ein Sozialdemokrat sein kann und unter allen Umständen ein Schwindler sein muß." Als Haltung bei Versammlungen und bei der Agiation empfahl Ellenbogen das Verhalten Viktor Adlers: "Ein Pfaffe sagte zu ihm: Es ist mir aufgefallen, daß Sie gar nichts über die Religion gesagt haben. In welchem Verhältnisse stehen Sie zu Gott? Darauf erwiderte Adler: In gar keinem. Die Sache geht uns nichts an, als Partei stehen wir zu Religion in gar keinem Verhältnisse." (289)

Adler selbst sagte zu diesem Problemkreis: "Es gibt Niemanden, dem persönlich die kommune Pfaffenfresserei so zuwider ist wie mir, Niemanden, dem das oberflächliche Diskutieren über schwere philosophische Fragen so widerwärtig ist wie mir. Aber können wir in einem Lande, wo nicht die Religion, aber die kirchliche Organisation und die Träger dieser eine Organisation von politischen Agitatoren sind, jenes von Vollmar geforderte Messer immer anwenden, das Religion und Pfaffen von einander trennt? Wenn der Schnitt da irgendwie daneben geht, sind fürwahr nicht wir daran schuld, sondern

Diejenigen, die unter dieses Messer eben auch das bringen, was sie ihre heiligsten Güter und ihre heiligste Ueberzeugung nennen, während es nichts Anderes ist als der Leim, auf den die Leute geführt werden."(290)

Zu dieser Frage nahm der Parteitag eine ganz eindeutige Haltung ein: Nicht gegen die Religion ist vorzugehen, sondern gegen den politischen Katholizismus, aber nur dann, wenn uns diese Frage aufgezwungen wird; ansonsten ist die Religion als Privatsache zu behandeln und von der Agitation auszuklammern.

3.2.3.7. DIE BEDEUTUNG DES GRAZER PARTEITAGES FÜR DIE AGRARFRAGE

Auf diesem Parteitag wurde der agrarpolitische Fragenkomplex zum ersten Mal ausführlich diskutiert, der, wie die ständig wiederkehrenden Forderungen nach Agrarprogrammen oder agrarpolitischen Richtlinien, die Diskussionen besonders am Parteitag 1896 und nicht zuletzt die agrartheoretische Schrift von Friedrich Otto Hertz zeigten, schon lange ein Problem für eine große Zahl von Parteimitgliedern war.
Die Partei hatte aber diesbezüglich keine dergestalt abgesicherte theoretische Grundlage zu bieten wie für die industrielle Entwicklung und scheute deshalb lange Zeit vor einer eingehenden Behandlung zurück. Die ökonomische Basis für die Behandlung des Problems war schon lange gegeben, der geistige Überbau konnte nur zögernd folgen.
Durch diese Diskussionen traten für die Partei die agrarpolitischen Geburtswehen ein, wovon sie sich nach 25-jährigen Schmerzen durch die Geburt eines sozialdemokratischen Agrarprogramms befreite; eine Frühgeburt gab es bereits 1907. Bis dorthin sollte diese Frage die Sozialdemokratie ideologisch durchschütteln wie kaum ein anderes theoretisches Problem. Diesen Prozeß vorangetrieben zu haben, darin lag

die agrarpolitische Bedeutung des Grazer Parteitages von 1900.

3.2.4. NACH GRAZ BIS ZUM ENDE DER MONARCHIE

Obwohl es in den kommenden siebzehn Jahren zu keiner großangelegten spezifischen Parteitagsbauerndiskussion mehr kommen sollte, beschäftigte dieser Problemkreis die Partei in ihrer Werbungs-, Parlaments- und innerparteilichen Arbeit weiterhin sehr angestrengt.
Allerdings tauchte diese Frage immer mehr im Zusammenhang mit der Schutzzoll- und Lebensmittelteuerungsproblematik auf, welch letztere die städtische Arbeiterschaft sehr belastete und das Verhältnis Stadt - Land einigermaßen beanspruchte.
Trotzdem stand auch in Zukunft das bäuerliche Eigentum - von Ausnahmen in theoretischen Beiträgen abgesehen (291) - nicht mehr zur Diskussion. Dazu bekannten sich grundsätzlich ja auch die bezüglich der gesetzmäßigen ökonomischen Entwicklung noch Unschlüssigen, wie die Rede von Viktor Adler am Parteitag 1900 zeigte: "Wir haben über die Entwicklung der landwirtschaftlichen Besitzverhältnisse keine so klare Einsicht, weil sie viel längere Zeiträume beansprucht als die industrielle. Und weiter können wir sagen: Allerdings hat sich heute das kleine oder sagen wir das mittlere Privateigentum in der Landwirthschaft nicht in dem Grade als kulturwidrig herausgestellt, wie das Eigenthum in der Industrie. Wir können zugeben, daß wir mit Rücksicht auf den langsamen Verlauf der Entwicklung <u>ohneweiters vom sozialdemokratischen Standpunkt aus heute den kleinen Besitz schützen können gegen die Auswucherung von oben.</u>"(292) Der Angriff der Sozialdemokratie richtete sich gegen den Großgrundbesitz, dessen parlamentarische Vertretung und dessen Verbündeten; das Industriekapital. Dergestalt ist auch Ellenbogens vehementes parlamentarisches Eintreten für die Rübenbauern und

seine diesbezügliche Gegenerschaft zur Zuckerindustrie anläßlich einer Debatte 1906 zu verstehen.(293) Nämlich, daß sich die Sozialdemokratie zum Schutze der Bauern berufen fühlte und ebenso zum Angriff auf deren Ausbeuter.(294)
Genauso wurde die Klassenlage der Kleinbauern als eine proletarische betrachtet. Filzer (Tirol) - selbst ein Landwirt - geht noch etwas weiter: "Wir stehen heute unter einer allgemein empfundenen Teuerung, die weite Volksschichten schmerzlich berührt. Aus dem Referat des Genossen Dr. Bauer ersahen wir die Reihenfolge dieser Entwicklung. Auch wir Bauern empfinden dies. <u>Wenn ich von Bauern spreche, so möchte ich ausdrücklich hervorheben, daß ich damit nicht die Häusler, Keuschler u.s.w., wie selbe unter verschiedenen Namen benannt werden, meine, sondern solche Besitzer, die soviel an Grund und Boden haben, daß eine Familie darauf auskommen kann.</u> .... Nicht nur die Kleinhäusler, die Keuschler, die Kleinbauern verspüren dies, sondern weit hinauf in den ländlichen Mittelstand wird der Kampf ums Dasein von Jahr zu Jahr schwerer."(295)
Gerade diese Frage des Bauernschutzes weist in den Programmen eine interessante Genesis auf; von konkludent erschließbar bis expressis verbis. Diese Entwicklung möchten wir an einigen kurzen Auszügen aus dem agrarprogrammatischen parlamentarischen Dringlichkeitsantrag 1907, dem Agrarprogramm 1925 und dem Agrarentwurf 1983 darstellen:

1. Dringlichkeitsantrag Renner und Genossen 1907:(296)
"Die Nutzungsrechte der Häusler und Kleinbesitzer an den Gemeingründen und Gemeindegründen sind zu sichern."
"Die Regierung wird aufgefordert, die Gründung bäuerlicher Viehverwertungsgenossenschaften zu unterstützen."
"Die Regierung wird aufgefordert, dem Abgeordnetenhause Gesetzentwürfe, betreffend die Aufhebung der Fleisch- und Schlachtviehsteuer auf dem offenen Lande .... vorzulegen."
"Zur Bekämpfung des wucherischen Zwischenhandels mit

Lebensmitteln fordern wir die die Unterstützung bäuerlicher Genossenschaften, die mit städtischen Approvisierungsunternehmen und Konsumvereinen in Verbindung treten sollen."

2. Agrarprogramm 1925:(297)
"Der Sozialismus bekämpft das Raubeigentum der Herrenklassen, nicht das Arbeitseigentum der Bauern.
Durch die Sozialisierung des Raubeigentums der Herrenklassen wird das Arbeitseigentum der Bauernschaft nicht gefährdet, sondern gefestigt .... Auch im Rahmen der sozialistischen Gesellschaft werden die Bauern als freie Besitzer auf ihrer Scholle leben. Aber wie jede Gesellschaftsordnung vor ihr wird auch die sozialistische Gesellschaftsordnung sowohl die Rechtsverhältnisse als auch die wirtschaftlichen Existenzbedingungen des bäuerlichen Grundbesitzes umgestalten."

3. Agrarprogrammentwurf 1983:(298)
"Die Sozialisten sehen in der bäuerlichen Produktions- und Lebensform eine wichtige Grundlage der Gesellschaft. Sie respektieren das bäuerliche Eigentum und treten für die wirtschaftliche und kulturelle Entwicklung der ländlichen Regionen ein. Im Sinne der Demokratisierung aller gesellschaftlichen Bereiche wollen die Sozialisten auch eine stärkere Selbst- und Mitbestimmung der bäuerlichen Produzenten bei der Marktverwertung ihrer Erzeugnisse sowie bei der am gesellschaftlichen Gesamtinteresse orientierten Agrarplanung."

Eine deutliche Sinneswandlung bei den Sozialdemokraten ist auch hinsichtlich des Genossenschaftswesens bemerkbar, die seit 1900 als wertvolles Mittel für die Organisierung der Bauern und zur Modernisierung der Betriebsstruktur angesehen werden.(299) Gerade die Genossenschaften im ländlichen Bereich nahmen auch einen rapiden Aufschwung.

Spar- und Darlehensvereine:(300)

	1890	1900	1909
Niederösterreich	51	461	538
Oberösterreich	42	189	251
Salzburg	-	36	47
Steiermark	2	221	406
Kärnten	12	88	177
Tirol	27	295	459 (302)
Vorarlberg	6	60	75

Molkereigenossenschaften 1910: (301)

	Zahl	Lieferanten
Niederösterreich	459	20.420
Oberösterreich	15	2.140
Steiermark	18	758
Kärnten	7	467
Tirol	888	18.423 (302)
Vorarlberg	649	3.834

Andererseits bargen diese Genossenschaften auch die Gefahr in sich, von der Dorfbourgeoisie zur Disziplinierung der Kleinbauern ausgenützt werden zu können, worauf wir an anderer Stelle schon hingewiesen haben.(303)

Wenn sich, wie immer wieder gefordert, die Gemeinden um den rechtmäßigen Betrieb der Genossenschaften und die rechtmäßige Beteiligung an den Gemeindegründen sowie die gerechte Verteilung der Gemeindelasten kümmern sollten, mußte auch die Demokratisierung des Gemeindewahlrechtes, aber auch der weitere Ausbau des allgemeinen Wahlrechts gefordert werden.

Ebenfalls war sich nach Auffassung der Sozialisten von Staats wegen um eine progressive Besteuerung und eine dadurch mögliche Abschöpfung der Grundrente zu kümmern."Es ist eine der wichtigsten Pflichten des neuen Volksparlaments, das Ackerbauministerium daran zu erinnern, daß nicht die Steigerung der Renten der größeren und größten Grundeigentümer, sondern die Fürsorge für die Ernährung der gesamten Bevölkerung seine Aufgabe ist."(304)

Ein besonderes Anliegen der Sozialdemokraten war, eine Steigerung der Hektarerträge durch Meliorationen, Flurbereinigungen, Maschinisierung und Anwendung von Wissenschaft und Technik in der Landwirtschaft zu erreichen, wofür als notwendige Voraussetzung eine Verbesserung des Schulwesens angesehen wurde. Wie sehr dieses im argen lag, sollen folgende Beispiele zeigen: "Besonders die liberale Schul- und Wirtschaftsgesetzgebung bot sich dafür (zur Kritik und politischen Propaganda, Anm. d. Verf.) an. Entzog sie doch durch Verschärfung der Schulpflicht den Bauern billige Arbeitskräfte."(305)

Über die Zahl der Schulen erfahren wir bei Wysocki:(306)

	1878	1880	1900	1910
Volksschulen		16.492	20.268	23.874
Gymnasien u. RGn.	156			291
Realschulen	79			142
Land- und Forstwirtschaftsschulen	66			211

Wenn man weiter bedenkt, daß Wysocki angibt, daß es 1878 nur 1.833 und 1909/10 lediglich 8.465 Studenten der land- und forstwirtschaftlichen Schulen, in den beiden Vergleichsjahren an der Hochschule für Bodenkultur 388 respektive 903 Hörer gab (307), wenn man sich weiter vor Augen hält, daß die angeführten Abgänger hauptsächlich Administrations- oder Güterhofbeamte wurden, ist es nicht schwer, das durchschnittliche Bildungsniveau der Bauern, besonders der Kleinbauern, zu erschließen. Ebensowenig ist es schwer, sich die diesbezüglichen Folgen auf die Forderung nach Einführung von Wissenschaft und Technik in die Landwirtschaft und auf die Fähigkeit des Ausnutzens der zur Verfügung stehenden rechtlichen Möglichkeiten zu erkennen. Die Sozialdemokraten - besonders Walter Schiff (308) - versuchten auf verschiedenen Wegen, die Bauern von den Notwendigkeiten besserer Ausbildung und der Modernisierung ihrer Betriebe zu überzeugen. An der niederen Bildung, an der geringen Eigenkapitalbasis und teils auch an konservativen Überzeugungen mußte dieses Bemühen seine Schranke finden.

Die Sozialdemokraten waren gewillt, zu ihren theoretischen Erkenntnissen zu stehen, im Parlament wurde gegen die die kleinen Landwirte vernichtende Konkurrenz durch den Großgrundbesitz Stellung genommen, einem Antrag über die landwirtschaftlichen Berufsgenossenschaften zugestimmt, obwohl die vom Abgeordneten Seitz eingebrachten Anträge zum Schutze der Landarbeiter nicht angenommen wurden. "Das Gesetz über die landwirtschaftlichen Berufsgenossenschaften war nach den Ansprüchen diverser agrarischer Wortführer geradezu als Schutzwall gegen die Bestrebungen der Sozialdemokratie gedacht. Der Sozialdemokratische Verband jedoch demonstrierte die ganze Lächerlichkeit dieser Anschauung dadurch, daß er für das Gesetz als für eine Berufsorganisation der Landwirte stimmte." Die abgelehnten Anträge von Seitz enthielten Forderungen nach einer Organisation der Landarbeiter, Aufhebung der Gesindeordnung, geregelter Arbeitszeit, einheitlicher Entlohnung, normierten Kündigungsfristen und der Einführung der Kranken- und Unfallversicherung. (309)

Auch ein anderer Wunsch der Sozialisten ließ sich legistisch nur schwer verwirklichen: Nämlich die, seit dem Anerkennen der Nützlichkeit der Genossenschaften, immer wiederholte Forderung nach einer direkten Verbindung von landwirtschaftlichen Genossenschaften und Konsumvereinen. Solche Ideen hatte bereits 1890 der niederösterreichische Bauernführer Josef Steininger, kein der Sozialdemokratie nahestehender Mann, obwohl er diese Bewegung zeitweilig mit Wohlwollen

beobachtete und erst später zu ihrem Gegner wurde.(310)
Diese Verbindungsideen, richtig ausgeführt, hätten die Solidarität zwischen Arbeitern und Bauern wecken und Österreich, besonders nach dem Ersten Weltkrieg, viel Leid ersparen können.

Daß auch der aktive Bauernschutz keine leeren Worte waren, zeigte schon Ellenbogens Eintreten für die Rübenbauern (311), weiters die Rede des Abgeordneten Ostapczuk, in dem er zum Schutz der ruthenischen Kleinbauern aufrief (312), die sozialdemokratischen Anträge, die Bauern nach Unwetterkatastrophen zu unterstützen (313), der Antrag Eldersch und Gen. nach Einführung einer Invaliditäts- und Altersversorgung, einer Witwen- und Waisenversicherung, einer Reform der Kranken- und Unfallversicherung für Arbeiter, Kleingewerbetreibende und Kleinbauern (314) oder der Bericht über die Steuerdebatte, in der die Sozialisten bemängelten, daß pro Hektar der Großgrundbesitzer 1 Kr. 60 H., der Kleinbesitzer 5 Kr. und der Zwergbesitzer 7 Kr. durchschnittlich an Steuern zu zahlen hätte.(315)
Auch der Landarbeiter wurde dabei nicht vergessen, wie wir bereits aus den Anträgen Seitz und Eldersch erfuhren, auch die Landtage, die in dieser Frage viele Kompetenzen hatten, wurden immer wieder beschäftigt.(316) Besonders heftig kritisiert wurde in der Parlamentssitzung vom 26. 3. 1914 eine Regierungsvorlage zum Schaden der Landarbeiter: "Nach der Regierungsvorlage werden das Krankengeld für Arbeiter, die während der Krankheit in der Verpflegung der Unternehmer stehen, nicht die Arbeiter, sondern die Unternehmer bekommen. Vergebens bemühten sich Widholz und Sever am 26.3.1914 , diese Bestimmung zu Fall zu bringen. Durch die Annahme dieser Bestimmung werden die landwirtschaftlichen Arbeiter und Dienstboten des Anspruchs auf das Krankengeld beraubt."(317)
In einem Artikel gegen die Zoll- und Teuerungspolitik sowie das Jagdunwesen schreibt die Arbeiterzeitung: "<u>Hier gilt es den Bauern zu helfen</u> .... Der Kampf der Sozialdemokratie

gegen die von den Agrariern und ihren städtischen Bundesgenossen verschuldete Teuerung ist wahrhaftig kein Kampf der Arbeiter gegen die Bauern. Die Produktion der bäuerlichen Wirtschaft zu heben, ist auch der Konsumenten Wunsch. Aber wir wollen nicht länger Hunger und Entbehrungen in den engen Wohnungen unserer Mietskasernen, in den bäuerlichen Hütten unserer Landstädte und Industriedörfer herrschen lassen, um ein paar hundert Großgrundbesitzern und ein paar tausend Großbauern aus den hohen Preisen der Lebensmittel reichen Gewinn zu schaffen, sondern wir wollen den Fortschritt der bäuerlichen Wirtschaft zu vollkommenerer Technik fördern, zum gemeinsamen Vorteil aller. Die agrarische Teuerungspolitik bekämpfen wir, eine großzügige Agrarreform darf unserer Zustimmung und unserer fördernden Mitwirkung gewiß sein."((318)

Das Hauptinteresse der Sozialdemokratie in den letzten Jahren der Monarchie in Verbindung mit der Agrarfrage galt der Schutzzollproblematik und der damit verbundenen Lebensmittelteuerung.(319)

3.2.4.1.1. EXKURS: DIE TEUERUNGS- UND SCHUTZZOLLPROBLEMATIK

Die Teuerung der Grundnahrungsmittel, die dem städtischen Arbeiter viel von in langen Kämpfen Errungenem wieder nahm, mußte die Sozialdemokratie als Vertreterin des Proletariats naturgemäß stark beschäftigen. Trotzdem ist die Behauptung unrichtig, daß die Agrarfrage bei den österreichischen sozialdemokratischen Parteiführern nur in diesem Zusammenhang Interesse erweckte.(320)
Richtig ist vielmehr, daß die Teuerungsfrage diese dominierende Stellung in den sozialdemokratischen agrarpolitischen Überlegungen nach der Jahrhundertwende situationsbedingt durch die Schutzzolldebatten, die wiederum eine Reaktion der Großgrundbesitzer auf die verstärkt einsetzende

internationale Konkurrenz waren, erlangte, dann aber von der Sozialdemokratie als Vertreterin der ärmsten Konsumenten geführt werden mußte. Dies geschah aber nie gegen die selbstarbeitenden Bauern, sondern gegen die Großgrundbesitzer, in denen die Sozialisten die Ursache der Strukturschwächen der österreichischen Landwirtschaft sahen, weil sie nicht den modernen Produktionsbedingungen Rechnung trugen, jetzt aber vermittels Schutzzoll weiterhin und ohne Innovationen und zum Schaden der Konsumenten ihre Profite absichern wollten und ebenfalls, wie wir kurz gezeigt haben, zum Schaden der Kleinbauern.(321)
So sagte Eldersch anläßlich der Terminhandelsverbotsdebatte 1903 im Reichsrat: "Im Verlauf der ganzen Agitation und Debatte in diesem Hause haben wir jedoch die Erörterung der die kleinen Landwirte vernichtenden Konkurrenz vermißt, die ihnen vom Großgrundbesitz bereitet wird, und die mehr noch als der Weltmarkt und die Formen des Marktverkehrs ihre ohnedies kümmerliche Existenz vollends untergräbt."(322)

Otto Bauers Studie über die Teuerung (323) zeigt eine tiefe Beschäftigung mit den Ursachen dieses Problemss; keine eindimensionale Abschiebung auf eine Gruppe oder ein Phänomen (Zölle), obwohl auch hier die zollbedingte Erhöhung der Lebensmittelpreise, der Situation entsprechend, den breitesten Raum einnehmen mußte. "Doch kann sich unsere Aufgabe nicht darauf beschränken, den Einfluß der Zollgesetzgebung, der Tierseuchengesetzgebung, der Verkehrspolitik auf die Warenpreise darzustellen. Wenn wir zeigen, wie der Staat die Warenpreise beeinflußt, so dürfen wir auch die Grenzen dieses Einflusses nicht vergessen. So sehr auch die Teuerung durch Gesetze und Verwaltungsmaßregeln verschärft wird, so liegen doch ihre letzten Ursachen in der Organisation der kapitalistischen Gesellschaft überhaupt."(324)
Im Zuge unserer Arbeit müssen wir uns auf die wesentlichen Aussagen Bauers mit agrarpolitischem Zusammenhang beschränken, möchten aber doch bemerken, daß Bauer nicht nur die

Teuerung und deren Ursachen von agrarischen Produkten untersucht hat.

Otto Bauer beschäftigt sich zuerst mit den historischen Ursachen unserer Landwirtschaftsstruktur, wie sie nach 1848 gewachsen ist, und den sich daraus ergebenden negativen Folgen für die gesamte Volkswirtschaft: "Unter diesen Mißständen leiden nicht nur die Bauern. Die Rückständigkeit unserer Landwirtschaft ist eine ernste Gefahr für unsere Volksernährung. Insbesondere unsere Versorgung mit Fleisch und Milch wird dadurch erschwert und verteuert, daß der Raub der alten Nutzungsrechte, die Aufforstung der Almen, die Verwandlung des Weidelandes in Jagdgebiet und die ungeordnete, unrationelle Bewirtschaftung der Reste des alten Gemeinbesitzes die Entwicklung der bäuerlichen Viehzucht hemmen."(325)

Die Lösung dieses Dilemmas sieht Bauer nur in einer radikalen Veränderung der Besitzverhältnisse, zu der aber die Gesetzgebung und selbstverständlich der Wille des bürgerlichen Staates nicht ausreichen. (326) Trotzdem schlägt er, dazu im scheinbaren Widerspruch, amtliche Bauernschutzmaßnahmen vor, wenn er innerhalb der bestehenden Gesellschaft z.B. von der Gemeinde Wien zur Sicherung des Fleischangebotes fordert: "Sie müßte den Landwirten Vorschüsse gewähren, damit sie Vieh zur Mast einstellen können und dieses Vieh dann auf den Wiener Markt schicken."(327) Weiters postuliert Bauer zur Absatzsicherung und Preisstabilisierung die Ausschaltung des Zwischenhandels und eine direkte Verbindung Produzent - Konsument;(328) die auch später immer wieder geforderte Verbindung Produktions - Konsumgenossenschaften.

Sehr detailliert geht der Autor auf die Zölle ein, dabei unterscheidet er zwischen:
1. Finanzzöllen, die nichts anderes als indirekte Steuern sind. "Wenn zum Beispiel Österreich-Ungarn jeden Zentner

Kaffee, der aus dem Ausland eingeführt wird, mit einem Zoll von 95 Kronen belegt, so geschieht das nicht im Interesse der österreichischen Unternehmer, denn der Kaffeestrauch wächst in Österreich nicht. Es geschieht nur zu dem Zwecke, dem Staate eine Einnahme zu sichern. Solche Zölle nennen wir Finanzzölle." (329)

2. Schutzzöllen. "Die meisten Zölle dienen aber einem ganz anderen Zwecke. Sie sind eingeführt worden, um die Einfuhr von Waren, die auch in Österreich erzeugt werden können, zu verteuern und dadurch die österreichischen Unternehmer gegen die ausländischen Konkurrenten zu schützen. Solche Zölle nennt man Schutzzölle."(330)
Diese Schutzzölle unterschiedet Bauer wieder in:
 a) Erhaltungszölle. Sie sollen den niederen Weltmarktpreis und den höheren Inlandspreis ausgleichen und eine heimische Produktion ermöglichen.(331) So zum Beispiel die Einführung eines staatlichen Getreidemonopols zum Schutz der Produzenten und Konsumenten. (332)
 b) Ausbeutungszölle. "Ist der Zoll nicht mehr notwendig, die heimische Landwirtschaft vor dem Untergang zu bewahren, so hat er die Aufgabe, den Landwirten möglichst hohe Preise und Gewinne zu garantieren, die Grundrente auf Kosten des Arbeitslohnes und des industriellen Profits zu steigern. Der Erhaltungszoll hat sich in den Ausbeutungszoll verwandelt."(333)
Diese Ausbeutungszölle verteuern die Lebensmittel ungerecht, verhindern Innovationen, steigern die Grundrente, nützen dem Großgrundbesitzer, schädigen den Konsumenten und vernichten den Kleinbauern. Letzteres versucht Bauer am englischen Beispiel zu verdeutlichen: "Am deutlichsten zeigt die Geschichte der englischen Landwirtschaft die Wirkung hoher und niedriger Getreidepreise. In einer Zeit der hohen Getreidezölle und Getreidepreise sind die englischen Bauern

zugrunde gegangen. Im Getreideanbau erwies sich der Großbetrieb dem Kleinbetrieb überlegen, an die Stelle der verdrängten Kleinbauern traten große kapitalistische Pächter. Im Jahre 1836 hieß es bereits, in England gebe es keine Bauern mehr. Im Jahre 1846 wurden dann die Getreidezölle abgeschafft, und seit dem Ende der siebziger Jahre begannen die Getreidepreise infolge der großen amerikanischen Importe schnell zu sinken. Jetzt wurde der Getreideanbau eingeschränkt, während Viehzucht, Gemüsebau, Geflügelzucht, Obstbau zunahmen. Nun gewann der Kleinbetrieb wieder auf Kosten des Großbetriebes Raum. (Bauer führt dafür einen statistischen Beweis.) Während die englischen Bauern bei hohen Getreidezöllen und Getreidepreisen zugrundegegangen sind, ist unter der Herrschaft des Freihandels .... die Zahl der Kleinbetriebe gestiegen."(334)

Bauer schränkt aber politisch gleich ein: "Nicht als Freihändler, nicht als Sachwalter der freien Konkurrenz führen wir den Kampf gegen die Getreidezölle. Wir führen ihn als die Sachwalter des Volkseigentums an Grund und Boden."(335)

Dem System der ständigen Erhöhung der Schutzzölle (336), das die Nahrungsmittel nicht unwesentlich verteuerte, das Klima zischen Arbeitern und Bauern beeinträchtigte, die Großgrundbesitzer bevorzugte und noch dazu den Nachteil hatte, daß auf Grund sicherer Gewinne die Investitions- und Innovationsneigung letzterer nicht gefördert wurde, gab Dr. Ellenbogen am Parteitag 1917 in Wien einen wesentlichen Anteil am Ausbruch des Krieges. "Davon abgesehen haben die Agrarzölle wesentlich mit zur Erzeugung jener feindlichen Stimmung beigetragen, die den Krieg vorbereitet hat. Wir kennen unseren Konflikt mit Serbien und wenn wir auch nicht glauben, daß die Schweinefrage allein den Krieg hervorgerufen hat, so unterliegt es keinem Zweifel, daß die Versuche durch Absperrungsmaßnahmen die serbische Volks-

wirtschaft zu ersticken und zu erwürgen, wie sie die ungarischen und österreichischen Agrarier beabsichtigt haben, zur Rechtfertigung jener künstlichen Hetze serbischer Chauvinisten bei den Landwirten wesentlich beigetragen haben, die den Krieg gegen Österreich wenn nicht als eine Art heiligen Krieg, so mindestens als Akt der berechtigten Notwehr hinstellten .... Wir müssen also gegen diese Zollwirtschaft und ihre Fortsetzung entschiedenst Front machen."(337)
Auf eine weitere schädliche Auswirkung der Schutzzölle weist Richard Charmatz hin: "Die landwirtschaftlichen Arbeiter und Zwergbesitzer werden durch die Zölle nicht als Konsumenten verkürzt, sondern die durch die Absperrung bedingte Erhöhung der Bodenpreise raubt ihnen die Aussicht, ihren Bodenhunger irgendwie befriedigen zu können."(338)
Karl Renner versuchte in einem veröffentlichten Vortrag vor Wiener Metallarbeitern die Auswirkungen der Schutzzollpolitik auf die Volkswirtschaft darzustellen, besonders deren Schädlichkeit auf die Landwirtschaft selbst, zu deren Förderung diese behaupteterweise eigentlich eingeführt wurden. Diese Zölle, so Renner, kämen nur Kartellmagnaten (Industriezölle) und Feudalgrafen (Landwirtschaft) zugute. (339)
Innerhalb der Landwirtschaft nützten sie also nur den Latifundisten, die deswegen nicht ihre Wirtschaften verbesserten, sondern ihre "rückständigen Formen der Landwirtschaft" durch zusätzliche Einnahmen auffetten könnten.(340)
Den Mittelbauern, die in Deutschland durch diese Maßnahmen eine Ertragssteigerung hervorgebracht hatten, fehlte es in Österreich an Zahl und Ausbildung. Die Masse der kleinen Bauern aber hätten unter der dadurch bedingten Futtermittelteuerung ungeheuer zu leiden: "Die Agrarier haben in ihrer grenzenlosen Habsucht mit hohen Zöllen alles belegt, selbst ihr eigenes Rohmaterial, das Vieh und das Hilfsmaterial, das Viehfutter, und so müssen die Landwirte, die nicht selbst Futter bauen, es zu hohen Preisen kaufen."(341)
Besonders hart träfen die protektionistischen Maßnahmen

aber die prolatarischen Massen. "Wir haben mit den höheren Preisen nur den größeren Hunger bezahlt. So sind wir auf der ganzen Linie geschlagen, das landwirtschaftliche und das Stadtvolk ist schwer geschädigt, und es gehört ein unbegreiflicher Mut - um nicht zu sagen eine Frechheit - dazu, diese Schutzzollpolitik aufrecht zu erhalten, wie sie Reichsritter Hohenblum will, ja die Raubpolitik noch zu steigern, die den Städter schlägt, aber niemanden nützt als ein paar großen Grundherrn."(342) Daher fordert Renner: Weg mit dem Schutzzollsystem zum Nutzen der Städter und kleinen Bauern!
Exkurs Ende.

Daß eine politische Partei nicht ungehindert vom weltanschaulichen Gegner operieren und Aussagen treffen kann, scheint natürlich, in welcher Form dies aber oft geschah, haben wir bezüglich des politischen Katholizismus bereits anklingen lassen (343), hier ein weiteres Beispiel anhand einer Zeitung.

3.2.4.1.2. EXKURS: ANTISOZIALISTISCHE HETZE AM BEISPIEL DER BAUERNZEITUNG

Eine nationale Gruppierung, der Bauernverein - er hatte keine allzugroße politische Bedeutung, doch stellte er einige Abgeordnete - schuf sich 1917 ein Presseorgan: Die Bauernzeitung.(344)
Diese Gruppe bezeichnete sich selbst als Vertreterin des bäuerlichen Mittelstandes im Interesse des gesamten Mittelstandes, antikapitalistisch, antisozialistisch, antiliberal, national (345) und war kriegshetzerisch. In der ersten Nummer dieser Zeitung wurde angekündigt, im Laufe des weiteren Erscheinens die politische Position des Bauernvereins zu den anderen politischen Gruppierungen zu konkretisieren. (346)
Das Verhältnis zu Sozialdemokratie sah der Bauernverein

folgendermaßen: "Um die grüne, um die rote Fahne werden sich die feindlichen Parteien scharen, sich auf Leben und Tod bekämpfen."
Unter der roten Fahne werden sich die Feinde der gesellschaftlichen Ordnung sammeln; Anarchisten, Vaterlandslose, Besitzlose, die nichts mehr zu verlieren haben, die "im Vernichtungskampf gegen alles Bestehende ihren Beruf erblicken und selbst vor Raub und Totschlag nicht zurückschrecken, wenn es gilt, ihre phantastischen Ziele zu erreichen." (347)
Die Bauernzeitung hatte in derselben Nummer auch gleich einen Leserbrief parat, der vor Haß auf alles Städtische nur so triefte. Die städtischen Arbeiter seien nur faule Lumpen, die dem ehrlichen Bauern neideten, was er hat, selbst aber nicht arbeiten wollten. Und da das Stadtleben so bequem und auf anderer Kosten sei, liefen den Bauern alle Dienstboten weg, die doch früher im patriarchalisch häuslichen Verband sehr zufrieden und glücklich gewesen wären, bevor sie die Sozialisten aufgehetzt hätten. Auch wären früher bessere Preise für die bäuerlichen Produkte zu erzielen gewesen, weil sich niemand in die Verkaufspolitik eingemengt hätte. "Alles läuft in die Städte, der Bauer bekommt die Leute nur dann zu Gesichte, wenn sie in die Armenversicherung sollen oder krank werden. Wenn also der Bauer mit dem Arbeiter nichts zu befehlen hat, was hat der Arbeiter dem Bauer vorzuschreiben, wie er sein Vieh verkaufen soll? Der Bauer ist noch keinem Arbeiter zur Versorgung anheimgefallen."(348)
Solche unreflektierten, phrasenhaften, teilweise schon die Hitlerdiktion vorwegnehmenden Hetzereien folgten Woche auf Woche. Wenn wir auch als Beispiel die Zeitung einer nationalen Gruppierung gebracht haben, so sei doch bemerkt, daß die anderen nichtsozialistischen Zeitungen nicht viel vornehmer mit den städtischen Arbeitern umgingen.
Was durch solche Hetzkampagnen zerstört wurde, konnte kein noch so freundlich gemeintes Genossenschaftskonzept, kein

Angebot zur Ausschaltung des Zwischenhandels und zu gemeinsamen Vorgehen in Stadt und Land aufgrund gemeinsamer Klasseninteressen kitten. Viele Leiden des österreichischen Volkes hätten diesem durch Solidarität erspart werden können.
Zu diesen politischen Denunzierungen, den hohen Lebensmittelpreisen, kamen später noch die kriegsbedingten Versorgungsschwierigkeiten (349), die Not und mit ihr Hamsterei, Schieberei und Schleichhandel; alles Dinge, die nicht dazu geeignet waren, die - von manchen bewußt vergiftete - Atmosphäre zu entgiften.
Exkurs Ende.

3.2.4.2. WEITERE PARTEITAGSDISKUSSIONEN DER AGRARPROBLEMATIK UND DER LEBENSMITTELTEUERUNG

Trotzdem keiner der zu erwähnenden Parteitage eine ähnlich intensive Diskussion des Agrarproblems brachte wie der Grazer Parteitag von 1900, so ist eindeutig die Tendenz an diesen ablesbar, daß sich der Kampf am Lande gegen den Großbetrieb und gegen das diesen begünstigende Zollsystem zu richten habe.
Eine Vergesellschaftung der Klein- und Mittelbetriebe und dafür ausschlaggebende theoretische Grundlagen wurden nicht mehr diskutiert.
Eine klare Formulierung bezüglich der Bauernfrage in ein Parteiprogramm aufzunehmen, dazu konnte sich die Partei aber doch nicht entscheiden.

Der Parteitag von 1901 in Wien berührte die Bauernfrage - er sprach sich, auch im Interesse der Kleinbauern, vehement gegen die Schutzzollpolitik aus, die nur die Großen schützt und die Kleinen benachteiligt (350) - auf eine unter dem Blickwinkel Graz 1900 zu sehende interessante Art und Weise. Es stand in Wien der Tagesordnungspunkt "Revision des Parteiprogramms" zur Diskussion und damit die Frage, ob und wie soll man das in Graz Erarbeitete in ein neues Programm aufnehmen. Dabei trat die ganze Unsicherheit der Sozialdemokraten hinsichtlich der Bauern, aber auch hinsichtlich der Genossenschaftsbewegung, wieder klar zutage: Berichterstatter Dr. Adler erklärte, daß keine wesentlichen Umstände die Partei zwängen, das Programm zu durchforsten, sondern die Tatsachen, nach den praktischen Erfordernissen die theoretische Diskussion wieder in Gang zu bringen und wie viele gewünscht haben, "unser Programm derart zu adaptieren, um unter die agrarische Bevölkerung leichter eindringen zu können. Und das war schon seit vielen Jahren der Hauptgrund, warum man immer nach einer Revision des Programms verlangte. (Renner verweist dann auf Ellenbogens Forderung von 1899 auf Einsetzung einer Programmkommission. Anm. d. Verf.).

Merkwürdig ist allerdings, daß gerade der Wunsch, das Programm so zu ändern, daß man damit unter die Bauern gehen könne, von der Kommission am allerwenigsten berücksichtigt werden konnte. Meine Ueberzeugung aber war es immer und ist es auch heute, daß wir nicht zu den Bauern und den Kleinbürgern gehen und ihnen entgegenkommen können, sondern daß wir vielmehr warten müssen, bis die Bauern und Kleinbürger zu uns kommen. Ich bin nicht dafür, den Leuten einzureden, daß wir uns ihnen anpassen werden, sondern wir müssen ihnen klar machen, daß unsere Interessen auch die ihren sind. So lange sie das nicht einsehen, müssen wir eben darauf verzichten, in umfangreicherm Maße Bauernagitation zu treiben."(351)

Winarsky (Wien) sagte dazu, das neue Programm solle keinen Bernsteinschen Revisionismus einleiten, sondern eine Vereinheitlichung des Hainfelder Programms mit seither gefaßten Resolutionen sein. "Wir sehen aber auch, daß das neue Programm nicht in sich einheitlich geschlossen ist, weil zu den alten Bestandtheilen, die in eins zusammengefaßt wurden, einige neue hinzugekommen sind, die Nationalitätenresolution von Brünn und die Agrarresolution von Graz. Gegen die Agrarresolution von Graz muß ich mich aussprechen. Diese ist als bloße Anleitung zur Landagitation gedacht. Das beweist schon die Thatsache, daß am Grazer Parteitag der Punkt, zu dem die Resolution beschlossen wurde, nicht Agrarfrage, sondern Landagitation genannt wurde.

Nun sehen wir aber, daß diese bescheidenen praktischen Anweisungen zur Agitation plötzlich von der Kommission zu einem integrirenden Bestandtheil des Parteiprogramms erhoben werden sollen. Und da muß ich doch meiner Ueberzeugung Ausdruck geben, daß diese Resolution in theoretischer Beziehung ungenügend ist, daß sie keine Lösung der Agrarfrage und keine genaue Präzisirung der Stellung der Sozialdemokratie darstellt und daß sie, weil sie theoretisch ungenügend, weil sie unfertig ist - und das hat Genosse Dr. Adler selbst zugestanden - in das Parteiprogramm als Ganzes nicht hineinpaßt. Ich möchte daher vorschlagen, daß diese Resolution in das Parteiprogramm nicht aufgenommen werde, sondern bleibe, was sie früher war - eine Anweisung zur Landagitation für die deutschen Genossen."(352)

Das geschah dann auch, und das neue Parteiprogramm sagt dann zu den Bauern - wie wir bereits wissen - nicht viel aus: "Der technische Fortschritt, die wachsende Konzentration der Produktion und des Besitzes, die Vereinigung aller ökonomischen Macht in den Händen der Kapitalisten und Kapitalistengruppen hat die Wirkung, immer größere Kreise früher selbständiger kleiner gewerblicher Unternehmer und Kleinbauern ihrer Produktionsmittel zu enteignen und sie als Lohnarbeiter, Angestellte oder als Schuldknechte direkt oder indirekt in die Abhängigkeit von den Kapitalisten zu bringen."(353)

Daß diese Diskussionen und die Formulierungen des Programms keinen Widerspruch zu Graz darstellen, erhellt allein schon daraus, daß niemand die Grazer Resolution ablehnte, ja für Agitationszwecke wurde sie ausdrücklich für gut befunden, sondern diese Diskussionen zeigen erneut die ungenügende

Sicherheit der Partei bezüglich der Bauernfrage: Getan mußte etwas werden, daher die Agitprop-Resolution mit klaren Zielen; andererseits wollte die Partei keine Avantgardefunktion bei der Abkehr von nicht mehr zeitgemäßen Dogmen einnehmen, daher im Programm konzentrationstheoretische Formulierungen. An dieser Konzentration trägt aber der Kapitalismus Schuld, nicht der Sozialismus fordert sie, doch wird ebenfalls nirgends die sozialistische Position zu dieser Konzentration genauer erklärt und was die Sozialisten mit diesen Betrieben genau zu machen gedenken nach ihrer Machtübernahme. Es finden sich viele Stellen in der Parteiliteratur, die von der Entwicklung von Musterbetrieben sprechen, doch kann man dies nicht als allgemeines volkswirtschaftliches Ziel verstehen; es wird nichts ausgesagt in diesem Programm und in den vorhergehenden Diskussionen, welcher Betriebsform in der Landwirtschaft die Sozialisten den Vorzug geben. Gerade darin manifestiert sich die immer wieder erwähnte Unsicherheit.

In der Frage des Eigentums vertritt Adler eine Position, die wir von Hertz ausgeprägt formuliert kennen. Er vertritt die genossenschaftliche Produktion und damit das genossenschaftliche Eigentum. Er sagt zur Frage der genossenschaftlichen Produktion, die von einigen Genossen als dem sozialistischen Geist widersprechend empfunden wurde: "Ich habe nachgesehen, ob das wirklich ein so schlechtes Wort ist, das erst Bernstein hat erfinden müssen .... Nun, das Wort 'genossenschaftlich' ist schon länger da, als der ganze Bernstein-Streit alt ist; es ist ein gutes deutsches Wort. Es ist das einzige deutsche Wort in unserem Sprachschatz, mit dem wir den Charakter der Produktion und des Eigenthums, wie wir ihn anstreben, überhaupt bezeichnen können. Es ist auch von unseren besten Leuten angewendet worden. In seiner Kritik des Gothaer Programms spricht Marx von der genossenschaftlichen Produktion, dann spricht er vom genossenschaftlichen Eigenthum der Arbeiterschaft; er spricht von den Springquellen des genossenschaftlichen Reichthums, ja er spricht ausdrücklich von der genossenschaftlichen, auf Ge-

meingut an den Produktionsmitteln begründeten Gesellschaft."
(354) Trotz dieser Replik Adlers bleibt die Frage offen,
ob der Genossenschaftsgedanke nach Marx den genossenschaftlichen Zusammenschluß kleiner Eigentümer auch umfaßte; für
den Inhalt der Parteitagsdiskussion muß man das bejahen,
sonst wären die Bernstein-Debatte und der Vorwurf des Revisionismus sinnlos.
Den Wert der Genossenschaften sieht Adler darin: "Und zwar
weil ich mir selbst zu meiner und Ihrer Beruhigung sagen
möchte, wenn sich da etwas ausrichten ließe oder läßt -
in einem gewissen Sinne ist diese Bewegung thatsächlich
eine Vorbereitung, indem sie nicht nur die geistige Ausbildung einer ganzen Reihe von Leuten in der Verwaltungstechnik, die wir sehr nothwendig brauchen, befördert, sondern, weil sie auch in der Lage ist, eine gewisse psychologische Umstimmung in den Menschen vorzubereiten und in ganz
gute Sozialdemokraten, die aber heute befangen und mit allen
Mängeln und Fehlern der Erziehung und ihrer Geburt behaftet
sind, etwas vom genossenschaftlichen Geiste hineinbringt,
der eine psychologische Bürgschaft für die Zukunft ist."
(355)
In seiner Schlußrede zum Parteitag 1901 erwähnte Adler die
Bauernfrage noch einmal und speziell die Grazer Resolution:
"Die Genossen, die über diese Resolution, die weiter ein
Fingerzeig für die Landagitation der deutschen Genossen
bleiben wird, die Nase rümpfen, erwarte ich bei einer künftigen Agrardebatte."(356)

Auf dem Parteitag 1902 erklärte Pernerstorfer die Haltung
der sozialdemokratischen Abgeordneten, mit den Bauernvertretern bezüglich der Aufhebung des Terminhandels gestimmt
zu haben. Diese Haltung würde immer dann eingenommen, wenn
es den Wünschen der Bauern entspräche, ohne den Wünschen
der Arbeiter zu widersprechen. "Nun sagen Sie mir einen
Fall, wo wir gegen die Interessen der Arbeiter oder auch
nur ohne Berücksichtigung der Interessen der Arbeiter etwa

die Interessen des Bürgerthums vertreten hätten.
Es gibt wirklich einen solchen Fall, der merkwürdigerweise in der ganzen Debatte gar nicht erwähnt wurde: unsere Abstimmung beim Verbot des Terminhandels. Damals haben wir gesagt: Das ist eine Sache, die nicht gegen das Interesse des Proletariats, sondern gegen die bisherigen Ergebnisse aller wissenschaftlichen Betrachtung geht. Die Bauern aber glauben, daß ihnen das etwas hilft. Warum sollen wir ihnen also in die Suppe spucken, die sie für uns schmackhaft halten!"(357)
Ebenfalls relativiert wurde in Aussig die Befürchtung vieler Genossen, besonders Vollmars (358), daß die Sozialdemokratie an die Landarbeiter nicht herankommen könne, ohne vorher die Bauern gewonnen zu haben. Landarbeiter als Delegierte setzten sich 1902 ausdrücklich für ihre Forderungen ein.(359) Adler mußte gegenüber Genossen Barth (Landarbeiter) ausdrücklich das Eintreten der Partei für die Landarbeiter und Dienstboten betonen, daß sie keineswegs zugunsten der Bauernagitation verkauft würden und daß die Partei nur jene Bauern ansprechen wolle, die jenen nicht feindschaftlich gegenüberstünden.(360)

Im Folgenden stand in Verbindung mit der Agrarfrage besonders die Lebensmittelteuerung im Vordergrund (361), ganz hervorragend 1907, also nach Einführung des Hochschutzzolles. Damals verlangten Delegierte auch außerparlamentarische Aktionen: Genosse Karpeles sagte in seiner Resolution, daß wir den "Kampf gegen die Agrarier mit verstärkter Wucht führen müssen. Es ist möglich, daß ich ein schwaches Gedächtnis habe, aber ich erinnere mich nicht, daß wir den Kampf gegen die Agrarier schon einmal mit Wucht geführt hätten. Hier muß einmal die ganze Kraft des Proletariats aufgeboten werden, um der Regierung und den Agrariern zu zeigen, daß die Arbeiterschaft nicht gewillt ist, sich diese Ausbeutung weiter gefallen zu lassen."(362)
Durch diesen Kampf gegen die als Agrarier bezeichnete Frak-

tion der Großgrundbesitzer wegen der Zölle und der damit verbundenen Lebensmittelteuerung entstand für die Sozialdemokratie ein neues Problem: Den Kleinbauern, die die Partei gewinnen wollte, konnten die Sozialisten nun demagogisch als Feinde der bäuerlichen Interessen präsentiert werden. Dagegen vorzugehen war auf Grund der mangelnden Kommunikationsmöglichkeiten sehr schwierig. Dadurch wurde die Gefahr immer virulenter, Klassengräben zwischen selbstarbeitenden Bauern und Arbeitern aufzureißen, die eigentlich gar nicht vorhanden waren und sind, sondern nur provoziert wurden. Daß diese teuflische Saat aufging, zeigt die Entwicklung der Geschichte nach dem Ersten Weltkrieg. Die Sozialisten vertrauten als Verhütungsmittel gegen diese Gefahr weiterhin auf Aufklärung und Agitation: "Vor allem haben wir den Kampf gegen die Agrarier zu führen, und zwar in einem noch verschärfteren Maße als bisher. Wir haben die Aufgabe, den Bauern begreiflich zu machen - und ich weiß, daß es eine besonders schwere Aufgabe ist -, daß es nicht wahr ist, daß es eine Solidarität der agrarischen Interessen gebe, sondern daß der Bauer in allen wichtigeren Dingen keinen größeren Feind hat als den Großgrundbesitzer, und daß diese Preistreibereien nicht ausschlagen zum Nutzen der Bauern, wie sie meinen - darüber ließen wir ja noch mit uns reden - sondern ausschließlich zum Nutzen der paar feudalen Großgrundbesitzer."(363)

3.2.4.3. WIEDERBELEBUNG DER LANDAGITATION

"Die großen Massen landwirtschaftlicher Arbeiter sowohl, als auch die Kleinbauern (Häusler) wären für die sozialdemokratische Bewegung zu gewinnen, wenn mit einer entsprechenden Agitationsarbeit in den ländlichen Bezirken eingesetzt würde.
Wir stellen deshalb den Antrag:
Der Parteitag beauftragt die Parteiversammlung, die Frage der

Organisation des landwirtschaftlichen Proletariates zu studieren und sich zu diesem Zwecke mit den bereits bestehenden landwirtschaftlichen Organisationen, zum Beispiel mit dem Zentralverbande der Häusler und Kleinbauern in Kosolup und dem Verbande der land- und forstwirtschaftlichen Arbeiter in Gablonz, ins Einvernehmen zu setzen.
Dem nächsten Parteitage, dessen Tagesordnung diese Angelegenheit beizusetzen ist, sind bereits positive Vorschläge darüber zu erstatten, in welcher Weise eine großzügige Agitations- und Organisationsarbeit am Lande zu betreiben ist."
(364) Dieser Antrag von de Witte und Leibl wurde in Wien 1909 zwar einstimmig angenommen, zur Durchführung des im letzten Satz Geforderten ist es allerdings in der Monarchie nicht mehr gekommen.
In der Begründung des Antrages weist de Witte darauf hin, daß bereits Abgesandte aus ländlichen Distrikten auf die sozialdemokratischen Parteitage kämen, was er als Frucht der Aufklärungsarbeit im ländlichen Bereich und der Bewußtwerdung ihrer Klassenlage der Kleinbauern und Landarbeiter ansehe.
Der Referent begründet sein Eintreten für dieses Problem und seine Zuversicht, Erfolge diesbezüglich erzielen zu können, damit: "Das sind Leute, die wohl lange die agrarische Politik unterstützt haben, aber heute einsehen, daß sie durch die Erfolge der Agrarier geschädigt sind, weil sie die Frucht nicht verkaufen, sondern kaufen. Sie suchen einen Anwalt ihrer Interessen. Sie appellieren an uns, weil sie in unserer Partei ihre natürliche Vertretung suchen. Stoßen wir diese Leute von uns, so fallen sie den verschiedenen bürgerlichen Parteien zu, von denen sie dann ebenso betrogen werden wie zuvor von den Agrariern, nur nach einer anderen Methode. Ich bitte den Parteitag also, den Antrag anzunehmen. Wir sind es dem landwirtschaftlichen Proletariat schuldig ebenso wie dem industriellen, daß wir die Macht vergrößern und das ganze werktätige Volk für unsere Ziele begeistern."
(365)

Obwohl auch auf diesem Parteitag das Hauptaugenmerk der Delegierten in Verbindung mit der Landwirtschaft auf die Ernährungslage gerichtet war, auf die Zölle und die hohen Steuern (366), beschäftigte man sich doch wieder mit der Organisierung der und der Agitation unter den Landarbeitern und Kleinbauern; ja sogar deswegen, weil auch diese Schichten sehr unter der Politik der Agrarier, also der Protektion für den Großgrundbesitz, litten. Die Sozialdemokraten kamen schon aus Sachzwängen nicht mehr um die Landbevölkerung herum.

Naturgemäß mit größerer Sicherheit traten die Sozialisten in der Landarbeiterfrage auf. Allerdings gab es dabei wieder Reibungspunkte mit jenen kleineren Bauern, die Arbeitskräfte beschäftigten. Doch diese Frage war seit Graz ausdiskutiert: Die Landarbeiter dürfen nicht einer wie auch immer gearteten Bauernpolitik geopfert werden.

Die Kompetenz bezüglich der Dienstbotenordnungen lag größtenteils bei den Landtagen, daher ging Resch (Steiermark) in seinem Bericht über die Landtagspolitik auch darauf ein: "Es wird ferner in den Landtagen, die die Dienstbotenordnungen zu beschließen haben, über das Schicksal der landwirtschaftlichen Arbeiter entschieden. Was in dieser Beziehung Gesetz ist, spottet jeder Menschlichkeit. Die Agrarier wollen auch nicht bloß die Dienstboten knebeln, sie stellen immer mehr Anträge gegen die industrielle Arbeiterschaft. Es genügt ihnen nicht, daß sie im Reichsrat die Wucherpolitik bis zum Exzeß treiben, sie benützen auch die Landtage, um für die Aushungerungspolitik Stimmung zu machen."(367)

Als skandalös bezeichnet der Redner, daß es dem Dienstboten kaum möglich ist, das Dienstverhältnis zu lösen, weiters das "häusliche Züchtigungsrecht" des Dienstgebers, daß z.B. in der Steiermark einem entlaufenen Dienstboten bei Strafe niemand Unterstand geben darf. Die Sozialdemokraten wären immer für eine Verbesserung der Lage der Land- und Forstarbeiter eingetreten, ihre Anträge hätten aber im Landtag des öfteren nicht einmal die für die geschäftsmäßige Behand-

lung notwendige Unterstützung erhalten.
Auch für die kleineren Bauern seien die sozialdemokratischen Landtagsabgeordneten immer wieder eingetreten: "Bei den Verhandlungen über die Landeskultur sind wir eingetreten für die Verbesserung der Verkehrswege, für Straßen- und Bahnbauten und dafür, daß den kleinen Landwirten die Mittel gegeben werden, um ihre Betriebsweise auf eine höhere Stufe zu bringen, den Boden zu verbessern. Weiter sind wir dafür eingetreten, daß das Jagdgesetz zum Nutzen der kleinen Landwirte verbessert werde, daß die Servitutsrechte der Bauern auf dem Staats-, Großgrund- und Stiftsbesitz gesichert werden, aber mit aller Entschiedenheit haben wir gegen die agrarische Wucherpolitik gekämpft."(368) Wir erkennen auch in diesem Bericht über die Tätigkeit der Sozialdemokraten im steirischen Landtag die Bauernschutzgesinnung derselben; zumindest was die Kleinbauern betrifft.

Die Sozialisten sprachen also nicht nur davon, sondern bemühten sich aktiv darum, auch ohne gefestigte theoretische Grundlage kleinbauernfreundliche Politik zu machen, wenn dies die Interessen der Land-, Forst- und Industriearbeiter nicht beeinträchtigte; diese hatten Priorität.(369)

3.2.4.4.   INNSBRUCK 1911

Die Beziehung zum Bauernproblem wurde auch auf diesem Parteitag wieder vermittels der Lebensmittelteuerung hergestellt. Die Delegierten behandelten damals erstgenannte Problematik deswegen so eindringlich, weil es in Wien diesbezügliche Massenkundgebungen gegeben hatte, die der Parteiführung offenbar entglitten waren. Renner dazu: "Ellenbogen hat die Syndikalisten mit einigem Recht als Beispiel herangezogen. Die Syndikalisten sind die Freunde der direkten Aktion. Unter dieser können wir aber nichts anderes verstehen, als die Organisation der arbeitenden Klasse außerhalb des Parlaments. Die Wiener Septembervorgänge waren der Ausdruck der Verzweiflung der Arbeitermassen über die ungeheure Teuerung und den Verrat der österreichischen Interessen an die ungarische Regierung. Es war eine Eruption, die man verstehen kann, die man nicht billigt, aber begreift, die aber nicht mehr im Rahmen der Taktik liegt, die der Arbeiterklasse vorgeschrieben ist. Es hat jede Klasse bestimmte Waffen: die Bauern die Sense, die Kleinbürger die Fensterscheiben. Wenn die Arbeiterschaft Revolution macht, macht sie sie in ihrer Weise, mit den ihr eigentümlichen Waffen. Das ist Organisation, Lohnbewegung, Streik, Boykott, passive Resistenz, politischer Massenstreik." (370) Der Referent gibt aber an anderer Stelle zu, daß Gesetzesbeschlüsse allein nicht zur Herabsetzung und Regelung der Lebensmittelpreise genügen.(371)

Otto Bauer bemühte sich in seinem Referat, die Ursachen für und Maßnahmen gegen die Lebensmittelteuerung darzutun. Er stellte fest, daß trotz hoher Beschäftigtenzahl in der Landwirtschaft eine Unterversorgung mit Produkten aus derselben herrsche.(372)

Das hatte nach Bauer die Gründe darin, daß einerseits schlecht ausgebildete und für Innovationen zu arme Privatleute für die Ernährungssicherung zuständig seien, andererseits der Großbetrieb nur profitorientiert sei. Der Großbetrieb komme noch dazu durch neuzeitliches Bauernlegen zu einer ständigen Vergrößerung seiner Wirtschaftsfläche, forste Weideland aus Profitgründen auf, obwohl zu wenig Milch am Markt sei. "Die Produktionseinrichtung des Großbetriebes wird, weil sie nicht von der Sorge für die Ernährung des Volkes bestimmt wird, sondern von der um den hohen Profit, weil mit einem Wort die Landwirtschaft nicht gemeinwirtschaftlich, sondern privatwirtschaftlich geleitet ist, immer untauglicher dem Zweck, dem sie dienen soll. Das ist die wichtigste Ursache der Lebensmittelteuerung (373) .....
So muß jeder Kampf gegen die Teuerung vor allem sein ein Kampf gegen die letzte Ursache der Teuerung, gegen den Kapi-

talismus selbst." Bauer schließt dann mit einem Marx-Zitat:
"Die Bourgeoisie kann nicht mehr regieren, weil sie ihre
Sklaven nicht mehr ernähren kann."(374)
Der Redner fordert gegen diese Mißstände breiteste Aufklärung
über diese systemimmanenten Verelendungstendenzen, Expropriation der Zuckerindustrie, Änderung der Zoll- und Wirtschaftspolitik, Öffnung der Grenzen, amtliche Preisregelung, Maßnahmen gegen die Kartelle und - wie Renner (375) - Konsumentenorganisationen zur Selbsthilfe.(376)
Wenn Otto Bauer hauptsächlich von der Sicht der Verbraucher
ausging, dann der Tiroler Filzer - selbst Bauer und Gründer
einer landwirtschaftlichen Genossenschaft - von der Sicht
der Bauern: "Ich hätte gern versucht, eine Darstellung zu
geben, wie ein Bauer, der sich die Mühe nimmt, die Dinge
etwas weiter zu übersehen, tiefer in ihr Wesen einzudringen,
die heutigen Vorgänge auffaßt, damit sie auch nach dieser
Seite einen Überblick haben."(377)
Filzer schildert dann die Lage der Klein- und Mittelbauern
(378) und stellt fest, daß die Landwirtschaft eine Ausnahme
zum Gesetz der ständig sich weiterentwickelnden Vervollkommnung der Produktivkräfte darstelle: "Wir müssen aber auch
konstatieren, daß diese Zunahme nicht auf allen Gebieten
gleichmäßig vor sich geht, daß die Zunahme der notwendigen
Lebensmittel, der Ernährungsproduktion nicht Schritt hält
mit der Produktion auf vielen anderen Gebieten, ja daß die
Produktion aller anderen Kulturgüter weit größere Fortschritte gemacht hat, wodurch eine Disharmonie entstanden ist,
die nun so schwer empfunden wird. Durch die Gesetzgebung,
die Zoll- und Handelspolitik eines Staates kann dieses Verhältnis noch verschärft werden. An all diesen Uebeln leiden
wir insbesondere in Oesterreich, welches seiner Lage nach,
seines Bodenreichtums, hauptsächlich ein Agrarland, eines
der gesegnetsten Länder sein könnte."(379)
Als Grund dieser Mißstände nennt Filzer das mangelhafte
Schulwesen, die dadurch bedingte mangelnde Nutzung des technologischen Fortschritts in der Landwirtschaft, aber auch,

daß, wenn politisch Verantwortliche aufs Land kommen, diese kaum von den Regionalpolitikern mit den tatsächlichen Schwierigkeiten konfrontiert würden. "Kommt irgend ein Minister auf das Land hinaus, so zeigt man ihm in der Regel das Schönste und Beste, was vorhanden, um ihm eine Besserung vorzutäuschen." Der Großgrundbesitz allein könne dieses Defizit nicht wettmachen - solche Musterbetriebe werden vorgezeigt - an dem der Niedergang des mittleren Bauernstandes schuld sei, "der das Gros der Lebensmittelerzeugung beizustellen hätte."(380)

Der Redner sieht diese Mängel ebenfalls als systemnotwendige Erscheinungen, resigniert aber nicht, sondern weist als Ausweg vermehrte Aufklärungs- und Bildungsarbeit zu betreiben, also vermehrte Agitationstätigkeit. Weiters vertraut er darauf, daß die Menschen durch die immer größer werdende Not wachgerüttelt und dadurch den Ideen des Sozialismus zugänglicher würden.

Abschließend wurde zu diesem Tagesordnungspunkt eine von Otto Bauer formulierte Resolution einstimmig angenommen, in der die Teuerung als Produkt des Zusammenwirkens von Industrie- und Finanzkapital mit dem Großgrundbesitz verurteilt wird, mit dem Hinweis darauf, daß die kapitalistische Produktionsweise genauso wie dem Arbeiter dem Kleinbauern schade, ja der Grund seiner Verschuldung sei. (381)

3.2.4.5. STRÄFLINGE ALS LOHNDRÜCKER

Wie aus Landtagsberichten bereits bekannt, waren die Vertreter des Großgrundbesitzes ständig bemüht, billige Arbeitskräfte zu bekommen, wozu man empfahl, Arbeitslose aufs Land abzuschieben, dadurch das Arbeitskräfteangebot zu erhöhen und somit die Löhne zu drücken.(382)

Noch einen Schritt weiter ging das Justizministerium, das trotz krisenhafter Erscheinungen am Arbeitsmarkt seine Zustimmung dazu gab, Sträflinge zur Arbeit auf Gutsbesitzungen

einzusetzen, was für die Besitzer jener Güter die Arbeitskosten verbilligte, die Löhne der Landarbeiter drückte und zur Arbeitslosigkeit auch auf dem Lande führte. Ein eventueller Kostenvorteil wurde deswegen nicht spürbar, weil der Markt für landwirtschaftliche Produkte noch aufnahmefähig war.
Gegen diese Maßnahmen sprach sich der Parteitag 1913 entschieden aus.(383)
Als wirkungsvollste Maßnahme, den Landarbeitern zu helfen, sahen die Sozialisten ein weiteres, noch verstärkteres Forcieren der Organisierung der Land- und Forstarbeiter an.(384) Die Vertrauensmänner der Partei wurden in einem Antrag - eingebracht von Viktor Adler - aufgefordert, diese anstrengende Arbeit trotz aller zu erwartenden Schwierigkeiten zielstrebig zu betreiben.(385)

3.2.4.6.   DER KRIEGSPARTEITAG 1917

Im Jahre 1914 brach am 28. Juli der Erste Weltkrieg - eine Frucht der imperialistischen Bestrebungen der industrialisierten Staaten - aus, der die Grenzen der wirtschaftlichen Möglichkeiten Österreichs - auch der landwirtschaftlichen - und des kapitalistischen Systems an sich aufzeigte.
Die Schutzzölle - vielfach in Gesetzeserweiterung als reine Verwaltungsakte wie Verordnungen, Erlässe oder Dekrete unter Ausschaltung des Parlaments erlassen -, die damit bedingten teuren Lebensmittel, die mangelhafte Belieferung der Städte, die nur einige Reiche und Privilegierte gut leben ließ, was die Mißstimmung noch steigerte, verfehlte Agitationsformen auf dem Lande, die Hetzpropaganda und Demagogien der politischen Gruppierungen und letztlich die Kriegswirtschaft schufen die Grundlagen für einen verhängnisvollen Konflikt, an dem das österreichische Volk noch lange leiden sollte: Den Konflikt zwischen Stadtvolk und Landvolk, zwischen Arbeitern und Bauern ganz speziell, vor dem oftmals eindring-

lich gewarnt wurde.(386) Charmatz bemerkte zu diesem Problem folgendes: "Wohl gewöhnten sich die Landwirte, in der Industrie, die das Arbeitsmaterial anlockt und die Landflucht fördert, einen Interessensgegner zu erblicken, und die feudalen Inspiratoren der sogenannten Agrarpolitiker boten alle Mittel auf, um den Gegensatz zu verschärfen."(387)
Da halfen die in Graz so verheißungsvoll begonnen Verständigungsversuche, die nachher ganz konkret fortgesetzt wurden, selbst bei den Kleinbauern wenig. Die Sozialdemokraten stießen bei den aufgewiegelten Bauern auf wenig Gegenliebe, die Arbeiter verloren in den Krisenzeiten auch das Verständnis für erstere immer mehr, besonders für die im Interesse des Großgrundbesitzes durchgezogene Zollpolitik. Der Erste Weltkrieg und die darauf folgenden Notzeiten verdichteten diesen Konflikt immer mehr.
Besonders gegen Ende des Krieges wurde der Mangel an lebensnotwendigen Versorgungsgütern immer drastischer: Die Versorgungssituation in den Städten war sehr schlecht, am Land wurde für das Militär requiriert, womit die Bauern ihre Argumentation unterstützten, nichts liefern zu können, ja sie forderten, die Tagesrationen für den Eigenverbrauch von 250 g (300 g für Schwerarbeiter) auf 500 g Mahlprodukte hinaufzusetzen. Weiters klagten sie darüber, daß der Kaufpreis für Vieh nicht sofort bezahlt würde und die inflationsbedingte Geldentwertung somit die Einstellung von Jungvieh erschwere, wodurch sich die Versorgungslage noch mehr anspanne.
Zur Mißstimmung zwischen Stadtvolk und Landvolk trug auch bei, daß Bauern militärische Bewachung ihrer Felder gegen hungernde Städter beanspruchten.(388)
Die Situation war denkbar schlecht für eine Verständigung von Bauern und Städtern.

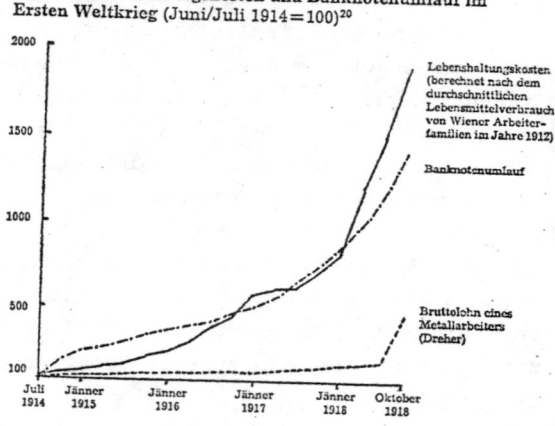

Zur Illustration der Wirtschaftslage folgende Graphik:(389)

Löhne, Lebenshaltungskosten und Banknotenumlauf im Ersten Weltkrieg (Juni/Juli 1914 = 100)[20]

Lebenshaltungskosten (berechnet nach dem durchschnittlichen Lebensmittelverbrauch von Wiener Arbeiterfamilien im Jahre 1912)

Banknotenumlauf

Bruttolohn eines Metallarbeiters (Dreher)

Juli 1914 — Jänner 1915 — Jänner 1916 — Jänner 1917 — Jänner 1918 — Oktober 1918

Die Diskussionen auf dem Parteitag in Wien vom 19. bis 24.10.1917 standen auch ganz im Zeichen der kriegsbedingten Notlage, die noch dazu verschiedentlich ausgenützt wurde, aus dem Mangel Extraprofit zu schlagen.
Der Parteitag dachte aber weiter und diskutierte ebenso die Möglichkeiten der Nahrungsmittelaufbringung und die Versorgungssicherung nach dem Krieg.
Aber auch die Erbitterung über die Landwirte machte sich auf diesem Parteitag Luft mit einer bisher unbekannten Heftigkeit: ".... und wir wissen ebenfalls aus dem Kriege, welch furchtbare Wunden die agrarische Habgier uns geschlagen hat, wie alle Maßnahmen der staatlichen Bewirtschaftung von ihr in der boshaftesten, heimtückischsten Weise durchkreuzt wurden. Wir wissen, wie aller Appell an den Gemeinsinn,

an die Vaterlandsliebe wirkungslos verhallt ist. Als Höchstpreise auf die Brotfrucht gesetzt wurden, wurde der Getreideanbau aufgegeben. Höchstpreise für Milch haben deren Verfütterung an das Vieh zur Folge gehabt, Höchstpreise für Fett führten wiederum zur Verfütterung von Getreide an das Vieh; als man Rübenpreise festsetzte, wurden die Rüben als Futtermittel verwendet, wodurch die Zuckerproduktion so kolossal zurückgegangen ist. Mit einem Worte: kein Stand, keine Person, kein einzelnes Individuum hat eine solche schamlose Raff- und Raubgier, eine solche entmenschte Fühllosigkeit und Hartherzigkeit, eine solche Staatsfeindschaft gegen die sterbenden Kinder, gegen die hungernden Mütter bewiesen wie die Agrarier. Davon abgesehen haben die Agrarzölle wesentlich mit zur Erzeugung jener feindlichen Stimmung beigetragen, die den Krieg vorbereitet hat." Ellenbogen erinnert zur Untermauerung des zuletzt Gesagten an den Schweinekrieg mit Serbien.(390)
Konnte man von Ellenbogens Vorwürfen noch jene Landwirte ausnehmen, deren zu geringe Ackerfläche Anbauspekulationen ausschloß, so mußten Eldersch' Vorwurf diese auch auf sich beziehen: "Der Mangel an Gemeinsinn bei der Landwirtschaft hat sich in hohem Maße gerade im Kriege gezeigt. Die landwirtschaftliche Bevölkerung hat im Frieden hauptsächlich von Pflanzenkost gelebt, jetzt ist ihre Ernährung ganz umgewandelt. Sie ißt viel mehr Fleisch und ernährt sich viel besser, weil sie es nicht mehr nötig hat, Geld hereinzubekommen, die Schulden sind gezahlt und für die Anhäufung von barem Geld hat man auf dem Land kein großes Interesse, So sind wir soweit gekommen: Die Kriegsgetreideverkehrsanstalt braucht 15 Millionen Meterzentner zur Befriedigung derer, die nicht als Selbstversorger bei Getreide gelten, aber es fehlen ihr nicht weniger als 10 Millionen."(391)
Die Aussage von Eldersch heißt nichts anderes als, wenn ich schon nicht groß profitieren kann, dann lasse ich es mir wenigstens auf Kosten anderer gut gehen.
Es ist durchaus möglich, daß diese Entzweiung von Lebensmit-

telerzeugern und Verbrauchern während des Krieges den Beteiligten besser im Gedächtnis haftete als die positive Bauernpolitik der Sozialdemokraten seit ihrem Bestehen und daher die Agrarpolitik diesen nach dem Kriege in der Tat als Beginn erschien.

Kritisiert wurden aber nicht nur Produzenten und Händler, sondern auch die eigene Parlamentsfraktion, die in den Verpflegungsausschüssen mitarbeitete, durch diese parlamentarische Mitarbeit Verantwortung übernahm - zumindest mußte es der Bevölkerung so erscheinen -, obwohl man hätte wissen müssen, daß dort auf Grund der eindeutigen Mehrheitsverhältnisse nichts zu erreichen war. Die sozialdemokratischen Abgeordneten begründeten diese Mitarbeit damit, sie wollten die Arbeiter vor dem Zusammenbruch bewahren. Abgeordneter Seitz betonte, daß der Klub der sozialdemokratischen Abgeordneten doch einiges erreicht habe und durch seine Stärke jedenfalls ein Korrektiv darstelle. (392) Auch Eldersch rechtfertigte diese Mitarbeit: "Wir halten es für unsere Pflicht, dabei tätig zu sein. Wenn sich die Lebensmittelaufbringung und Verteilung ohne unsere Kontrolle vollzieht, leidet die Arbeiterschaft am meisten darunter. Es ist natürlich nicht genau festzustellen, welche Erfolge gerade unsere Mitarbeit gehabt hat, aber daß wir das ärgste verhüten konnten, steht wohl fest. Wir haben mit unserer Tätigkeit für den Klassenkampf und für den Frieden mehr gewirkt, als man bisher auf politischem Gebiete zu wirken imstande war."(393) Ein anderer Delegierter klagte darüber, daß, wenn es zu einer zentralen Verteilung von Lebensmitteln komme, Leute, die als Sozialdemokraten bekannt sind, benachteiligt würden. (394) Die angenommenen Resolutionen beschäftigten sich demgemäß mit der staatlich gelenkten Lebensmittelaufbringung, der Verteilung durch Lebensmittelämter, dem Anbauzwang, dem Abbau sämtlicher Zölle, der Forderung nach absolutem Freihandel außer in Extremsituationen: "Wenn wir von der Politik der offenen Tür gesprochen haben, so wenden wir uns damit gegen das ganze System der bisherigen Handelspolitik, das auf den Zöllen aufgebaut ist. Wir haben die Agrar- und Industriezollwirtschaft, vor allem die erstere schon vor dem Kriege auf das intensivste bekämpft, wir haben aber jetzt überdies erkannt, daß die Agrarzollwirtschaft den größten Teil der Schuld an der mangelhaften Widerstands - fähigkeit des Staates im Kriege trägt."(395)

Wie bereits erwähnt, blickte der Parteitag bereits auf die wirtschaftliche Situation nach dem Krieg und die gerechte Organisierung derselben. Daher forderte dieser die vorübergehende, teils auch gänzliche Beibehaltung verschiedener Zwangsmaßnahmen: "Obzwar sich der Parteitag keinerlei Täuschung darüber hingibt, daß die staatliche Bewirtschaftung im Kriege von den herrschenden Klassen nur wegen der Drosselung der Produktion und vor allem der Einschränkung der Vorratsmengen eingeführt wurde, erachtet er es aus denselben Gründen für notwendig, sie während der Uebergangszeit aufrechtzuerhalten; ja in einer ganzen Reihe von Produktionsgebieten sie zu einer bleibenden Einrichtung zu machen und auszugestalten."(396)

Mit diesen ökonomisch sicher richtigen Forderungen (397) sowie durch verschiedene Maßnahmen nach dem Kriege lieferten die Sozialdemokraten Stoff für politische Propaganda. Ellenbogen hofft im Schlußwort seines Referates auf anderes: "Die Menschheit hat im Kriege gelernt, sie ist von einer Ahnung umgewandelt worden, von jenem Segen, den eine gesellschaftliche Bewirtschaftung der Produktion mit sich bringt. Sie haben zwar unsere Methoden falsch abgeguckt, haben den Sozialismus nicht verstanden, aber sie haben doch verstehen gelernt, wie segensreich er wirken könnte, wenn er richtig eingeführt würde. Sie haben gelernt, daß es eine unendliche Fülle von Kräften gibt, die der Kapitalismus nicht entfalten kann und die Organisation des Kapitalismus geradezu in ihrer Entwicklung verhindert .... Auf diesen Weg die Menschheit zu führen, die Lehren des Krieges umzusetzen in die Tendenz:

'tatsächlich höhere' Entwicklung der Menschheit, das ist die Aufgabe der Sozialdemokratie nach dem Kriege und wir dürfen wohl hoffen und die Ueberzeugung aussprechen: Aus den Trümmern dieses Krieges wird die Menschheit sich neu erheben unter der Fahne des Sozialismus."(398)
Diese Hoffnungen sollten sich nicht erfüllen, trotzdem die Sozialisten sich immer wieder - zwar unterbrochen durch Rückschläge, trotzdem ist eine klare Linie zu erkennen -, besonders nach dem Kriege, wie die großen Agrardiskussionen zu Beginn der Republik zeigten, bemühten, mit den Bauern ins Gespräch und ihnen entgegenzukommen. Man muß aber dazu anmerken: Ellenbogens so euphorische Worte erfüllten sich durch keine Gesellschaftsschicht, daher noch weniger bei den von verschiedenen Interessen getriebenen und mental in Beharrungstendenzen verwurzelten Bauern. Trotz alledem dürfen wir wohl behaupten, daß wir heutzutage doch einige Früchte der damals gesäten Aussaat ernten können.(399)

3.3. ZWEI SOZIALDEMOKRATISCHE DRINGLICHKEITSANTRÄGE IM REICHSRAT IM JAHRE 1907

Die sozialdemokratischen Aktivitäten im Abgeordnetenhaus ließen schon gar nicht den den Sozialisten immer unterstellten Dogmatismus oder eine Eigentumsfeindlichkeit, betreffend die Arbeitsbauern, erkennen.(400) Jedoch versuchten die politischen Gegner - Demagogie war damals im Reichsrat und bei der Agitationstätigkeit auf allen politischen Seiten Trumpf - gerade diese Dinge für die Sozialdemokraten zu reklamieren, hauptsächlich darum, um volkswirtschaftlich als richtige, der eigenen Interessenslage hingegen widersprechende Forderungen abwehren zu können. Andererseits eigneten sich solche disqualifizierenden Angriffe vorzüglich dazu, die eigene Kompetenz in einer gewissen Sachfrage hervorzuheben und andere durch geschickte Rhetorik von der Richtigkeit der eigenen Position zu überzeugen; letzteres war besonders gut bei Versammlungen möglich.

Da durch die ständigen Lebensmittelteuerungswellen die Parteibasis unruhig wurde, aktivierte die sozialdemokratische Parlamentsfraktion ihre Kräfte und brachte am 8. November 1907 zwei diesbetreffende Dringlichkeitsanträge ein, die - verbunden mit der Teuerung - die Probleme der Agrarpolitik ausführlich behandelten, was besonders in den Annahmeempfehlungsreden von Schrammel und Renner deutlich wurde.
Den zweiten der beiden Anträge (Renner u. Gen.) wollten die Sozialdemokraten ausdrücklich als Agrarprogramm verstanden wissen.(401) Die Arbeiterzeitung schreibt dazu: "Ganz ungewöhnliches Interesse weckte die Rede des Abgeordneten Renner. Sie ist wegen der Klarheit ihrer politischen und ökonomischen Auffassung des Interesses weit über die parlamentarischen Kreise hinaus in der gesamten Bevölkerung sicher. Abgeordneter Renner ging in die Tiefe des Problems hinab und hielt dem oberflächlichen Agrarprogramm der kapitalistischen Agrarparteien das wahrhafte Agrarprogramm, das sozialdemokratische, entgegen. Außerordentlich treffend war, was er über den Gegensatz zwischen Bauern und Großgrundbesitz und über die Identität der Interessen der Bauern und Arbeiter darlegte."(402)
Obwohl dieses Programm kein von einem Parteitag angenommenes war, so kam es doch auf Druck eines solchen (1907) zustande, wurde von prominenten Parteiführern vertreten und widerlegt erneut die These, die Sozialdemokraten wären bis zum Ende des Ersten Weltkrieges in der Agrarpolitik nur auf ausgetretenen Pfaden gegangen.

3.3.1.   DER DRINGLICHKEITSANTRAG SCHRAMMEL UND GENOSSEN

Dringlichkeitsantrag

der

Abgeordneten Schrammel, Johanis, Morarzewski, Pittoni, Wityk und Genossen,

betreffend

Maßregeln gegen die Lebensmittelteuerung.

(Die Dringlichkeit dieses Antrages wurde in der Sitzung vom 28. November 1907 abgelehnt; der Antrag wird demnach gemäß §§ 42 G. O. behandelt werden.)

Die Verteuerung fast aller wichtigen Lebensmittel hat die besitzlosen und die minderbemittelten Klassen in einen Zustand bitterer Not gebracht.

Die Gefertigten stellen den Antrag, das Abgeordnetenhaus wolle beschließen:

„Die Regierung wird aufgefordert, unverzüglich folgende, sofort anwendbare und unmittelbar wirksame Maßregeln zur Linderung dieses Notstandes zu ergreifen:

I. Die Regierung wird aufgefordert, die Einfuhr des gekühlten und gefrorenen überseeischen Fleisches nach Österreich zu fördern. Zu diesem Zwecke sind sofort Verhandlungen mit den südamerikanischen und australischen Staaten einzuleiten und die regelmäßige Zufuhr des aus diesen Staaten exportierten gekühlten und gefrorenen Fleisches nach Österreich zu sichern. Bei der Neuregelung des Schiffahrtsdienstes nach Südamerika ist hierauf Bedacht zu nehmen.

---

1) Arbeiterzeitung, vom 13. 11. 1907.   S.2.

II. Die Regierung wird aufgefordert, sofort Verhandlungen mit der ungarischen Regierung darüber einzuleiten, daß die Zölle für Getreide, Hülsenfrüchte und Futtermittel auf Grund des Artikels VIII des Zolltarifgesetzes vom 13. Februar 1906, R. G. Bl. Nr. 20, zeitweilig auf die Hälfte ihres durch die Handelsverträge, beziehungsweise den autonomen Zolltarif bestimmten Satzes ermäßigt werden.

Für den Fall, daß die königlich ungarische Regierung ihre Zustimmung zu der zeitweiligen Ermäßigung dieser Zölle verweigert, wird die Regierung aufgefordert, die Ausfuhr von Futtermitteln für so lange und insoweit zu verbieten, als die Knappheit und die hohen Preise der Futtermittel die Erhaltung und Vermehrung der heimischen Viehbestände und die Ausdehnung der Mastproduktion beeinträchtigen.

III. Die Regierung wird aufgefordert, die politischen Landesbehörden zu beauftragen, sie mögen überall, wo die zu den notwendigsten Bedürfnissen des täglichen Unterhaltes gehörenden Waren im Kleinverkaufe durch kartellartige Preisverabredungen verteuert werden, von dem ihnen nach § 51 G. O. zustehenden Rechte der Festsetzung von Maximalpreisen Gebrauch machen, und zwar auch dann, wenn die von den Lebensmittelhändlern und Lebensmittelproduzenten beherrschten Gemeindevertretungen, Handels- und Gewerbekammern und Fachgenossenschaften sich gegen eine solche Regelung der Preise im Kleinverkaufe aussprechen.

Die Gewerbebehörden und die staatsanwaltschaftlichen Funktionäre sind aufzufordern, durch strenge und umsichtige Handhabung ihres Straf-, respektive Anklagerechts über die Einhaltung dieser Maximaltarife zu wachen."

Hinsichtlich der Geschäftsbehandlung wird beantragt, diesen Antrag unter Anwendung aller in § 42 G. O. vorgesehenen Abkürzungen sofort in Verhandlung zu ziehen.

Černý.	Schrammel.
Rieger.	V. Johanis.
Riese.	Moraczewski.
Kunicki.	Pittoni.
Dötsch.	Withl.
Němec.	Höger.
Pil.	Reitzner.
L. Winarsky.	Tuller.
K. Seitz.	Remes.
Staret.	Muchitsch.
Beer.	Diamand.
W. Bösmüller.	Wutschel.
Hornof.	Widholz.
Jos. Gruber.	J. Huber (Lemberg).
Filipinsky.	Schlossnikel.
Neumann.	Pongratz.
Lukas.	Seliger.
Hackenberg.	Glöckel.
J. Smitka.	Adler.
Weiguny.	Freundlich.
David.	Beutel.
	Palme.

In der Begründung seines Antrages spricht Schrammel einleitend von einer aufkommenden gesamtwirtschaftlichen Depression und den bevorstehenden besonderen Belastungen der arbeitenden Bevölkerung, befördert durch die während einer guten Konjunktur hochgeschnellten Lebensmittelpreise, die nun nicht sink-

---

1) Sten. Prot. d. Abgeordnetenhauses, 563 d. Beilagen, 1907.

In der Begründung seines Antrages spricht Schrammel einleitend von einer aufkommenden gesamtwirtschaftlichen Depression und den bevorstehenden besonderen Belastungen der arbeitenden Bevölkerung, befördert durch die während einer guten Konjunktur hochgeschnellten Lebensmittelpreise, die nun nicht sinken. Diese Krise wird durch die Zollpolitik noch verschärft; die von den Sozialisten verurteilte Politik verteuerte die Zölle für das Getreide seit 1906 um 100 %.
Dafür macht der Redner diejenigen verantwortlich, die sich christlich nennen und erinnert sie - sehr polemisch - an ihre Christenpflicht, indem er den heiligen Blasius: "Wer die Getreidepreise zu erhöhen sucht, der ist verflucht unter seinem Volke!" und den heiligen Abrosius: "Ja, du wagst sogar, deinen boshaften Anschlag (Getreidepreiserhöhung, Anm. d. Verf.) für ein Heilmittel auszugeben! - Wie soll ich das nennen, Wucher oder offenen Raub?"(404) zitiert.
Der Redner wirft den Christlich-Sozialen vor, die "Brotwucherer" mit der Ausrede zu unterstützen, daß der gesamten Landbevölkerung, die sehr darben müsse, damit geholfen werden könne. Auf die Lage der Landbevölkerung geht Schrammel nun genauer ein, stellt fest, daß dieser nur die Politik der Sozialdemokraten helfe, und fordert die christlich-sozialen und deutsch-nationalen Abgeordneten auf, seinem Antrag die Dringlichkeit zuzuerkennen. "Nun besteht aber die größte Zahl der landwirtschaftlichen Bevölkerung aus Kleinbauern, Häuslern, Pächtern und Arbeitern, welche an der Hochschutzzollpolitik gar keinen Nutzen haben.
<u>Wir Sozialdemokraten sind nicht Feinde der agrarischen Bewegung.</u> Wir wollen eine vernünftige Agrarpolitik durchführen, wir sind nicht so dumm, um nicht zu wissen, daß in einem Staate, wenn er auch noch so industriell ist, auch die Landwirtschaft gepflegt werden muß, weil wir doch nicht von Spulen und Schrauben leben können, sondern uns von Fleisch und Getreide ernähren müssen, um uns zu erhalten. Aber wir wollen nicht, daß die erzeugten Lebensmittel so teuer als möglich verkauft werden, sondern wir wollen, daß viel ver-

kauft und so verkauft wird, daß auch die Volksmassen leben können.
Ich meine, daß alles, was wir in unserem Antrage verlangen, auch tatsächlich durchgeführt werden kann. Wir verlangen in unserem Antrage lange nicht das, was wir in unserem Programm haben, dann müßten wir viel weiter gehen. Wir müßten uns vor allem dafür einsetzen, daß die Zölle nicht zur Hälfte, sondern vollständig aufgehoben werden. Wir haben es nicht getan. Wir sind nicht so weit gegangen, um den Herren die Möglichkeit zu geben, für das Mögliche sich einzusetzen und das Mögliche zu beschließen. Wenn Sie nun gute Christen und gute Deutsche sein wollen - und da wende ich mich an die Vertreter des deutschen Bürgertums -, dann sind Sie verpflichtet, für unseren Dringlichkeitsantrag einzutreten .....
Meine Herren! Heute können Sie etwas gutmachen. Sie haben 1905 das Verbrechen begangen, für den hohen Zolltarif zu stimmen. Sie können dieses Verbrechen gutmachen, indem Sie unserem Dringlichkeitsantrage zustimmen."(405)
Um einem eventuellen Widerstand Ungarns, das das größte Interesse am Agrarhochzoll hatte, zuvorzukommen, verlangte Schrammel:
"Meine Herren! Es ist selbstverständlich, daß die Herabsetzung der Zölle auf Getreide und Futter das Einfachste wäre. Sollte es der Regierung aber nicht möglich sein, dies durchzusetzen, dann verlangen wir ein Futterausfuhrverbot, <u>das nicht nur im Interesse der Arbeiter, sondern auch im Interesse der Landwirtschaft gelegen ist, insbesondere der kleinen Landwirte, die sich Futter kaufen müssen</u> .... Es wäre dies nicht nur, wie ich schon gesagt habe, im Interesse der industriellen, arbeitenden Bevölkerung, sondern auch im Interesse der Landwirte gelegen, wenn hier etwas geschähe."(406)

Schrammel ist sehr daran gelegen, auf die Interessenkongruenzen von Arbeitern und Bauern hinzuweisen. Er erwähnt

auch, daß sich nicht alle Bauern dem Lebensmittelwucher angeschlossen haben, aber auch ein Beispiel, wie es solchen Bauern hat ergehen können: "Im September 1904 verkauften die Bauern in der Umgebung von Wien am Simmeringer Markt ein Kilogramm Zwetschken um 8 bis 10 h; die Obsthändler verkauften die gleiche Ware um 20 bis 24 h. Das war natürlich den Obsthändlern unangenehm und als die Bauern am anderen Tag kamen, haben sie sie einfach vom Markte verjagt."(407)
Dieses Beispiel sollte auch die Schädlichkeit des Zwischenhandels zeigen und die Notwendigkeit des Zusammenarbeitens von Konsumenten- und Produzentenorganisationen.

3.3.2. DER DRINGLICHKEITSANTRAG - DAS AGRARPROGRAMM - VON RENNER UND GENOSSEN (408)

Renner erklärt zuerst, warum die Sozialdemokraten einen so umfangreichen Dringlichkeitsantrag, der nicht nur ein Agrarprogramm, sondern ein Wirtschaftsprogramm auf lange Sicht darstellen soll, eingebracht haben: Nämlich deshalb, weil eine neue Regierung, somit auch ein neuer Ackerbauminister, ihre Arbeit antreten.(409) Er versteht seinen Antrag also als Gegenregierungsprogramm.

Zuerst spricht Renner davon, daß er Agrarpolitik in einem politischen Gesamtkonzept und nicht als reine Standespolitik verstehe, was e contrario für jede Art von Wirtschaftspolitik gelten muß. So ist es auch zu verstehen, wenn Renner fortfährt, daß die Sozialdemokratie in erster Linie eine Partei der Arbeiter sei und daß auf Grund der gegenwärtigen Entwicklung die Industriepolitik und nicht die Agrarpolitik zu forcieren wäre. Wegen der eindeutigen Parteipräferenz und der vor sich gehenden Bevölkerungsstrukturverschiebung könne schon gar nicht der Besitzstandpunkt - auch nicht in der Landwirtschaft - das ausschlaggebende Kriterium für eine positive Politik zugunsten einer gewissen Gruppe sein,

sondern nur ökonomische und soziale Notwendigkeiten.(410)
Als es wegen dieser klaren Worte Karl Renners zu Zwischenrufen der Agrarier kommt, antwortet der erstere: Warten Sie nur Herr Kollega, Sie kommen auch daran, dann werden Sie sehen, daß Sie als Landwirt sich deshalb nicht aufhängen brauchen." Nun geht der Redner näher auf die Landwirtschaft ein: "Natürlich bin ich da gezwungen, Ihnen dazulegen, was wir als Sozialdemokraten von der Landwirtschaft halten.
Wir benützen diese Gelegenheit gerne, um Ihnen einmal autoritativ kundzutun, was wir in den Fragen der Landwirtschaft denken, damit Sie nicht mehr gezwungen sind, Ihre Informationen zu beziehen von den Sonntagspredigern in der Kirche, die von der 'Reichspost' informiert sind, Ihre Informationen von Hohenblum zu holen. Daß Sie wissen mögen, was Ihnen frommt, glaube ich, aber daß Sie uns und unser Programm kennen, werden Sie wohl selbst nicht behaupten."(411)
Die Sozialdemokratie tritt für eine vernünftige Landwirtschaftspolitik also aus Gründen der Volksernährung und zum Schutz der Unterprivilegierten in der Landwirtschaft ein. Renner differenziert nun die einzelnen Gruppen der Landwirte und verweist darauf, daß die meisten Industriearbeiter Bauernkinder sind: "Das sind Leute, die so, wie wir alle, so wie die große Mehrzahl der Genossen, Bauernkinder sind und diese Arbeiter in den Fabriken, diese Arbeiter in den Städten wundern sich nur, was denn ihre Väter auf einmal haben, daß sie sich anführen lassen in einem Kreuzzuge, nicht gegen die Großen des Landes und die Großen der Städte, sondern gegen die städtischen Arbeiter? Sie fragen sich: was ist denn in die Gehirne unserer Väter gefahren, daß sie auf einmal die Schutztruppe für das Großkapital, die Schutztruppe für die Reaktionäre und die geduldige Zuhörerschaft eines verrückten Feudalen abgegeben?"(412) Die Sozialisten aber wollen die Landwirtschaftspolitik vom Gesichtspunkt einer preisgünstigen, die Ernährung sichernden Produktion, die andererseits den Erzeugern ausreichende Arbeitslöhne gewährt, im generellen Zusammenhang mit der

gesamten Wirtschaftspolitik aus betrachten.

Die landwirtschaftliche Produktion ist in letzter Zeit, genauso wie die industrielle, eine kapitalistische geworden; sie produziert nicht mehr der Volksernährung wegen, sondern des hohen Profites. Und eines der besten Mittel dazu ist der Schutzzoll. Dieser benachteiligt aber auch die Bauern - besonders die kleinen, weil er ihnen auch nichts einbringt -, da er nicht nur für landwirtschaftliche Produkte gilt, sondern auch für industrielle wie Eisen; der Landwirt braucht aber Eisen. "Sie (die Fraktion der Agrarier im Parlament. Anm. d. Verf.) haben damals für eine ganze Reihe von Industriezöllen gestimmt, die alle durch die Bank heute den Bauern sämtliche Bedarfsartikel verteuern, den Pflug und jede Haue und alle einzelnen Gerätschaften .... Wieso aber haben Sie dafür gestimmt? Aus dem einfachen Grunde, weil das Kapitalmagnatentum auf dem Lande ebenfalls vertreten ist und nicht anders heißt als Großgrundbesitz.
Der Großgrundbesitzer ist aber nicht in erster Linie Landwirt und Ackerbauer, die landwirtschaftliche Arbeit trägt nicht so viel als er benötigt, sondern er ist Bierbrauer, Zuckersieder, Schnapsbrenner. Er besitzt die landwirtschaftlichen Nebenindustrien und so ist denn diese Wirtschaftspolitik in der Weise zustande gekommen, daß sich die Großindustrie in der Stadt und die Großindustrie auf dem Lande vereinigt haben, um die Masse der mittleren Industriellen in der Stadt und die Masse der Landbewohner durch das Zollsystem ins Verderben zu stürzen."(413) Allein die Sozialisten haben sich bisher ständig gegen solche Maßnahmen ausgesprochen, die ja auch mit der so viel gepriesenen freien Konkurrenz nichts zu tun haben, sondern eine Profitsicherung des Kapitals auf Kosten der arbeitenden Bevölkerung bedeuten. In diesen Maßnahmen kann man zweifelsfrei den Übergang von der freien Konkurrenz zum staatsmonopolistischen Kapitalismus erkennen. Nicht die Sozialisten wollen, sondern solche Maßregeln enteignen den Arbeitsbauern:

"Unsere Politik geht also in erster Linie darauf aus, nicht etwa den Bauer von seinem Haus abzustiften, wie man das Ihnen immer vorlügt, sondern ganz im Gegenteil, unsere Politik geht darauf: <u>Grund und Boden in die Hand derjenigen, die ihn bebauen!</u> Grund und Boden aus der Hand derjenigen, die nur müßig daraufsitzen, um die Rente zu beziehen, <u>Grund und Boden in die Hand derjenigen, die den Boden wirklich pflügen wollen, sei es als organisierte Arbeiterschaft, sei es auch nach Umständen als freie und einzeln lebende Bauern.</u>" Die Sozialdemokraten wollen das Eigentum des arbeitenden Bauern durchaus schützen (Bauernschutz!), nur "das Gut der toten Hand und das Gut der müßigen Hand, das imponiert uns gar nicht." Zur toten Hand sagt Renner, daß es, solange es Gläubige gibt, auch Priester geben muß, für die aber auch der Spruch des Evangeliums gelte: "Der Arbeiter ist seines Lohnes wert!", daß es gegen eine noch so gute Bezahlung der Kirchendiener nichts einzuwenden gebe, "aber der Bischof hat kein Recht, auf dem Boden eines ganzen Herzogtums zu sitzen, diesen Boden vorzuenthalten den Bauern, den tausenden und tausenden Bauern, die auf diesem Boden in Glück und Reichtum schaffen könnten."(414)

Zur Sicherung des Bauernstandes, besonders seiner Wirtschaftsfähigkeit, sieht es Renner als vordringlich an, die Grundschul- und Weiterbildung der Bauernkinder zu verbessern. Er stellt dieses Problem mit sehr drastischen, klaren und so manchen schmerzenden Worten dar (415), wie die anschließenden Diskussionen zeigen. Weiters fordert er Arrondierungen, Meliorationen zur produktiveren Nutzung des Bodens sowie ein demokratisches Gemeindewahlrecht, damit die Bauern ihre Forderungen auch durchsetzen können.(416) Voraussetzung, um dies leisten zu können, ist aber eine gediegene Ausbildung. Ebenso wollen die Sozialisten zum Schutz der Bauern und zum Schutz der Ackerflächen den übermäßigen Jagdsport eindämmen sowie den Verkauf von Ackerboden zu Lustbarkeitszwecken an städtische Kapitalisten.(417)

"Diesen historischen Prozeß des Bauern um Wald und Weide (418), diesen Prozeß um die gemeine Mark wollen wir wieder aufnehmen und wir werden dem Ackerbauministerium keine Ruhe geben, bis alle diese Fragen für die Bauern revidiert sind." Die Bauern sollen nicht glauben, der Großgrundbesitz werde ihren Besitz sichern zum Dank für ihre Hilfe gegen die Arbeiterschaft, jene "Großgrundbesitzer, die nichts wollen, als zuerst die Arbeiter niederzukriegen, damit sie später wieder die Bauern niederkriegen?"(419)

Die gemeine Mark (Gemeindeeigentum) ging nach 1848 von den Realgemeinden in die neuentstandenen politischen Gemeinden über, was sicherlich zum Wohle der Bauern gedacht war, allein der Dorfbourgeoisie gelang es, sich diese Güter haupt - sächlich für ihre Nutzung zu sichern, was wiederum Frucht des ungleichen Gemeindewahlrechtes war. Die Sozialisten verlangten die gleichen Nutzungsrechte auch für die Bauern, ebenso eine Korrektur der Servitutenablösung (Patent 1853) zugunsten deer Kleinbauern.(420)

Seine Hilfsmaßnahmen für die Kleinbauern sieht Renner auch zum Nutzen der städtischen Bevölkerung: "Wenn dort auf dem Boden nichts produziert wird und wir hier darben müssen, so haben auch wir Städter, die wir an der Lebensmittelversorgung interessiert sind, Grund genug, den Bauern zu Hilfe zu kommen, damit ihnen diese Bedränger vom Leibe bleiben und das Bauernland gegenüber allen seinen Bedrängern geschützt werde."(421)

Ebenso liegt es auch im Interesse der Bauern, die städtischen Arbeiter in ihren Kämpfen zu unterstützen, wenn erstere wollen, daß ihre Produkte einen guten Preis erzielen. "Dann müssen Sie uns helfen, daß wir diese Preise auch zahlen können, dann müssen Sie den Arbeitern in ihren Lohnkämpfen helfen."(422)

Sehr positiv spricht der Referent zum grundsätzlichen Aufbau des ländlichen Genossenschaftswesens und verlangt gleichzeitig eine rechtliche und steuerliche Gleichstellung der

Konsumvereine. Zur Lebensmittelsicherung und Lebensmittelverbilligung verlangt Renner eine enge Zusammenarbeit zwischen städtischen und ländlichen Genossenschaften.

Sehr kritisch erkennt Renner bereits den aufkommenden Mißbrauch der ländlichen Genossenschaften durch Großbauern und Politiker für ihre Zwecke, der den Selbsthilfegedanken zu vernichten droht: "Das Genossenschaftswesen der landwirtschaftlichen Bevölkerung ist vielfach nicht ein Organ der Selbsthilfe, man hat vielmehr durch irgend welche parteipolitische Manöver die Genossenschaften zu einem Organe der Landeshilfe und der politischen Korruption gemacht."(423)

Der Referent weist abschließend nochmals darauf hin, welche Bauern die Sozialdemokraten zu den ihren zählen: Die selbstarbeitenden Bauern und Pächter!, die auch die Mehrheit der selbständigen Agrarbevölkerung darstellen. "Das ist der Bauer, der uns interessiert und dieser Bauer hat kein Interesse an hohen Zöllen, dieser Bauer hat kein Interesse an der Agrarpolitik des Herrn Fürsten Auersperg oder eines anderen Fürsten oder des Grafen Sternberg, sondern er hat das Interesse eines arbeitenden Menschen und dessen Interessen werden wir wahren wie die eigenen."(424)

Schutz für die arbeitende Bevölkerung, also auch für die Arbeitsbauern, Sicherung der Ernährung zu erschwinglichen Preisen, Verbesserung der Ausbildung in Stadt und Land, Anwendung der Technik durch die Bauern zu ermöglichen, Verbesserung und vernünftige Zusammenlegung zur produktiveren Nutzung des vorhandenen Bodens, demokratisches Mitspracherecht der Bauern in den Gebietskörperschaften, Ausbau und Verbesserung des Genossenschaftswesens, "das, meine Herren, sind die Grundzüge eines Agrarprogramms für die Gegenwart, wie wir es uns vorstellen."(425)

Die Debatten über die zwei besprochenen Dringlichkeitsanträge dauerten - mit Unterbrechungen durch andere Themen -

bis zum 28. November 1907, dann wurde beiden Anträgen die
Dringlichkeit abgesprochen. Es mangelte dabei nicht an Demagogie und Beleidigungen zwischen den Abgeordneten, die Formen
annahmen, die uns unsere heutigen Nationalräte als reine
Vorzugsschüler erscheinen lassen.
Die nachfolgenden Redner der sozialdemokratischen Fraktion
im Reichsrat gingen auf diese Unterstellungen ein, versuchten
sie zu entkräften und die Dringlichkeitsanträge von Schrammel
und Renner mit Argumenten zu unterstützen, wie wir sie bereits
von den beiden Referenten her kennen. Einzeln auf diese
Reden einzugehen, erübrigt sich dadurch und würde nur eine
Variation des bereits Bekannten bedeuten.
Jedenfalls kann man keineswegs behaupten, daß die Beiträge
der Sozialdemokraten im Reichsrat bezüglich der Bauernfragen
von jener doktrinären marxistischen Haltung gekennzeichnet
gewesen wären, die man diesen bis heute nachsagt.

Geschichts-, rechts- und wirtschaftstheoretisch auf konkrete
Maßnahmen eingehend nimmt Renner zehn Jahre später in einer
Schrift zur Landwirtschaft Stellung.(426) Er vertritt dabei
einen sehr an Friedrich Otto Hertz erinnernden Standpunkt,
wenn er sagt, daß es nicht auf den rechtlichen Titel, sondern
auf die materielle Wirksamkeit des Eigentums ankomme (427),
weshalb man dem Kleinlandwirt, da sein Besitz durch Körperschaften, staatliche Anbaupläne (Kriegswirtschaftsbedingt,
aber auch für die Friedenszeit gefordert), Genossenschaften,
Agrarbehörden, Hypothekenanstalten, Bankinstitute usw. de
facto sozialisiert und der Bauer nur mehr Aneigner seines
Arbeitslohnes sei, seinen Besitz ohne weiteres lassen und
schützen könne. "Nichts hindert, diese Arbeitsstellen so
zu belassen wie sie sind, wenn sie sich technisch rechtfertigen. Wenn und wo der Kleinbetrieb vorteilhaft ist, sind
solche Arbeitsstellen, die ich zur Unterscheidung Hofstellen
nennen möchte, zu erhalten oder zu schaffen und zu verleihen.
Der Landwirt, der sie heute kraft Eigentums besitzt, würde
sie morgen kraft staatlicher Verleihung innehaben, ob und

wann der Erbe ein Vorrecht auf die Verleihung haben soll, ist eine rein praktische Frage. In diesen Fällen ist die Expropriation nicht Depossedierung - eine sehr geläufige Verwechslung -, sondern bloße Änderung des Besitztitels, nicht materieller, sondern bloß rechtlicher Vorgang!"(428) Anders beim Großgrundbesitz, in welchem Falle Pächter oder Gutsbeamte mit dem ehemaligen Eigentum abzulösender Grundrentenbezieher staatlich zu beleihen wären, wodurch die volkswirtschaftlich schädliche Grundrente aufgehoben wäre. "Nicht um die Expropriation des Sachgutes handelt es sich, im Gegenteil um eine zweckmäßige und dauernde rechtliche Verbindung des Arbeitenden mit dem Arbeitsmittel, also um die Appropriation an die Arbeitsstelle. Expropriation heißt die Wegnahme der spezifischen Funktion des Eigentums, Mehrwert anzueignen, Rente, Zins und Gewinn. Die ökonomische Entwicklung löst, wie wir sehen, diese Funktionen los: sie läßt dem Kleingrundbesitzer meist bloß den Arbeitslohn und überträgt Rente, Zins und Gewinn auf Hypothekenbanken, Kreditgenossenschaften und Fiskus: Hier vollendet die Verstaatlichung dieser Anstalten die ökonomische Expropriation. Beim Großgrundbesitz zieht sich der Eigentümer selbst auf die Grundrente zurück und überläßt das Sachgut und seine Bewirtschaftung praktisch dem Gutsbeamten und Gutspächter. Hält sich der Staat an die letzteren und löst den Rentner ab, so vollzieht er bloß die ökonomische Entwicklung."(429)

Renner tritt für eine sinnvolle Anpassung der marxschen Lehre an die jeweiligen realen Gegebenheiten ein und sagt dazu: "Wer solch wechselvollen Erscheinungen gegenüber operiert mit dem absoluten Begriff des Klassengegensatzes an sich, verkümmert die lebensvolle Bibel des Marxschen Systems wirklich auf ein paar tote Katechismussätze, er versimpelt sie, wenn auch zuweilen in geistreicher Weise, und macht sie praktisch wertlos." Der Autor bringt nun seine vorhin bereits besprochenen Ansichten über die Eigentumswirkungen an Grund und Boden und kommt zum Schluß: "Daraus aber folgt, daß die Behandlung des Grundeigentums in der Parteiliteratur einseitig und falsch ist."(430) Freilich ist auch diese Konklusion zu apodiktisch und ist daher auf die Doktrinäre in der Partei einzuengen.

So recht Renner einerseits mit seiner Warnung vor einem unflexiblen und unreflektierten Dogmatismus hat, so mißt er andererseits, und da steht er auch im Gegensatz zu Otto Bauer (431), den legistischen Möglichkeiten des Staates zu große Bedeutung zu: "Es liegt dabei durchaus auf der Hand, daß alle Mittel zu diesem Ziele neue Rechtsschöpfung sind und nichts anderes, daß sie nur ergriffen werden können im Wege der Gesetzgebung, durchgeführt vermöge der Autorität des Gesetzes durch eine folgerichtige langjährige Agrarkulturverwaltung. Auch hier ist der Staat der archimedische Punkt unseres Wirkens!"(432)

3.4. ZUSAMMENFASSUNG

Die Überlegungen und Handlungen der Sozialdemokraten waren ganz sicher durch das sich entwickelnde demokratische Wahlrecht entscheidend mitgeprägt, durch die daraus erfließende Notwendigkeit, breiteste Bevölkerungsschichten anzusprechen. Daher mußte eben eine Möglichkeit gefunden werden, mit Kleinbesitzern - Kleinbauern, Handwerkern, Freiberuflern etc. - ins Gespräch zu kommen, um von diesen Gruppen Unterstützung für eine starke parlamentarische Fraktion zu bekommen. Dazu war es nötig, denselben eine politische Heimat - ideologisch gesehen - anzubieten.
Doch wäre es sicher verkürzt und würde den Sozialdemokraten keinesfalls gerecht, wollte man ihre Handlungen in der Bauernfrage auf plumpe Stimmenfängerei reduzieren. Wie die vielen Parteitagsreden, Parlamentsanträge und das Schrifttum zeigen, setzte sich innerhalb der Partei sehr früh die Einsicht durch, daß mit den Landarbeitern, Häuslern und Klein-

bauern ein Elendspotential vorhanden war, das teilweise noch ärmer daran war als das industrielle Proletariat, vom Großgrundbesitz noch härter ausgebeutet als letztere von den industriellen Kapitalherren. Sich solcher Menschen anzunehmen, bedeutet eine Verpflichtung für jeden Sozialisten.

Da die Sozialdemokratie als Partei in ihrer ökonomischen Position sich einem wissenschaftlichen Programm verpflichtet fühlt, war allerdings die Frage schwierig, wie der Kleinbauernschutz mit diesem Programm, das von der notwendigen Konzentration aller Wirtschaftsbereiche im Kapitalismus ausgeht, zu vereinen sei.
Schon Karl Kautsky hat in seinem Buch die Notwendigkeit der Existenz des Kleinbetriebes für den Großbetrieb unter kapitalistischen Verhältnissen festgestellt, allerdings mit anderen Konsequenzen als Bauernschutz zu betreiben.(433) Wenn auch noch die theoretische Artikulationsmöglichkeit fehlte, so zumindest ahnten die meisten österreichischen Sozialisten - Friedrich Otto Hertz und später Otto Bauer haben es auch formuliert (434) -, daß die ökonomische Entwicklung in der Landwirtschaft anderen Gesetzen folgt als in der Industrie, nämlich daß der Großbetrieb ab einer gewissen Grenze wegen zu weiter Anfahrtswege, extensiverer Bewirtschaftung und zu unübersichtlicher Betriebsführung an Rentabilität einbüßt.
Eine einheitliche theoretische Grundlage zu diesem Problem setzte sich in der Monarchie nicht mehr durch, weswegen die Schritte zum Bauernschutz etwas unsicher wirkten; dennoch hinterließen sie kräftige Spuren.

Diese Überlegungen: Wahltechnik, schutzwürdige, verarmte Bevölkerungsschicht, Notwendigkeit des Kleinbetriebs für die Ernährungssicherung in der damaligen Lage und die Überzeugung der Klassenidentität der selbstarbeitenden Bauern mit den Arbeitern, bestimmten die Sozialdemokraten, aktiv zumindest für die Kleinbauern einzutreten, was sich auf vielen Parteitagen und letztlich in einem parlamentarischen Dringlichkeitsantrag, den die Antragsteller als sozialdemokratisches Agrarprogramm verstanden, aber auch in der Literatur niederschlug. Gleichzeitig forderten die österreichischen Sozialisten viele Reformen für den Bauernstand, vor allem was verbesserte Aus- und Weiterbildung, Technisierung der Landwirtschaft, Verwendung künstlicher Düngemittel, Meliorationen, Grundstückszusammenlegungen, Aktivierung der Gemeindegründe zur gemeinsamen Nutzung, Demokratisierung der Gemeindeverwaltung, paritätisch zusammengesetzte Veterinärkommissionen, genossenschaftliche Organisationen - auch diesbezüglich kam es zu einem geradezu revolutionären Umdenkungsprozeß während der Monarchie -, die gemeinsam von Produzenten und Konsumenten zur Ausschaltung des Zwischenhandels betrieben werden sollten, Einschränkung der Jagdgebiete, Demokratisierung des Jagdrechtes, Forstgesetzgebung u.a.m. betrifft.

War auch die theoretische Position hinsichtlich der Bauernfrage noch nicht einheitlich abgesichert - es war natürlich eine Grundposition der Sozialisten, für Unterdrückte und Ausgebeutete einzutreten, was die Kleinbauern in ihrer Masse zweifellos waren -, so vollzog sich in der Praxis schon damals eine Öffnung der Sozialdemokratie hin zum Landvolk, bei welchem die Rezeptionswilligkeit, und auch das ist bis heute so geblieben, eine nicht immer sehr starke war.

Jedenfalls läßt sich aus dem Dargestellten eindeutig eine große Flexibilität der Sozialdemokratie in der Bauernfrage feststellen, womit uns der Vorwurf einer marxistisch doktrinären, auf der Konzentrationstheorie basierenden Haltung der österreichischen Sozialdemokratie gegenüber den Bauern bis zum Ende des Ersten Weltkrieges eindeutig widerlegt erscheint.

4.   ZUM VERGLEICH: GRUNDZÜGE SOZIALDEMOKRATISCHER AGRARPOLITIK NACH DEM ERSTEN WELTKRIEG

Hatten vor 1919 die oben beschriebenen Notwendigkeiten und Grundstimmungen sowie Überzeugungen die Sozialdemokraten bestimmt, sich intensiv auch mit der Bauernpolitk zu befassen, so kamen nach dem Ersten Weltkriege noch drei weitere ausschlaggebende Momente hinzu:

1. Sowohl in der provisorischen wie in der konstituierenden Nationalversammlung waren die Sozialdemokraten eine bestimmende Kraft, demgemäß auch im Exekutivorgan, dem Staatsrat,

2. Die Versorgungslage mit Nahrungsmitteln war - kriegsbedingt - geradezu katastrophal-, es konnte durch Eigenproduktion kaum die Hälfte des Inlandsbedarfes gedeckt werden, was den Schwarzhandel förderte und Requisitionsmaßnahmen erforderlich machte, und die Sozialdemokratie war dafür im sich aus Punkt 1. ergebenden Verhältnis verantwortlich, und

3. die Kriegsheimkehrer mußten versorgt und wieder in die Gesellschaft eingegliedert werden, womit hierfür Punkt 2. letzter Satz, analog zutrifft.

Milchlieferung nach Wien: (1)

	1914	1919
	307.000 t	26.500 t

Viehbestand in Österreich: (1)

	1910	1918
Rinder	2,218.763	1,832.029
Pferde	298.025	218.375
Schweine	1,840.338	1,264.010

Ertragsrückgang bei Getreide 1913 - 1918 in Oberösterreich zwischen 40 % und 50 %.(1)

Mandatsverteilung bei den Nationalratswahlen in der 1. Republik:(2)

	1919	1920	1923	1927	1930
Soz. Dem.	72	69	68	71	72
Christl.Soz.	69	85	82	73	66
Großdt.	26	28	10	12	10
Sonstige	3	1	-	9	17

Die provisorische Regierung vom 30.10.1918 unter Staatskanzler Renner bestand aus 3 Sozialdemokraten, 5 Christl.-Soz., 4 Deutschen und 2 Parteilosen.(3)

Wir wollen uns, nachdem wir auf die grundlegenden Schwierigkeiten verwiesen haben, ein näheres Eingehen auf die österreichische Geschichte der ersten Republik im allgemeinen und auf die Wirtschafts- und Sozialgeschichte im besonderen ersparen, da dies erstens nicht Thema dieser Arbeit ist und es sich zweitens um eine wissenschaftlich gut aufgearbeitete Periode handelt.(4) Wir wollen lediglich einige grundsätzliche Merkmal der sozialdemokratischen Agrarpolitik nach dem Ersten Weltkriege aufzeigen, um mit dieser Vergleichsmöglichkeit eventuelle Unterschiede zu der früheren Politik der Sozialdemokraten auf diesem Gebiete darzutun und um den Beweis fortzusetzen, daß die Grundlegungen zu dieser Politik bereits in der Monarchie gebaut wurden.

4.1. SOZIALDEMOKRATISCHE AKTIVITÄTEN IN DER AGRARPOLITIK

Zweifellos unter starker Mitwirkung der Sozialdemokraten kamen das Grundverkehrsgesetz (5), das Wiederbesiedelungsgesetz (6) und die Pächterschutzverordnung (7) sowie in

den Bundesländern Alpenschutzgesetze (8) zustande. Bei diesen Bestimmungen handelt es sich allerdings um Kompromisse, wie sie in einer Koalitionszeit üblich sind, und nicht um die Verwirklichung von rein sozialdemokratischen Forderungen. Das Grundverkehrsgesetz - vorher war bereits eine ähnliche Regelung als Verordnung in Kraft - sollte den Transfer mit landwirtschaftlichen Gütern einer Kontrolle unterwerfen, um Kulturschäden verhindern zu können. Seine Wirkung wird zumindest von konservativer Seite als erfolgreich angesehen. (9)
Das Wiederbesiedelungsgesetz hatte den Zweck, den Bodenreformdrang der ärmeren Landbevölkerung - zu einer großzügigen Bodenreform bekannten sich auch die Christlich-Sozialen in ihrem Aktionsprogramm von 1919 (10) - zu kanalisieren.
Der Inhalt des Gesetzes war, Bauerngüter und Häusleranwesen, die nach dem 1.1.1870 gelegt worden waren, vom Großgrundbesitz abzutrennen und wieder als Bauernstellen zu installieren. Dieses Gesetz hatte nur geringen Erfolg, "bis Ende 1927 wurden 488 neue Anwesen mit 9921 ha geschaffen, in 1931 Fällen wurden Grundstückteile im Gesamtumfang von 12.992 ha zugewiesen."(11)
Albert Schäfer (=Adolf Schärf) erklärt diesen Mißerfolg folgendermaßen: "Woraus ist dieser Mißerfolg erklärlich? Die Bauernbündler, die ihre christlich-sozialen Kollegen gut kennen, plaudern es aus." Großgrundbesitzer riefen zur Gründung eines Schutzverbandes auf. In der Gründungswerbung kamen folgende Stellen vor: "Das Gesetz über die Errichtung von Volkspflegestätten, das Wiederbesiedelungsgesetz, das Gesetz zum Schutze der Pächter und die zu diesen Gesetzen erflossenen Vollzugsanweisungen richten ihre scharfe Spitze gegen wohlerworbene Rechte, gegen rechtmäßige Verträge, gegen Einrichtungen, welche zu allen Zeiten unter gesitteten Völkern für unantastbar gegolten haben.
Was die moderne Gesetzgebung insbesondere gegen den Großgrundbesitz beherrscht, ist, wenn es offen ausgesprochen werden soll, eine kommunistische Idee, welche im Wiederbe-

siedelungsgesetz kaum mehr verhüllt auftritt."
Die Gründungswerber fordern nun die Grundbesitzer auf, sich gegen diese Bestimmungen zusammengeschlossen zur Wehr zu setzen. Schärf nennt dann die Unterzeichner dieses Aufrufes - es sind weltliche und geistliche Würdenträger - und weist weiters darauf hin, daß die für die Wiederbesiedelung zuständigen Agrarbehörden die Exekutierung derselben zu verzögern oder zu vereiteln versuchten.(12)

Ebenfalls sehr retardierend wurde die Pächterschutzverordnung gehandhabt. Zu einem Gesetz über den Pächterschutz kam es nicht einmal, weil der diesbezügliche sozialdemokratische Antrag abgelehnt wurde. Die Verordnung hatte die Aufgabe, die Pächter vor der schrankenlosen Ausbeutung durch die Grundherren zu bewahren.(13)

Waren diese Maßnahmen auch nicht von optimalen Erfolgen begleitet, zumindest im sozialistischen Sinne, so ersieht man aus ihnen doch die großen sozialdemokratischen Bemühungen um einen wirkungsvollen und gerechten Bauernschutz. Die Schutzwürdigkeit der selbstarbeitenden Bauern stand außer Diskussion, nicht jedoch, welche Schutzmaßnahmen die besten seien (14) und welche ökonomisch notwendige Entwicklung der Landwirtschaft vorgezeichnet sei.

Die sozialistische Literatur befaßte sich in der Folge auch sehr rege; besonders Adolf Schärf, Karl Renner, Walter Schiff und Otto Bauer.(15) Die Reihe "Agrarsozialistische Bücherei" wurde gegründet (16) und allein im Jahrgang 1925 der sozialdemokratischen Monatsschrift "Der Kampf" erschienen zu dieser Frage fünf Beiträge.(17)
Es hieße die vorliegende Arbeit überfordern, auf das gesamte Schrifttum genauer einzugehen, außerdem sind die meisten Erkenntnisse aus dem vorigen Kapitel bekannt.(18) Wirklich neue Ergebnisse finden sich in Otto Bauers Analysen (19) und bei Walter Schiff. Letzterer beschäftigt sich meist

im technisch-juridisch pragmatischen Sinn mit den möglichen landwirtschaftlichen Produktionssteigerungen; politisch interessant ist seine Darstellung und Begründung der Notwendigkeit von Zwangsmaßnahmen in der Landwirtschaft:
Als direkte Mittel der landwirtschaftlichen Produktionspolitik stehen zur Verfügung:

1. Der absolute Zwang. Dieser ist dann anzuwenden, "wenn der Staat selbst die wünschenswerten Veränderungen, zum Beispiel Zusammenlegungen, vornimmt, ohne auf den Willen der Beteiligten Rücksicht zu nehmen; ferner, wenn er den Landwirten ein bestimmtes Verhalten - Handeln oder Unterlassen - vorschreibt und dieses Verhalten erzwingt. Solche Gebote und Verbote können wieder entweder allgemeinen Charakter haben, wie die gesetzliche Verpflichtung der Vertilgung von schädlichen Insekten oder das gesetzliche Verbot der Waldverwüstung; oder sie werden von der Behörde nur für einzelne Fälle erlassen, wie die Festsetzung eines Bewirtschaftungsplanes für bestimmte Forste von öffentlicher Wichtigkeit.

2. Eine zweite Gruppe sind Mittel ohne Zwang, wenn sich der Staat damit begnügt, "psychologisch auf den Willen und das Handeln der wirtschaftenden Personen einzuwirken." Das sind angebotene Maßnahmen zur Erhöhung des Bildungsniveaus, zur Nutzung des technischen Fortschritts durch Werbung dafür (Ausstellungen, Musterwirtschaften), zur Motivierung von Höchstleistungen durch Prämien etc. und durch Förderung des Genossenschaftswesens oder die Errichtung von Samenbanken.

3. "Zwischen diesen beiden Arten von produktionspolitischen Mitteln - mit oder ohne Zwang - steht eine dritte Gruppe von Maßregeln, die gleichsam eine Verbindung von Freiwilligkeit und Zwang darstellen, indem sie zwar auch gegen den Willen einzelner durchgeführt werden können, aber nur dann, wenn ein Teil der beteiligten Personen die

Maßregeln wünscht. Man kann da, im Gegensatz zu den erst-
erwähnten Fällen des absoluten Zwanges, von einem relativen Zwang sprechen."(20)

Die Wichtigkeit solcher Zwangsmaßnahmen und das Recht ,
sie anwenden zu dürfen - viele davon wurden bereits damals
und werden auch heute angewendet -, ergibt sich aus der
volkswirtschaftlichen Besonderheit der Landwirtschaft, absolut lebensnotwendige Güter, aber unter produktionstechnischer
und motivationspsychologischer Verschiedenheit von der Indu-
strieproduktion, herstellen zu müssen. Diese Besonderheiten
sind vor allem:
1. Die natürliche Beschränktheit des Bodens, die zur rationellsten Bewirtschaftung desselben zwingt,

2. das zum volkswirtschaftlichen Interesse nicht immer kon-
 gruente betriebswirtschaftliche Interesse vieler Bauern,
 die ihre Betriebe im Gegensatz zur Industrie auch dann
 noch halten können, wenn nur der Produzent noch seine
 Arbeitskraft zu reproduzieren vermag; der industrielle
 Konkurrenzdruck in diesem Bereich also relativiert ist und

3. das Rentabilitätsprinzip sich wegen der zu geringen Ausbildung und der zu großen Traditionsverhaftetheit der
 Landwirte, aber vielfach auch aus Lagegründen nicht immer
 durchzusetzen vermag,

4. dadurch eine große Auslandsabhängigkeit bei lebensnotwendigen Gütern entstehen könnte und weil,

5. wenn auch nur einige Bauern den volkswirtschaftlichen
 Erfordernissen nicht Rechnung tragen, das auf Grund der
 großen gegenseitigen Abhängigkeit (besonders im Gemenge-
 gelage) zum Nachteil für viele und somit für die gesamte
 Volkswirtschaft wird.(21)

"Das Zusammenwirken all dieser Momente bewirkt, daß man in der Landwirtschaft die wirtschaftliche Freiheit des einzelnen weniger unbeschränkt walten lassen kann als in anderen Produktionszweigen. Daraus entspringt das Streben, zwingende Vorschriften zu erlassen, die eine dem volkswirtschaftlichen Interesse entsprechende Produktion sichern sollen."(22)
Absurderweise hat die Rezeption der kapitalistischen Betriebsweise durch die Landwirtschaft das so heftig und scheinbar aussichtslos bekämpfte Problem der Unterversorgung in sein Gegenteil verkehrt; heute entsteht volkswirtschaftlicher Schaden nicht durch zu wenig rationelle Ausnutzung des Bodens, sondern durch das Gegenteil, und die Industriestaaten sehen sich gezwungen, die landwirtschaftliche Produktion in vielen Fällen zu drosseln oder umzulenken, (23) andererseits aber auch die Landschaftspflege durch die Bauern sicherzustellen, was heißt, einen Abbau von zu vielen Bauernwirtschaften zu verhindern. Ein kaum zu lösender Gegensatz.

Ebenso angestrengt wie in der Literatur befaßten sich die Sozialdemokraten auf ihren Parteitagen mit dem Bauernproblem, und auch der Ruf nach einem eigenen Agrarprogramm wurde wieder laut: "Ich weiß, ein solcher Antrag findet immer sein Bravo, aber ich bin in diesem Punkte etwas skeptisch. Erinnern Sie sich doch daran, wie es vor dem Kriege war. Damals haben wir in der agrarischen Bevölkerung keinen Anhang und auch sehr wenig Erfolge gehabt, aber Diskussionen über Agrarprogramme hatten wir sehr viel. Man war damals versucht, unsere Stellung zu den landwirtschaftlichen Problemen gleichsam deduktiv aus unseren Grundsätzen heraus abzuleiten, und der Erfolg sind in Deutschland wie in Österreich Parteitagsdiskussionen gewesen, die nicht immer nützlich waren. Nach dem Umsturz sind wir einen anderen Weg gegangen. Da ist das Landvolk erwacht. Wir sind auf das Land gegangen, und unsere Genossen haben draußen gehört, was das arbeitende Landvolk braucht, was es verlangt und von der neuen Zeit

fordert. Indem wir uns zum Anwalt der Forderungen und Wünsche des Landvolkes gemacht haben, hat der Kampf für die Interessen des Landvolkes praktisch begonnen." Die Partei gehe nun nicht mehr deduktiv, sondern induktiv vor.(24)
Daß diese von Otto Bauer so hervorgestrichene induktive Methode auch keine Erkenntnis der Nachkriegszeit war, beweisen die Parteitagsdiskussionen seit 1897, besonders aber jene vom Grazer Parteitag 1900.(25)
Der Referent fordert die Genossen auf, im Parlament, in den Landtagen und in der Agitationstätigkeit tüchtig weiterzuarbeiten, die Forderung nach einem Agrarprogramm aber zur Prüfung dem Parteivorstand zuzuweisen.(26)
An anderer Stelle spricht aber dann Otto Bauer den Vertretungsanspruch der Sozialdemokratie für die Kleinbauern, und daß dies nicht im Widerspruch zum Parteiprogramm stehe, ganz klar aus, fordert dieses Privileg aber auch für die Kleingewerbetreibenden in der Stadt.(27)

Ein Jahr später wurde am 2. November 1924 vom Parteitag in Salzburg folgendes beschlossen: "Der Parteivorstand wird beauftragt, eine agrarpolitische Kommission einzusetzen, die die einzelnen Probleme sozialdemokratischer Agrarpolitik zu untersuchen, die sozialdemokratische Agrarpolitik durch literarische Publikationen zu fördern und ein sozialdemokratisches Agrarprogramm vorzubereiten hat."(28)
Auf Grund dieses Antrages kam es am Parteitag 1925 (29) zum Beschluß des "Sozialdemokratischen Agrarprogramms 1925", das hauptsächlich auf einer Studie Otto Bauers beruht, auf die wir etwas näher eingehen wollen.

4.2.   EXKURS: DER KAMPF UM WALD UND WEIDE

Der Wiener Professor für Bodenkultur Dr. Wilhelm Neubauer spricht von einem nicht genug hochzuschätzenden Verdienst Otto Bauers, eine lückenlose Darstellung des Entstehens unserer ländlichen Grundbsitzverhältnisse gegeben zu haben. "Der Darstellung des historischen Verlaufes der Entwicklung der Agrarverhältnisse unseres Landes ist der größte Teil des Buches Otto Bauers gewidmet. Das Schwergewicht seiner Ausführungen liegt aber zweifellos in den drei letzten Kapiteln, in denen die Richtlinien für eine zielbewußte, auf eine Umgestaltung der heutigen Grundbesitzverhältnisse im sozialistischen Sinne gerichtete Politik festgelegt werden." (30) Diese drei letzten Kapitel wollen wir im folgenden näher betrachten.

4.2.1. DIE FORSTWIRTSCHAFT

Aus ökonomischer Sicht sah Otto Bauer für seine Zeit nur die Verstaatlichung der kapitalistischen Forstwirtschaft und die Vergenossenschaftung des Bauernwaldes für zwingend an.
Die kapitalistisch betriebene Forstwirtschaft würde zum Untergang unserer Wälder führen, der kleine Bauernwald keine rationelle Bearbeitung zulassen.

Für den Kapitalisten ist der Wald nur Kapitalanlage, die ihm mindestens den gesellschaftlichen Durchschnittsprofit bringen muß. In der Regel ist es aber so, daß das Geldkapital, das er für Holz bekommen kann, "ihm gegen Zins angelegt oder in anderen Produktionszweigen verwertet, höheren Ertrag abwerfen würde, als es, zu nachhaltiger Bewirtschaftung des Waldes verwertet, abwerfen kann. Er würde die kahlgeschlagenen Flächen nicht aufforsten, weil ja das Kapital, das heute zur Aufforstung verwendet wird, erst in achtzig oder hundert Jahren Profit abwerfen kann."(31) Die Hauzeiten der Wälder würden also in dem Maße verkürzt, in dem der Zinsfuß oder die Ertragsfähigkeit anderer Produktionszweige steigen, gleichzeitig würde keine Aufforstung in gleichstarkem Maße betreiben, weil das Kapital nicht produktiv genug fungiert, andererseits die Aufforstung aus naturgegebenen Wachstumsgründen nicht mit der Schlägerung schritthalten könne, was zu einer Verödung der Waldflächen mit allen ihren bekannten Schäden für die Natur (man bedenke die heutigen Umweltschutzdebatten) führte.(32) Um diesem Raubbau zu entgehen, muß der private und kirchliche Forstbesitz sozialisiert werden, was dessen Verstaatlichung voraussetzt. Allein diese Maßnahme gewährt, daß die Forste zum Wohle aller, nicht zu dem einzelner, was hier notwendigerweise den Schaden aller nach sich ziehen müßte, genutzt werden.

Anders steht die Sache mit dem Bauernwald, der kaum vor kapitalistischen Wirtschaftsmethoden beeinflußt ist, sondern den Bauern als Zubehör ihrer Acker- und Viehwirtschaft dient. "Weide- und Streunutzung, dem forstlichen Großbetrieb nur lästige 'Nebennutzungen', sind ihm oft die eigentümlichen Hauptnutzungen." (33) Ebensowichtig für die Bauern - heutzutage noch wichtiger - ist die Schlägerung für eigene Brennzwecke.
Einer guten Bewirtschaftung des Bauernwaldes stehen wirtschaftliche Momente, die in der Lage der Bauern begründet sind, und die Schranken, die in der Größe des bäuerlichen Besitzes ihre Ursachen haben, entgegen.
Einerseits schlägert der Bauer, wenn er gerade Geld braucht, und läßt dann unkontrolliert nachwachsen, andererseits können in einem kleinen Wald nicht die technischen Errungenschaften zur Anwendung kommen. Es fehlt dem Bauern teils an Kenntnissen, teils an nötigen Mitteln für Erneuerungen (Wegbauten, Bringungs- und Entwässerungsanlagen). Drittens werden die angrenzenden Besitzungen bei der Fällung, Aufbereitung und Abfuhr von Holz und bei der Benutzung des Waldes als Weide beschädigt. Weiters werden die Waldbestände und Äcker der Nachbarn dem Wind und dadurch der Schädigung ausgesetzt, wenn ein Bauer zuviel holzt. "So schließt der bäuerliche Kleinbetrieb in der Forstwirtschaft einen geordneten forstlichen Betrieb aus. Nur durch Vereinigung der bäuerlichen

Waldeigentümer in Zwangsgenossenschaften kann eine geordnete Betriebsführung ermöglicht werden ....
So drängt die Entwicklung einerseits nach der Sozialisierung des großen Forstbestandes, anderseits nach der Vergenossenschaftlichung des bäuerlichen Waldbesitzes."(34)

4.2.2. DIE BÄUERLICHE LANDWIRTSCHAFT

Bezüglich der kapitalistischen Landwirtschaft und des landwirtschaftlichen Großbetriebes stellte sich Dr. Otto Bauer vollinhaltlich auf die von Marx entwickelten ökonomischen Theorien, jedoch nicht auf die Konklusion der notwendigen Verdrängung des Kleinbetriebs; also er zieht denselben Schluß wie Kautsky: Das liberale Dogma, daß bei freier Konkurrenz der Boden auf jeden Fall in die Hände des "besten Wirtes" übergehe, hat sich nicht bestätigt, daher kann auch die Folgerung, daß der dadurch konzentrierte Besitz nur mehr sozialisiert zu werden brauche, nicht mehr für die Landwirtschaft gültig sein. Die Gründe für den Fortbestand des bäuerlichen Kleinbetriebs sieht Bauer in der Überarbeitung und Unterkonsumption in demselben, was er als Selbständigkeitsprämie bezeichnete. Doch wie kommt Dr. Bauer zu diesem Schluß? Er findet die Erklärung in der Verschiedenheit der Motive der Bildung des Bodenpreises.

4.2.2.1. DIE GRUNDRENTE IN DER BÄUERLICHEN LANDWIRTSCHAFT (35)

Grundsätzlich geht auch Otto Bauer von der technischen Überlegenheit des Großbesitzes aus, jedoch von verschiedenen Motiven der Pachtung oder des Kaufs von Grund und Boden:
1. Der Geldkapitalist kauft Grund, um Grundrente zu kassieren: er wird nur bereit sein, die kapitalisierte Grundrente ($\frac{\text{Grundrente} \times 100}{\text{Zinsfuß}}$) zu zahlen.

2. Pachtet der Geldkapitalist den Boden, dann um den gesellschaftlichen Durchschnittsprofit zu erlangen: er wird also soviel an Pacht zu zahlen bereit sein, daß er bei einer durchschnittlichen Ernte mindestens dieselbe Verzinsung seines angelegten Kapitals erreicht, als wenn er dieses anderweitig verwerten würde.

3. Anders der Bauer: er pachtet oder kauft Grund und Boden nicht als Kapitalsanlage, sondern als Arbeitsstelle, und wird daher soviel für Pachtung oder Kauf zu zahlen bereit sein, daß für ihn und seine Familie noch der durchschnittliche Arbeitslohn herausschaut, den dieser als Lohnarbeiter bei gleicher Arbeitsanstrengung auch verdienen würde. Er geht teilweise auch noch unter diesen Arbeitslohn, um nicht als Lohnarbeiter der Arbeitslosigkeit und der unsicheren Altersversorgung - letzteres ist heute in Österreich Gott sei Dank nicht mehr möglich - ausgesetzt zu sein: er ist also bereit, soviel zu zahlen, daß ihm nicht mehr der durchschnittliche Arbeitslohn bleibt. Dr. Bauer nennt diese Überzahlung "die Selbständigkeitsprämie".

Unter diesen Umständen müßte der gesamte Grundbesitz, der verkauft wird, in die Hände von bäuerlichen Käufern übergehen, da diese mehr zu zahlen bereit sind. Die Realität aber ist eine andere. Der Grund dafür ist die technische Überlegenheit des Großbetriebs.

Geht man davon aus, daß ein Kapitalist und ein Bauer Boden pachten wollen und ihn der bekommt, der mehr dafür bezahlt, dann ergibt sich nach Otto Bauer folgendes Gesetz: "Ist der Großbetrieb dem Kleinbetrieb technisch überlegen, so ist der normale Pachtzins des Großpächters um die 'Produktivitätsdifferenz' höher als der normale Pachtzins des Kleinpächters. Tatsächlich aber bietet der Kleinpächter um die 'Selbständigkeitsprämie' mehr als den normalen Pachtzins. Daraus folgt:

Ist die 'Produktivitätsdifferenz' größer als die 'Selbständigkeitsprämie', die die Kleinpächter zu zahlen bereit sind, dann bietet der Großpächter höheren Pachtzins als der Kleinpächter, der Großpächter überbietet also den Kleinpächter, der Boden geht in die Hand des Großpächters über.
Ist dagegen die 'Produktivitätsdifferenz' kleiner als die 'Selbständigkeitsprämie', dann bietet der Kleinpächter höheren Pachtzins als der Großpächter, der Boden geht daher in die Hände der Kleinpächter über."(36)

Derselbe Mechanismus tritt beim Bodenkauf ein: In diesem Fall unterscheidet sich der kapitalistische Ertragswert vom bäuerlichen Ertragswert, die Differenz zwischen beiden ist beim Grundkauf die "kapitalisierte Produktivitätsdifferenz."
Die Differenz zwischen dem bäuerlichen Ertragswert und dem tatsächlichen vom Bauern bezahlten Preis ist die "kapitalisierte Selbständigkeitsprämie."
"Ist die Produktivitätsdifferenz größer als die Selbständigkeitsprämie, dann bieten Großgrundbesitzer und Kapitalisten für den Boden höheren Preis als die Kleinbauern. In diesem Fall klagen die Bauern, daß der Verkehrswert des Bodens über seinem Ertragswert stehe; in Wirklichkeit steht er über dem bäuerlichen Ertragwert, nicht über dem kapitalistischen. Da die Kapitalisten und Großgrundbesitzer in diesem Falle für den Boden höheren Preis bieten, so gehen die feilgebotenen Parzellen in ihr Eigentum über; der Großbesitz und Großbetrieb gewinnen Boden auf Kosten der Bauernschaft." (37)
Ist die "Selbständigkeitsprämie" aber höher als die "Produktivitätsdifferenz", tritt der umgekehrte Fall ein.

Wie gezeigt wurde, kommt es auf die Höhe der technischen Überlegenheit des Großbetriebs über den Kleinbetrieb an, in welche Hand feilgebotener Grund und Boden kommt. Der handwerkliche Betrieb - außer in unindustrialisiertem Gebiet -

wird immer vom technisch überlegenen Großbetrieb verdrängt
- es sei, er erzeugt, was auch für die Landwirtschaft gilt,
Spezialprodukte, die im großen nur schwer zu fertigen sind
(z.B. Bandagist). Warum setzt sich dieses Gesetz in seiner
letzten Konsequenz in der Landwirtschaft nicht durch? Das
kommt daher, weil das Arbeitsmittel Boden nicht beliebig
vermehrbar ist; die Großen müßten zuerst die Kleinen aufkaufen, die sich aber mit Überarbeit und Unterkonsumption dagegen wehren.
Hingegen kann der Industriebetrieb seine Produktionsmittel,
daher auch seine Produktivkräfte, beliebig vermehren, ohne
dem Handwerker um die Ecke vorher seinen Betrieb abzukaufen.

4.2.3. DIE POLITISCHE POSITION DER SOZIALDEMOKRATEN

Aus den vorher entwickelten Gesetzen leitete Dr. Bauer die
politischen Konsequenzen für die Sozialdemokratie ab.

In den früheren Agrardebatten wurde immer nur die Frage
aufgeworfen: In welcher Richtung - Großbetrieb oder Kleinbetrieb - entwickelt sich die Landwirtschaft? Die neue Frage
war nun: "Welche wirtschaftlichen und sozialen Bedürfnisse
werden durch die Entwicklung in der Landwirtschaft geweckt?
Welche Maßregeln wird der Staat ergreifen müssen, um diese
Bedürfnisse im Einklang mit den gesellschaftlichen Notwendigkeiten zu befriedigen?"(38)
Auf die österreichischen Verhältnisse übertragen heißt für
Otto Bauer die Antwort: Sozialisierung der Forstwirtschaft
und der Industrie, Ausdehnung des ländlichenGemeindebesitzes
und Abgabe der verstaatlichten Großbetriebe als Pachtgründe
auf Lebenszeit oder in Form von Allmendelose an die grundbedürftigen Bauern.

Durch die Sozialisierung von Industrie und Forstwirtschaft
verliert auch der Grund an Bedeutung, warum der Bauer den

Boden überzahlt: nämlich die Angst vor Entlassungen und unsicherem Alter wird wegfallen und mit den beiden auch die Zahlung der "Selbständigkeitsprämie". Es ist klar: die Selbständigkeitsprämie, die Dorfproletarier und Kleinbauern im Pachtzins oder im Bodenpreis zu zahlen bereit sind, wird in dem Maße sinken, als die Sozialisierung der Großindustrie, des Bergbaues, der Forstwirtschaft fortschreitet."(39)

Nun tritt aber der Fall ein, daß die "Selbständigkeitsprämie" kleiner wird als die "Produktivitätsdifferenz" des ökonomischer arbeitenden Großbetriebs und die Folge davon: Der Großbetrieb wird zunehmen!
Die werktätigen Massen werden aber jetzt keinesfalls tatenlos zusehen, wie sich eine Fraktion von Kapitalisten und Großgrundbesitzern (nämlich die ländlichen) auf Kosten der übrigen sozialisierten Volkswirtschaft bereichern und auf Enteignung dieser drängen; der sozialistische Staat wird diesen Forderungen nicht entgegenstehen. Diese enteigneten Großgüter dürfen wegen ihrer Produktivität nun keinesfalls zerschlagen und an Kleinbauern aufgeteilt werden, sondern haben die Funktion, als Musterwirtschaften für den genossenschaftlichen Zusammenschluß der bäuerlichen Wirtschaften zu werben. Diese Großbetriebe sollen als Endziel von Produktivgenossenschaften landwirtschaftlicher Arbeiter bewirtschaftet werden. Bis sich die Arbeiter diese Fähigkeiten erworben haben, muß der Staat die Güter in die Hand nehmen, sie jedoch nicht selbst verwalten, sondern am besten dem bisherigen Eigentümer, wenn dieser ein schlechter Wirt ist, einem tüchtigen Landwirt als Pächter übertragen.
Dies ist zwar keine sozialistische Maßnahme, doch hätte sie den Vorteil, daß die Grundrente in Form von Pacht dem Staat zufiele.(40)

Der Sprung vom Kapitalismus zum Sozialismus wird natürlich nicht von einem Tag auf den anderen stattfinden, sondern eine Übergangsphase in Anspruch nehmen, in der Mischformen

kapitalistischer und sozialistischer Produktionsweisen auftreten. "So auch in der Land- und Forstwirtschaft: in der Forstwirtschaft schon eine rein sozialistische Wirtschaftsorganisation, im Bauerndorf ein auf ausgedehnten Gemeindebesitz gegründeter Gemeindesozialismus (die Außenschläge des Großgrundbesitzes sollen den Gemeinden zugesprochen werden, die diese wiederum an landbedürftige Bauern gegen die Grundrente als Pachtgründe abgibt. Anm. d. Verf.), der den individuellen Bauernwirtschaften dienstbar ist, im Bereiche der landwirtschaftlichen Großbetriebe aber vielleicht zunächst noch ein Staatskapitalismus - kapitalistische Großpächter unter staatlicher Kontrolle auf staatlichem Grundeigentum ....
Das bäuerliche Grundeigentum aber wird durch diese Entwicklung nicht erschüttert, sondern gefestigt werden .... Aber wird das bäuerliche Grundeigentum durch diese Entwicklung nicht aufgehoben, sondern befestigt, so verändert sich doch zugleich sehr wesentlich sein Inhalt."(41) Nämlich in der bereits angedeuteten Form, daß die Unsicherheit der Existenz des Arbeiters in einer zum Sozialismus übergehenden Gesellschaft aufhört und damit auch die Existenz der "Selbständigkeitsprämie." Der Bodenpreis wird sinken und damit auch die Hypothekarbelastung des Kleinbauern, die bei jedem Kauf oder Erbgang als Folge des Geldmangels auftritt. Nach der Enteignung des Wucherkapitals übernimmt die Gesellschaft die Hypothekarverschuldungen, und der Bauer wird - neben der Schuldrückzahlung - statt der überhöhten Zinsen nur mehr die Grundrente an die Gesellschaft zu bezahlen haben. "So fällt mit der Ausbeutung des Arbeiters durch das industrielle Kapital auch die Ausbeutung des Bauern durch das Hypothekenkapital. Mit der Lohnknechtschaft des Arbeiters wird auch die Schuldknechtschaft des Bauern überwunden."(42)

Offen bleibt für Dr. Bauer die Frage, ob sich die Kleinlandwirte in einer kommenden sozialistischen Gesellschaft, durch das Vorbild der Musterbetriebe angeregt, freiwillig zu genossenschaftlichen Großbetrieben zusammenschließen oder selbständig bleiben wollen. Da aber der Bauer nur sein Arbeitseigentum genießt, ist dieser Frage weniger Bedeutung beizumessen. Viel wichtiger ist, den Landarbeitern, Häuslern und Kleinbauern ihre Lage und die notwendigen Konsequenzen klarzumachen, sie von der Notwendigkeit der sozialistischen Umgestaltung zu überzeugen und sie in ein Kampfbündnis mit dem industriellen Proletariat zu vereinen, damit sie gemeinsam die Macht erobern. Denn "mit der Lohnknechtschaft des Arbeiters wird auch die Schuldknechtschaft des Bauern überwunden."

Das sich daraus unter Mitarbeit von Adolf Duda, Laurenz Genner, Adolf Schärf und Ernst Winkler entwickelte Agrarprogramm wurde zur Gänze dem neuen Parteiprogramm von 1926 angeschlossen.
Exkurs Ende.

Obwohl die Partei sich auch weiterhin mit der Agrarfrage auf Parteitagen, in der Literatur und durch Agitation beschäftigte, so wurde dieses Problem durch die bürgerkriegsschwangeren Verhältnisse in der Republik und durch die doch sehr eindeutige Parteinahme vieler Bauern doch wieder etwas zurückgedrängt.(43)

Als die faschistische Gefahr schon greifbar nahe war, gingen Renner und später ein unbekannter Autor darauf in politischen Aufklärungsschriften ein.(44)
Befaßte sich Renner mit der Politik der Christlich-Sozialen, so durchleuchtete letzterer die Propaganda der Nationalsozialisten: In Österreich hatten die bürgerlichen und nationalen Parteien auch am Lande viel von ihrer Glaubwürdigkeit verloren, welches Reservoir die Nationalsozialisten für sich nützen wollten.
Sie gingen hauptsächlich auf die Verschuldung der Bauern ein und belasteten als Hauptverantwortlichen dafür das jüdi-

sche Wucherkapital. In ihrem deutschen Reich sollte der Bauer die Erfüllung seiner Bestimmung und Wünsche sowie den Endpunkt seiner Kämpfe finden. "Heute, am Ende der ersten deutschen Revolution, hat der Bauer im Dritten Reich endlich die Stellung im Leben der Nation gewonnen, die er schon 1525 erstrebte."(45) Dagegen sagt unser Autor, die Zinsknechtschaft sei nicht Frucht eines Glaubens oder einer Rasse, sondern die des Privateigentums an Grund und Boden. Also: "Die Zinsknechtschaft, die dem Pächter durch den Großgrundbesitzer auferlegt wird, bricht der Nationalsozialismus nicht! Er kann es auch nicht, denn dann müßte er gegen den reichen Großgrundbesitz losgehen. Aber diese Herren gehören heute zu den freigiebigsten Geldgebern der Nazi - der Nationalsozialismus ist von ihnen abhängig. Sie kontrollieren ihn auch, denn an der Spitze der Nationalsozialistischen Partei stehen heute Großgrundbesitzer, wie der Graf Reventlow, der Freiherr von Corswanth, der Prinz August Wilhelm, die einen nicht geringen Teil ihres Einkommens aus dem Pachtzins ihrer Kleinpächter beziehen."(46)
"Wenn die arbeitenden Menschen erwachen, dann werden sie daher erkennen, daß
Hitler ihnen Befreiung von der Zinsknechtschaft vorgaukelt, damit sie nicht mehr kämpfen um Befreiung von der Kapitalherrschaft.
'Brechung der Zinsknechtschaft' ist die 'stählerne Achse' des Nationalsozialismus. Diese stählerne Achse ist - Bruch."
Die einzige Partei, die jede Ausbeutung wirkungsvoll bekämpft, ist die Sozialdemokratische Partei.(47)

Dieser kurze Überblick zum Vergleich unseres Themas sollte noch einmal zeigen, daß sich die sozialdemokratische Generallinie: "Zu schützen - auch im sozialistischen Sinn - ist der Kleinbauer, zu bekämpfen der Großgrundbesitz als Materialisation des Kapitalismus auf dem Lande!" bereits vor dem Krieg herausgebildet hatte, daß sie aber andererseits doch wesentliche Ausfeilungen und Ergänzungen in der Republik erfuhr.

5. SCHLUßWORT

Obwohl sich in der Produktionstechnik, in den Produktionsgewohnheiten, in der Ausbildung usw. der Bauern bis heute geradezu Revolutionäres geändert hat, worauf eine Partei in ihrem Programm selbstverständlich Rücksicht zu nehmen hat, so ist doch im soziologischen Bereich vieles gleich geblieben: Der Kleinbauer muß meist im Nebenerwerb, wodurch auch er unter das Damoklesschwert der Arbeitslosigkeit gerät, seinen kärglichen Verdienst aufbessern, der Großbauer hat dies nicht notwendig und bekommt außerdem noch, obwohl er der eigentliche Verursacher des Schadens - der Überproduktion - ist, den größten Teil der staatlichen Subventionsmittel, da es sich meist um Mengensubventionen handelt. Das heutige landwirtschaftliche Problem der Industriestaaten, die Überproduktion, begünstigt also noch dazu denjenigen, der es verursacht, genauso wie in Zeiten der Unterproduktion diejenigen die Hauptnutznießer der Agrarzölle waren, die die Produktion ihrer Betriebe nicht im Bereich der vorhandenen Möglichkeiten steigerten.(1)

Der Programmentwurf eines neuen Sozialistischen Agrarprogramms von 1983 beschäftigt sich auch über weite Strecken mit diesen in den letzten 60 Jahren entstandenen Problemen; in seinen politischen Aussagen steht er aber fest zu dem in der von uns betrachteten Periode entwickelten Gedankengut:
- Anerkennung des bäuerlichen Eigentums, (2)
- Unterstützung der Klein-, Nebenerwerbs- und Bergbauern,(3)
- Leistungs- und bedürfnisgerechtes Einkommen, (4)
- Förderung und Ausbau des Genossenschaftswesens, (5)
- Förderung der Solidarität von Stadt- und Landbewohnern (6) sowie
- der Solidarität von Mann und Frau,
wobei überhaupt zu bemerken ist, daß auf die Rolle der Bäuerin in einem eigenen Abschnitt separat eingegangen wird.(7)

Die Haltung der Sozialisten zu den Bauern ist in diesem Entwurf wie auch in problembezogenen Schriften und Aufsätzen neueren Datums (8) klar ausgedrückt. In der gegenwärtigen Diskussion, die den Umweltschutz stärker in den Vordergrund rückt, stehen folgende Probleme in Erweiterung des Entwurfes 1983 im Mittelpunkt:(9)
1. Distributionsgerechtigkeit der bäuerlichen Einkommen.
 "Aber fast immer bringen Produktivitäts- und Produktionserhöhungen eine Verstärkung der innerlandwirtschaftlichen Einkommensunterschiede und damit eine weitere Schlechterstellung der benachteiligten Bauern. Ein Ergebnis, dessen Bekämpfung in den Programmen aller Parteien und aller Bauernorganisationen gefordert wird."
2. Volle Gleichbehandlung auch für Nebenerwerbsbauern,
3. Abstimmung notwendiger Produktionsmengenbegrenzungen auf den Inlandsmarkt,
4. Möglichkeiten des Ausbaus der Direktvermarktung,
5. Einschränkung der Massenproduktion aus einkommens- und umweltpolitischen Gründen,
6. Förderungen für Alternativproduktion und
7. Ausbau der Direktförderungen statt Mengensubventionen.
8. Ja sogar so visionäre Forderungen, wie die nach einem Grundlohn ("Mindesteinkommen"). "Bauern, die aufgrund ihrer Tätigkeit ein Einkommen in der Höhe etwa des Existenzminimums nicht erreichen, sollten vom Staat mittels Zuschüsse - der SPÖ-Bauer formulierte es als 'negative Einkommensteuer' - auf das Mindesteinkommen angehoben werden. Dieses System wäre billiger als die heute für den Bereich der Landwirtschaft aufgewendeten Mittel."(10)

Allerdings ist man in zwei Fragen, die die alte Sozialdemokratie sehr beschäftigt haben, einer Lösung kaum näher gekommen, weshalb diese auch nur spärlich behandelt, und wenn, dann nur apodiktisch (11) beantwortet werden; nämlich die Fragen, zu welcher Betriebsgröße die ökonomische Entwicklung die Landwirtschaft drängt und wie sich die Bauern - oder

warum nicht - für die Partei mobilisieren lassen.
1. Bereits von Friedrich Otto Hertz und von Otto Bauer kennen wir die Ansicht, daß die Besitzgröße kein ein für allemal festzulegender Parameter sein kann, sondern eine Kurve, deren Wendepunkt durch Boden, Lage- und Marktverhältnisse von Betrieb zu Betrieb, von Land zu Land, verschieden zu bestimmen ist. Diese optimale Betriebsgröße soll andererseits die Tendenz haben, sich als ökonomische Notwendigkeit auch durchzusetzen, wenn den wirtschaftlichen Gesetzmäßigkeiten freier Lauf gelassen würde. "Ohne Zweifel würde sich das zuerst von Theodor Hertz klar formulierte "Gesetz der natürlichen Größe der Hufe" auch ohne Beihilfe der Gesetzgebung allmählich durchsetzen, wenn sich die Menschen ausschließlich von wirtschaftlichen Motiven leiten ließen."(12) Unter wirtschaftlichen Motiven dürfen wir wohl das Streben nach dem größtmöglichen Ertrag verstehen.
Daß dies aber auch Gefahren mit sich brächte, erkennt der Programmentwurf 1983 sehr genau, wenn er Vorschriften für die Besitzgröße fordert: "Die betriebsbezogenen Bestandsobergrenzen sind ein wirksamer Schutz für unsere Bauern vor der Industrialisierung der landwirtschaftlichen Produktion." (13)
Wie richtig und weitsichtig diese Forderung des Programmentwurfes ist, beweist uns eine Fernsehstudie über die amerikanische Landwirtschaft vom 4. März 1984 im ARD:(14)
Im höchsttechnisierten Land der Erde geht die Entwicklung in der Landwirtschaft in der Tat eindeutig zum industrialisierten Groß- und Größtbetrieb, der durch Einsatz der modernen Technik und Chemie größtmögliche Produktivität erreicht. Welches bei nur oberflächlicher Betrachtung nur Vorteil und Wohlstand für die Menschheit zu gewähren scheint, bringt bei näherem Augenschein - besonders unter kapitalistischen Verhältnissen - auch ungeahnte Nachteile mit sich:
Die ständig steigende Menge der produzierten Güter steht einer <u>gleichbleibenden Zahl zahlungskräftiger Nachfrager</u> (15) gegenüber - so hat Amerika bei 5 % der Weltbevölkerung 20 %

der Weltfleischproduktion -, wodurch der Marktpreis (somit auch die Profitrate) bis zur Subventionsnotwendigkeit aus Steuern fällt, was wiederum die ärmeren Bevölkerungsschichten - meist handelt es sich um indirekte Steuern - am härtesten trifft. Kürzt oder verringert der Staat diese Zuschüsse, kommt es zu einem Massenbankrott der leistungsschwächeren Farmer - seit 10 Jahren trifft dieses Los durchschnittlich 2000 Farmer pro Woche - und damit notwendigerweise zur Devastierung weiter Landstriche.(16)
Außerdem fällt der Hauptteil dieser durch Produktionssteigerung erzielten Gewinne nicht den Produzenten, sondern der vor- und nachgelagerten Industrie, die von Monopolunternehmen beherrscht wird, (17) zu.
Durch die produktionsintensiveren, sich immer mehr durchsetzenden Monokulturen (Pflanzenbau) und Einheitsrassen (Viehzucht) wird die Bekämpfung von Schädlingen und Seuchen, die immer resistenter bis immun werden, wesentlich erschwert, was den Einsatz immer stärkerer Pestizide und Antibiotika erfordert. Der Boden wird durch ständige Überdüngung immer mehr ausgelaugt, Flüsse und Seen eutrophieren.
Der Energieumsatz für die Produktion der Güter steht in keinem Verhältnis zum Endprodukt usw.

Wir sehen, ließe man der kapitalistischen Entwicklung in der Landwirtschaft völlig freien Lauf, setzte sich zwar in Ländern, deren Bodenverhältnisse dafür geeignet sind, der industrialisierte Großbetrieb - bis zur optimalen Betriebsgröße - durch, aber wahrscheinlich nur unter größtem Schaden für die gesamte wirtschaftliche, geologische und soziale Struktur eines Landes.
Regionen, deren geologische Verhältnisse für den hochtechnisierten Großbetrieb nicht geeignet sind, kämen - unter der Bedingung des freien Handels - in große Abhängigkeit bei lebensnotwendigen Produkten. Andererseits sind Protektionsmaßnahmen auch nicht dazu geeignet, der Weltwirtschaft Harmonie zu gewähren.

Ließe man der eben skizzierten Tendenz in Österreich freien Lauf, müßte eine Entvölkerung weiter Landstriche (Alpenregionen) die Folge sein. Dadurch käme es zu großen wirtschaftlichen (z.B. Fremdenverkehr) und sozialen (Übervölkerung der Städte, große Arbeitslosigkeit) Schäden, verbunden mit einer gefährlichen Auslandsabhängigkeit.

Bezüglich der optimalen Betriebsgrößen in der Landwirtschaft können wir feststellen, daß eine Verpflichtung des Staates zum Eingreifen wenigstens dahingehend besteht, diese nach volkswirtschaftlichen, geologischen, biologischen und kulturellen Gesichtspunkten zum Wohl der Allgemeinheit unter Berücksichtigung der betriebswirtschaftlichen Erfordernisse zu regeln.

2. Die Landwirtschaft ist also ein zu wesentlicher Bereich jeder Volkswirtschaft, als daß sie nur dem freien Spiel der Kräfte und der Tüchtigkeit der einzelnen Eigentümer überlassen bleiben darf. Daher müssen Maßnahmen gesetzt werden - und darum kommt keine wie immer politisch ausgerichtete Administration herum -, die einerseits der Gesamtheit, andererseits dem Bedürfnis des einzelnen nach möglichst großer individueller Freiheit am ehesten gerecht werden. Auch triebe, wie wir gezeigt haben, das ungestüme Waltenlassen der Marktkräfte einen Großteil der Bauern selbst in den Ruin, welche wiederum die industrielle Reservearmee in den Städten verstärkten, was Klüfte innerhalb eines Volkes aufrisse, wie wir sie von vielen lateinamerikanischen Staaten her kennen. Nicht nur angenehme Dinge, sondern auch diese für viele bitteren Wahrheiten muß eine ehrliche Agrarpolitik aussprechen und Lösungsmaßnahmen anbieten. Diesen Anforderungen versuchen die sozialistischen Agrarprogramme und der Entwurf gerecht zu werden. Die damit verbundenen Notwendigkeiten den Betroffenen nicht nur wissen lassen, sondern ihnen akzeptabel zu machen, ist die größte Schwierigkeit der Landagitation und die große Chance für jede politische Richtung, die

vorhat, Gefühle und Vorurteile für Wahlerfolge auszunützen.

Den Gegner zu diffamieren, jemand von der eigenen Tüchtigkeit und, wenn diese keine Resultate bringt, von der Schuld der anderen am eigenen Mißerfolg zu überzeugen, ist leichter und bringt mehr Anhänger - zumindest kurzfristig - als die Werbung mit wissenschaftlich erarbeiteten und nicht nur dem persönlichen Vorteil entsprechenden Erkenntnissen.

An den agrarpolitischen Aussagen der Sozialisten kann es also kaum liegen, keine größere Anhängerschar in der Landbevölkerung zu haben, sondern daran, daß es die Sozialdemokraten schlecht verstanden haben, den Bauern ihr Programm hinreichend verständlich und akzeptabel zu machen.

6. ANHANG

6.1. DAS PARLAMENTARISCHE AGRARPROGRAMM VON 1907

564 der Beilagen zu den stenogr. Protokollen des Abgeordnetenhauses. — XVIII. Session 1907.

Dringlichkeitsantrag

der

Abgeordneten Dr. Renner, Filipinsky, Huber (Lemberg), Oliva, Witnyk und Genossen,

betreffend

Maßregeln gegen die Lebensmittelteuerung.

(Die Dringlichkeit dieses Antrages wurde in der Sitzung vom 28. November 1907 abgelehnt; der Antrag wird demnach gemäß § 42 G. O. behandelt werden.)

Die Tätigkeit des Staates darf sich nicht nur auf Notstandsmaßregeln beschränken, der Staat muß auch die periodische Wiederkehr der allgemeinen Lebensmittelteuerung zu verhindern suchen. Zu diesem Zwecke muß die landwirtschaftliche Produktion und die Viehzucht gefördert, die Zufuhr der unentbehrlichen Lebensmittel aus dem Auslande erleichtert, die Verteuerung der Lebensmittel durch den Zwischenhandel bekämpft werden.

Die Gefertigten stellen daher den Antrag:

Das Abgeordnetenhaus wolle beschließen:

„I. Zur Förderung der Intensität und der Produktivität der landwirtschaftlichen Produktion und der Viehzucht wird die Regierung aufgefordert, den gesetzgebenden Körperschaften folgende Gesetzentwürfe vorzulegen:

1. Dem Reichsrate den Entwurf eines Gesetzes, betreffend die Zusammenlegung landwirtschaftlicher Grundstücke, das an die Stelle des Gesetzes vom 7. Juni 1883, R. G. Bl. Nr. 92, und der auf Grund dieses Gesetzes zu stande gekommenen Landesgesetze zu treten hat. Die Einleitung des Zusammenlegungsverfahrens ist zu erleichtern, das Verfahren selbst zu vereinfachen und zu verbilligen.

2. Dem Reichsrate den Entwurf eines Gesetzes, betreffend die Regulierung der Benützungs- und Verwaltungsrechte an gemeinschaftlichen Grundstücken, durch welches die Bestimmungen des Gesetzes vom 7. Juni 1883, R. G. Bl. Nr. 94, ergänzt und abgeändert werden. Die Regulierung ist von Amts wegen vorzunehmen; das Regulierungsverfahren ist zu vereinfachen und zu verbilligen. Klarstellung der privatrechtlichen Verhältnisse bei Gemeingründen, Eintragung der als unangefochten festgestellten Nutzungsrechte in einen Kataster, Ausschließung der freien Teilbarkeit hinsichtlich der Gemeingründe. Die Nutzungsrechte der Häusler und Kleinbesitzer an den Gemeingründen und Gemeindegründen sind zu sichern.

3. Dem Reichsrate den Entwurf eines Gesetzes, betreffend die Regulierung und Ablösung der Servituten, welches an die Stelle des Patentes vom 5. Juli 1853, R. G. Bl. Nr. 130, und der zu seiner Durchführung, beziehungsweise Ergänzung erlassenen Landesgesetze und Verordnungen zu treten hat. Überall, wo

die Berechtigten oder Belasteten behaupten, daß die gesetzlichen Vorschriften bei der Regulierung oder Ablösung verletzt worden seien, ist die Regulierung zu revidieren. Die Berechtigten sind im Genusse ihrer Rechte durch die Festsetzung von Schadenersatzverpflichtungen und durch wirksame Strafandrohungen zu schützen. Eine neuerliche Ablösungs- und Regulierungsaktion ist einzuleiten. Die zahlreichen Bestimmungen des Patentes, die den belasteten Großgrundbesitzer auf Kosten der berechtigten Bauern begünstigen, sind zu beseitigen.

4. Dem Reichsrate den Entwurf eines Alpenschutzgesetzes, durch welches verboten wird, die bestehenden Alpen dem alpwirtschaftlichen Betriebe zu entziehen und den Alpenboden in andere Kulturgattungen umzuwandeln. Anlage eines Alpenbuches. Festsetzung des Betriebszwanges, amtliche Überprüfung der Wirtschaftspläne für Alpenwirtschaften.

5. Den Landtagen Gesetzentwürfe zur Reform des Jagdrechtes behufs wirksamer Bekämpfung der Überhegung des Jagdwildes.

II. Die Regierung wird aufgefordert, die Staats- und Fondsgüter in höherem Grade als bisher in den Dienst der österreichischen Volkswirtschaft zu stellen. Die geplanten Alpenmeliorationen sind möglichst schnell und in möglichst großem Umfange durchzuführen. Der Einführung und Züchtung vollwertiger Rinderrassen ist die größte Aufmerksamkeit zu schenken. Das in den Staatsforsten gewonnene Brenn-, Bau- und Nutzholz ist tunlichst unter Ausschaltung des kapitalistischen Zwischenhandels unmittelbar dem Konsum zuzuführen.

III. Die Regierung wird aufgefordert, das Verbot der Einfuhr von Vieh aus Rußland, Rumänien und Serbien aufzuheben und mit diesen Staaten Verhandlungen, betreffend den Abschluß von Veterinärkonventionen, unverzüglich einzuleiten.

Solange und soweit die Einfuhr von Vieh aus diesen Staaten nicht ohne Gefährdung der heimischen Viehbestände gestattet werden kann, sind an der Reichsgrenze staatliche Schlachthäuser zu errichten und es ist die Einfuhr ausländischen Viehs in diese Schlachthäuser zu gestatten. Durch vollständige Isolierung und strenge Bewachung dieser Schlachthäuser und ihrer Zufahrtsgeleise sowie durch strenge tierärztliche Untersuchung des auf diesem Wege eingebrachten ausländischen Viehs ist die Gefahr der Einschleppung von Viehseuchen aus dem Auslande wirksam zu bekämpfen. Das Fleisch ist aus diesen Schlachthäusern in Kühlwagen in die größeren Konsumzentren zu führen und unter Ausschaltung des Zwischenhandels an die städtischen oder unter der Kontrolle der Gemeinden stehenden Großschlächtereien und an die Konsumvereine abzugeben. Die Regierung wird aufgefordert, das Erfordernis für die Errichtung und den Betrieb der Grenzschlachthäuser und für die Erwerbung der Kühlwagen in einem Nachtrag zum Staatsvoranschlag für das Jahr 1908 vom Reichsrate in Anspruch zu nehmen.

Das Abgeordnetenhaus stellt mit Genugtuung den Rückgang der gefährlichsten Tierseuchen in Österreich fest und fordert die Regierung auf, auch in Zukunft die Verbreitung der ansteckenden Tierkrankheiten energisch zu bekämpfen, es protestiert aber dagegen, daß gesetzliche Bestimmungen, die nur den Schutz der heimischen Tierbestände bezwecken, dazu mißbraucht werden, die Zufuhr gesunden Viehs und Fleisches auf die österreichischen Märkte zu erschweren oder zu verhindern.

Die Kundmachung des Ackerbauministeriums vom 13. Jänner 1907, R. G. Bl. Nr.-13, ist dahin abzuändern, daß in den Veterinärbeirat außer den Delegierten der landwirtschaftlichen Korporationen und den Angehörigen des Standes der Tierärzte auch die Bürgermeister der Landeshauptstädte und Delegierte der Konsumvereine als Vertreter der Konsumenten berufen werden. Von den Mitgliedern des ständigen Ausschusses des Veterinärbeirates soll eine Hälfte von den Delegierten der landwirtschaftlichen Korporationen, die andere Hälfte von den Vertretern der Konsumenten gewählt werden.

IV. Die Regierung wird aufgefordert, die Gründung bäuerlicher Viehverwertungsgenossenschaften zu unterstützen. Doch dürfen solchen Genossenschaften Subventionen nur unter der Bedingung gewährt werden, daß sie sich vertragsmäßig verpflichten, ausschließlich heimische Viehmärkte zu beschicken, sich an kartellartigen Preisverabredungen nicht zu beteiligen und ihre Waren unter Ausschaltung des kapitalistischen Zwischenhandels tunlichst unmittelbar an die städtischen oder unter der Kontrolle der Gemeinden stehenden Großschlächtereien und an die Konsumvereine zu verkaufen.

Genossenschaften, die dieser Verpflichtung zuwiderhandeln, ist die Subvention zu entziehen; überdies ist schon bei Gewährung jeder Subvention der Genossenschaft vertragsmäßig die Pflicht aufzuerlegen, alle bezogenen Subventionen aus öffentlichen Geldern nebst 5 Prozent Zinsen vom Bezugstage zurückzuzahlen, sobald sie die übernommenen Verpflichtungen verletzt.

Den Milchverwertungs- und Molkereigenossenschaften sind staatliche Subventionen nur noch unter analogen Bedingungen zu gewähren.

Landwirtschaftliche Vereine und Korporationen, die sich in den Dienst der politischen Agitation stellen oder das Zustandekommen kartellartiger Preisverabredungen fördern, dürfen keine Subventionen erhalten.

V. Da die auf Grund des Privilegienwahlrechtes zusammengesetzten Gemeindevertretungen ihrer Pflicht, die Approvisionierung der Gemeinden zu fördern und den wucherischen Zwischenhandel mit Lebensmitteln zu bekämpfen, nicht nachkommen, wird die Regierung aufgefordert, den Landtagen unverzüglich Gesetzentwürfe, betreffend die Einführung des allgemeinen, gleichen und direkten Wahlrechtes für die Gemeindevertretungen vorzulegen.

VI. Die Regierung wird aufgefordert, dem Abgeordnetenhause Gesetzentwürfe, betreffend die Aufhebung der Fleisch- und Schlachtviehsteuer auf dem offenen Lande und der Linienverzehrungssteuer in den geschlossenen Städten, sowie betreffend die schrittweise Herabsetzung der Steuersätze der Bier-, Branntwein-, Zucker- und Petroleumsteuer vorzulegen.

Der Tiroler Getreideaufschlag ist aufzuheben."

Hinsichtlich der Geschäftsbehandlung wird beantragt, diesen Antrag unter Anwendung aller im § 42 G. O. vorgesehenen Abkürzungen sofort in Verhandlung zu ziehen.

Begründung.

Die immer wiederkehrenden Perioden der Lebensmittelsteuerung und des Lebensmittelwuchers sind unvermeidliche Folgeerscheinungen der kapitalistischen Produktionsweise; sie werden immer wiederkehren, solange die Erzeugung und die Verteilung der unentbehrlichsten Lebensmittel den Grundbesitzern und den Kapitalisten anvertraut bleiben, die nur das Streben nach Steigerung ihrer Profite und Renten beherrscht.

Die Lebensmittelsteuerung wird erleichtert und gefördert durch die ganze Gestaltung unserer äußeren Wirtschaftspolitik, insbesondere unserer Zollgesetzgebung.

Die allmähliche Herabsetzung und schließliche Beseitigung der Agrarzölle und derjenigen Industriezölle, die nur noch die Aufgabe haben, den Kartellen die schrankenlose Beherrschung des inländischen Marktes zu sichern, wird aber erst nach Ablauf der Handelsverträge möglich sein. Wir müssen uns daher im jetzigen Augenblick damit begnügen, dem Abgeordnetenhause solche Maßregeln vorzuschlagen, die innerhalb des vom letzten Privilegienparlament festgelegten Rahmens unserer handelspolitischen Gesetzgebung durchführbar sind.

Die Anträge, die wir dem Abgeordnetenhause unterbreiten, zerfallen in zwei Gruppen.

Die erste Gruppe, der Dringlichkeitsantrag Schrammel, umfaßt Anträge, die sofort durchführbar und unmittelbar wirksam sind und die uns darum geeignet erscheinen, den augenblicklichen Notstand zu mildern.

An erster Stelle fordern wir, daß die Regierung ihren durch nichts zu rechtfertigenden Widerstand gegen die Einfuhr gekühlten und gefrorenen überseeischen Fleisches nach Österreich aufgebe. Daß die Einfuhr dieser Fleischgattungen weder die heimischen Viehbestände noch die Gesundheit der Konsumenten gefährden kann, beweist ihr stetig wachsender Konsum in England und anderen Staaten. Für die treffliche Qualität des gekühlten amerikanischen und australischen Fleisches zeugt die Tatsache, daß es auf dem Londoner Markte nicht viel niedrigere Preise erzielt als das englische Fleisch.

Die argentinische Regierung hat der k. k. Regierung wiederholt Verhandlungen über die Zulassung argentinischen Fleisches zu den österreichischen Märkten angeboten und sie war bereit, die weitestgehenden Vorkehrungen bezüglich der markt- und veterinärpolizeilichen Kontrolle dieser Fleischgattungen zuzugestehen. Trotzdem hat die Regierung bisher die Einfuhr dieses guten und billigen Fleisches verhindert.

Entschließt sich die Regierung, diese nur den Interessen der großen Viehmäster und Viehhändler dienende Politik aufzugeben, dann können in wenigen Wochen beträchtliche Mengen überseeischen Fleisches den österreichischen Märkten zugeführt werden.

Die Verhinderung der Einfuhr fremden Fleisches ist um so bedenklicher, als die Ausdehnung der österreichischen Viehzucht durch die hohen Preise der Futtermittel erschwert wird. Die Verteuerung der Futtermittel ist eine Folge der Zölle und sie könnte durch die zeitweilige Ermäßigung der Zölle, wozu der Artikel VIII des Zolltarifgesetzes die Handhabe bietet, am wirksamsten bekämpft werden; so kann es ja beispielsweise gewiß nicht bestritten werden, daß die Herabsetzung des Weizenzolles eine erhebliche Verbilligung der Kleie herbeiführen würde. Sollte aber die zeitweilige Herabsetzung der Zölle sich als unmöglich erweisen, dann müßte durch das Verbot der Ausfuhr von Futtermitteln die Gefahr beseitigt werden, daß sich die traurigen Folgeerscheinungen der Futternot des Jahres 1904 abermals — wenn auch vielleicht in etwas geringerem Umfange — wiederholen.

Nicht ohne Bedenken empfehlen wir eine solche Maßregel, die das Vertrauen in unsere wirtschaftliche Vertragstreue im Auslande verringern und einzelne Zweige der österreichischen Landwirtschaft und Industrie in nicht unbeträchtlichem Umfange schädigen kann. Aber die Gefahr einer Reduktion des heimischen Viehbestandes und einer Einschränkung der Viehmast ist so groß, die Wirkung solcher Erscheinungen so nachhaltig, daß diese Opfer gebracht werden müssen, falls das weit wirksamere und weit zweckmäßigere Mittel der zeitweiligen Ermäßigung der Agrarzölle nicht anwendbar sein sollte.

Schließlich erscheint es uns dringend notwendig, die Aufmerksamkeit der Regierung auf die lokalen Preisverabredungen der Lebensmittelproduzenten und Zwischenhändler zu richten. Schon ist es in einzelnen Orten vorgekommen, daß die Bevölkerung gegen diese Preistreibereien Selbsthilfe zu üben versucht hat; eine vorsorgende Verwaltung muß dem Ausbruch von Hungerkrawallen durch rechtzeitige Vorkehrungen vorzubeugen suchen. Der § 51 G. O. gibt der Regierung die Handhabe dazu.

Neben diesen Notstandsmaßregeln, die die Not des Augenblicks lindern sollen, verlangen wir — Dringlichkeitsantrag Renner — eine Reihe von Maßregeln, die geeignet erscheinen, unsere Lebensmittelversorgung überhaupt und dauernd zu verbessern.

Dazu ist zunächst die Hebung der trotz mancher erfreulicher Fortschritte immer noch völlig unzureichenden Technik und Intensität unserer landwirtschaftlichen Produktion und Viehzucht notwendig. Als ein sehr wichtiges Mittel hiezu erscheint uns die Fortsetzung der durch die Gesetze vom 7. Juni 1883 angebahnten agrarischen Operationen.

Da sich diese Gesetze als unzulänglich erwiesen haben, ist die Umgestaltung der reichsgesetzlichen Grundlagen dieses wichtigen wirtschaftlichen Reformwerkes unabweisbar. Nicht minder wichtig ist es, die heimische Landwirtschaft und Viehzucht gegen die Schäden zu schützen, die die Ausdehnung der Jagdgebiete und die Überhegung von Wild herbeiführen. Auch den Staats- und Fondsgütern obliegen wichtige Aufgaben; durch die Durchführung der Alpenmeliorationen und durch Züchtung vollwertiger Rinderrassen können die Domänenverwaltungen die österreichische Viehzucht wirksam fördern. Die Größe der staatlichen Waldbestände macht es der Forstverwaltung möglich, den Holzmarkt sehr günstig zu beeinflussen.

Aber die Sorge um die Förderung unserer landwirtschaftlichen Produktion enthebt uns nicht der Pflicht, für die Zufuhr jener Lebensmittel aus dem Ausland zu sorgen, die wir nicht entbehren können, wenn unsere Bevölkerung zureichende Nahrung finden soll.

Wir unterbreiten darum dem Abgeordnetenhause eine Reihe von Vorschlägen, die ängstlich bedacht sind, die Einschleppung und Verbreitung ansteckender Tierkrankheiten zu verhindern und es doch möglich machen, die erforderlichen Mengen ausländischen Viehes und Fleisches dem österreichischen Konsum zuzuführen. Es ist eine der wichtigsten Pflichten des neuen Volksparlaments, das Ackerbauministerium daran zu erinnern, daß nicht die Steigerung der Renten der größeren und größten Grundeigentümer, sondern die Fürsorge für die Ernährung der gesamten Bevölkerung seine Aufgabe ist.

Zur Bekämpfung des wucherischen Zwischenhandels mit Lebensmitteln fordern wir die Unterstützung bäuerlicher Genossenschaften, die mit städtischen Approvisionierungsunternehmungen und Konsumvereinen in Verbindung treten sollen. Freilich ist dieses Zusammenwirken nur möglich, wenn die erfreuliche Entwicklung der Konsumvereine nicht durch Verwaltungsschikanen und Benachteiligungen auf dem Gebiet des Steuerwesens unterbunden wird. Wir verlangen nicht die Unterstützung der Konsumvereine aus öffentlichen Mitteln, aber wir verwahren uns heute schon gegen den volksfeindlichen Plan, den Organisationen der Konsumenten neue schwere Lasten aufzuerlegen.

Vielfältige Erfahrungen machen es aber auch nötig, uns dagegen zu sichern, daß die öffentlichen Gelder nicht zur Förderung agrarischer Kartelle mißbraucht werden. Die vollständige Ausschaltung des Zwischenhandels mit Lebensmitteln und die wirksame Bekämpfung der Milch- und Fleischkartelle sind allerdings ohne die zielbewußte Tätigkeit der Gemeinde unmöglich. Da die Wahlrechtsprivilegien den Lebensmittelwucherern die Herrschaft in der Gemeinde sichern, ist es notwendig, allen Staatsbürgern auch in der Gemeinde ihr volles und gleiches Bürgerrecht zu geben.

Schließlich scheint es uns selbstverständlich, daß der Staat nicht durch sein Steuersystem zur Verteuerung aller Lebensmittel beitragen darf. Darum fordern wir die Herabsetzung oder Beseitigung der

236

Verzehrungssteuern. Dies ist ohne Störung des Gleichgewichtes im Staatshaushalt möglich, wenn die ungeheuerlichen Steuerhinterziehungen der besitzenden Klassen, insbesondere der Großgrundbesitzer energischer als bisher bekämpft werden, wenn in das System unserer Grundsteuer das Prinzip der Progression eingeführt und der Steuersatz für den Großgrundbesitz erhöht wird, und wenn sich der Staat durch Schaffung moderner Vermögens-, Erbschafts- und Wertzuwachssteuern neue Steuerquellen erschließt. Übrigens wäre die Herabsetzung mancher Verzehrungssteuern, insbesondere der Zuckersteuer, ohne jede Verringerung des Steuerertrages möglich, da der Staat durch die Zunahme des Konsums für die Herabsetzung des Steuersatzes voll entschädigt würde.

Auch die Hauszinssteuer verteuert die Regiespesen des Kleinhandels und trägt dadurch zur Verteuerung der Lebensmittel bei. Da die Regierung aber bereits die Vorlage eines Gesetzentwurfes, betreffend die Reform der Gebäudesteuer, angekündigt hat, unterlassen wir es, darauf bezügliche Anträge zu stellen.

Spielmann.
Dötsch.
Johanis.
Palme.
Dr. Kunicki.
J. Smitka.
K. Seitz.
Skaret.
Beer.
Schlofsnikel.
Riese.
L. Widholz.
Schrammel.
Höger.
Tuller.
David.
Wutschel.
Remes.
Pongratz.
Glöckel.
Pik.

Dr. K. Renner.
Filipinsky.
J. Hudec (Lemberg).
Oliva.
Wityk.
Diamand.
L. Winarsky.
Hornof.
Cerny.
Seliger.
Reitzner.
Rieger.
Beutel.
U. Ausobsky.
Lukas.
Scabar.
Freundlich.
W. Bösmüller.
Jos. Gruber.
Hackenberg.
Forstner."

Aus der k. k. Hof- und Staatsdruderei.

7. FUẞNOTEN

7.1. KAPITEL 1

(1) MARX, Karl: Das Kapital. Kritik der politischen Ökonomie. Bd. 1. In: MEW 23, Berlin, 1972, S. 744

(2) SCHLETTE, Friedrich: Germanen zwischen Thorsberg und Ravenna, Leipzig, Jena, Berlin, 1971, S. 12

(3) DEUTSCH, Julius: Was wollen die Sozialisten? Wien, 2. Aufl., 1949, S. 17f

(4) MELL, Anton: Die Anfänge der Bauernbefreiung in der Steiermark unter Maria Theresia und Josef II. Graz, 1901, S. 5

(5) Sachwörterbuch der Geschichte Deutschlands und der deutschen Arbeiterbewegung. Berlin, 1970, S. 22

(6) KRAMMER, Josef: Analyse einer Ausbeutung I. In: In Sachen 2 1-2/76. Wien, 1976, S. 9

(7) BAUER, Otto: Der Kampf um Wald und Weide. Wien, 1925 (= Agrarsozialistische Bücherei 1), S. 12f

(8) ebda, S. 13

(9) MELL, Anton: Die Anfänge der Bauernbefreiung....S. 15

(10) ebda, S. 15

(11) KRAMMER, Josef: Analyse I. S. 11

(12) BAUER, Otto: Der Kampf um Wald und Weide.....S.15f

(13) ebda, S. 24

(14) BRUCKMÜLLER, Ernst: Die Grundherrschaft. In: Bauernland Oberösterreich. Hg. von: Landwirtschaftskammer Oberösterreichs. Linz, 1974, S. 31

(15) BAUER, Otto: Der Kampf um Wald und Weide. S 23ff

(16) ebda, S. 44

(17) KRAMMER, Josef: Analyse einer Ausbeutung I. S. 17

(18) Zitiert nach: Dokumente aus dem deutschen Bauernkrieg. Hg. von: Werner Lenk, Leipzig, 1974 (= Reclam 561) S. 273

(19) Vergl. zu den Bauernkriegen: ENGELS, Friedrich: Der dt. Bauernkrieg. In: MEW, Bd. 7, Berlin, 1960. S. 327 - 413. ZIMMERMANN, Wilhelm: Der große dt. Bauernkrieg. Berlin, 1974. GÜNTHER, Franz: Der dt. Bauernkrieg. München, Berlin, Oldenburg, 1939. GRÜLL, Georg: Bauernkriege, Aufstände und Revolten im Land ob der Enns. In: Bauernland Oberösterreich.

(20) MELL, Anton: Die Anfänge der Bauernbefreiung. S. 30

(21) KRAMMER, Josef: Analyse I. S. 13

(22) KAUTSKY, Karl: Die Agrarfrage. Stuttgart, 1899. S. 26ff. Zu der Entwicklung der landwirtschaftlichen Produktion und zu den Veränderungen der Besitzstruktur siehe: SANDGRUBER, Roman: Österreichische Agrarstatistik 1750 - 1918. Wien, 1978 (= Wirtschafts- und Sozialstatistik 2). In: Materialien zur Wirtschafts- und Sozialgeschichte Bd. 2

(23) BRUCKMÜLLER, Ernst: Die Grundherrschaft. S. 41

(24) GRÜNBERG, Karl. Die Bauernbefreiung und die Auflösung des gutsherrlichen-bäuerlichen Verhältnisses in Böhmen, Mähren und Schlesien. Leipzig, 1893, S. 293

(25) ebda, S. 303

(26) BAUER, Otto: Der Kampf um Wald und Weide. S. 77

(27) Zu den Reformen Maria Theresias und Josef II. vergl. auch: GRÜNBERG, Karl: Studien zur österr. Agrargeschichte. Leipzig, 1901, S. 199ff

(28) KRAMMER, Josef: Analyse I. S. 25

(29) BAUER, Otto: Der Kampf um Wald und Weide. S. 85

(30) KAUTSKY, Karl: Die Agrarfrage. S. 26 ff

(31) BAUER, Otto: Der Kampf um Wald und Weide. S. 75 ff

(32) BRUCKMÜLLER, Ernst: Die Grundherrschaft. S. 55

(33) ebda, S. 55

(34) BRUCKMÜLLER, Ernst: Grundentlastung und Servitutenregulierung. In: Bauernland Oberöst., S. 118

(35) PÖMER, Karl: Die politische und wirtschaftliche Entwicklung von 1848 bis 1919. In: ebda, S. 132

(36) BAUER, Otto: Der Kampf um Wald und Weide. S. 102

(37) MARX, Karl, und ENGELS, Friedrich: Das Manifest der kommunistischen Partei. In: Marx /Engels Ausgewählte Werke. Moskau, o.J., S. 43

(38) MARX, Karl: Der achtzehnte Brumaire des Luis Bonaparte. In: M/E. Ausgewählte Werke. S. 174

(39) PÖMER, Karl: Die politische und wirtschaftliche Entwicklung. S. 132 f

(40) BRUCKMÜLLER, Ernst: Grundentlastung und ..., S. 120

(41) BAUER, Otto: Der Kampf und Wald und Weide. S. 103

(42) BRUCKMÜLLER, Ernst: Grundentlastung und ..., S.126f

(43) BAUER, Otto: Der Kampf um Wald und Weide. S. 103 f

(44) BRUCKMÜLLER, Ernst: Grundentlastung und ..., S. 129

(45) BAUER, Otto: Der Kampf um Wald und Weide. S. 112 ff

(46) Zu den Wahlgesetzen und Wahlverordnungen siehe: PÖMER, Karl: Die wirtschaftliche und politische Entwicklung von 1848 bis 1918. In: Bauernland Oberösterreich. S. 132 ff. Die österreichische Sozialdemokratie im Spiegel ihrer Programme. Hg. von: Ernst Winkler, Wien, 1964. SKOTTSBERG, Britta: Der österreichische Parlamentarismus. Göteborg, 1940. STERNBERGER, Dolf, und VOGEL, Bernhard: Die Wahl der Parlamente und anderer Staatsorgane. Berlin, 1969

(47) BRUCKMÜLLER, Ernst: Grundentlastung. S. 129

(48) BAUER, Otto: Der Kampf um Wald und Weide. S. 119 ff

(49) Auch, weil in diesen Gebieten Realteilung (Tirol) vorherrschte, siehe: BACH, Hans, u.a.: Agrarnebenerwerb und Arbeitsmarkt. Linz, 1981 (=Arbeitsmarktpolitik XXIX)

(50) siehe dazu: SCHÄFER, Albert (= Schärf, Adolf): Sozialdemokratie und Landvolk. Wien, 1920

(51) PÖMER, Karl: Die politische und wirtschaftl. Entwicklung. S. 140

(52) KRAMMER, Josef: Analyse I. S. 47

(53) ebda, S. 49 f

(54) BAUER, Otto: Der Kampf um Wald und Weide. S. 152

(55) Die Bezeichnung "Taglöhner" bekam in späterer Zeit eine andere Bedeutung: Von Bauer zu Bauer wandernde arbeitslose Industriearbeiter, die Tagesbeschäftigungen suchten. Man setzte die Taglöhner auch häufig mit den Landstreichern gleich.

7.2. KAPITEL 2

(1) vergl. dazu: KEMPER, Max: Marxismus und Landwirtschaft. Landwirtschaftliche Dissertation 1929. Stuttgart-Hohenheim, 1974 (= Plakat-Bauernverlag 4)

(2) Auf andere europäische Länder aber nicht. Sh. dazu: Brief an die russische Sozialistin Vera Zasulics. In: KEMPER, Max: Marxismus und Landwirtschaft. S. 16. Vergl. auch: MARX, Karl: Inauguraladresse der I. Internationale, 1864. In: Die Internationale Arbeiterorganisation. Ihre Gründung, Organisation und Ausbreitung. Bonn, 1969 (Reprint), S. 10

(3) MARX, Karl: Das Kapital I. Berlin, Dietz, 1974, S. 50 ff

(4) ebda, S. 54

(5) MARX, Karl: Das Kapital I. S. 741 ff

(6) ebda, S. 791

(7) MARX, Karl: Das Kapital III. S. 892

(8) KEMPER, Max: Marxismus und Landwirtschaft. S. 14

(9) MARX, Karl: Das Kapital I. S. 741 ff (ursprüngliche Akkumulation des Kapitals)

(10) KEMPER, Max: Marxismus und Landwirtschaft. S. 17

(11) Oberösterreichs Landwirtschaft in Zahlen. Hg. von: Landwirtschaftskammer für OÖ., Linz. 1973, S. 3

(12) MARX, Karl: Das Kapital III. S. 756 ff

(13) ebda, S. 33 ff.
Vergl. dazu: HOELL, Günter: Die Grundrente und die Entwicklung des Kapitalismus in der Landwirtschaft. Berlin, 1974.
Und: Lehrbuch Politische Ökonomie Sozialismus. Berlin, 1972

(14) ebda, S. 659

(15)   MARX, Karl: Das Kapital III. S. 661

(16)   ebda, S. 662

(17)   ebda, S. 689

(18)   KEMPER, Max: Marxismus und Landwirtschaft. S. 25

(19)   MARX, Karl: Das Kapital II. S. 756 ff

(20)   Über das Problem der Differentialrente in den sozialistischen Staaten siehe: Lehrbuch Politische Ökonomie Sozialismus. Berlin, 1972. s. 451 ff

(21)   vgl. dazu: BAUER, Otto: unten S. 216 ff. Zu erwähnen ist noch, daß Bauer Marx diesbezüglich nicht zitiert.

(22)   MARX, Karl: Das Kapital III. S. 812 f

(23)   Ein Produktmonopol würde dem Kleinbauern wegen der marktbeherrschenden Stellung der Großagrarier und der damit verbundenen Möglichkeit, seine Preise unterbieten zu können, empfindlich schaden.

(24)   MARX, Karl: Das Kapital III. S. 814

(25)   ebda, S. 815 f

(26)   vgl.: BACH, Hans, u.a. : Agrarnebenerwerb. S. 12

(27)   KEMPER, Max: Marxismus und Landwirtschaft. S. 33

(28)   MARX, Karl, und ENGELS, Friedrich: Das Manifest. S. 52

(29)   ebda, S. 46

(30)   ENGELS, Friedrich: Die Bauernfrage in Frankreich und Deutschland. In: M/E. Ausgewählte Werke . S. 654

(31)   ebda, S. 663

(32)   Die Agrarfrage beschäftigte die deutsche Sozialdemokratie aber schon wesentlich früher, nämlich im Anschluß an die Diskussionen der I. Internationalen in Lausanne 1867, Brüssel 1868 und Basel 1869. Vergl. dazu auch: LIEBKNECHT, Wilhelm: Zur Grund- und Bodenfrage. Leipzig, 1867. KAMPFMEYER, Paul: Die soziale Frage auf dem Lande. Berlin, 1899

(33)   SCHRAEPLER, Ernst: Einleitung. In: KAUTSKY, Karl: Die Agrarfrage. Stuttgart. 1899, S. XI

(34)   Der Erfurter Parteitag beschloß ein marxistisches Programm.

(35) KEMPER, Max: Marxismus und Landwirtschaft. S. 47

(36) Der Wirtschaftslage nach waren die Kleinbauern Paupers, der Ideologie nach zumeist Kleinbürger.

(37) SCHRAEPLER, Ernst: Einleitung. S. XI

(38) ebda, S. XII

(39) KAUTSKY, Karl: Das Erfurter Programm. Berlin, 1922. S. 145

(40) SCHRAEPLER, Ernst: Einleitung. S. XIII f

(41) ebda, s. XV

(42) KEMPER, Max: Marxismus und Landwirtschaft. S. 52

(43) SCHRAEPLER, Ernst: Einleitung. S XVIII

(44) ebda, S. XIX

(45) KEMPER, Max: Marxismus und Landwirtschaft S.52 f

(46) ebda, S. 54

(47) LEHMANN, Hans Georg: Die Agrarfrage in der Theorie und Praxis der Deutschen und internationalen Sozialdemokratie. Tübingen, 1970 (= Tübinger Studien zur Politik und Geschichte 26), S. 258 ff

(48) KAUTSKY, Karl: Die Agrarfrage. Stuttgart, 1899, S. 92 ff

(49) Oberösterreichs Landwirtschaft in Zahlen. Hg. von: Landwirtschaftskammer Oberösterreichs. Linz, 1973

(50) KAUTSKY, Karl: Die Agrarfrage. S. 101

(51) ebda, S. 128 ff

(52) ebda, S. 405

(53) ebda, S. 145 f

(54) ebda, S. 152 f

(55) ebda, S. 155 f

(56) ebda, S. 158 f

(57) ebda, S. 160 f

(58) ebda, S. 317

(59)   ebda, S. 447

(60)   sh. dazu: LEHMANN, Hans G.: Die Agrarfrage in der Theorie und Praxis der deutschen und internationalen Sozialdemokratie. Tübingen, 1970, S. 132

(61)   sh. dazu: MAYR, Johann: Die Landwirtscahftspolitik der österreichischen Sozialdemokraten bis zum Ende des Ersten Weltkrieges. Phil. Diss., Salzburg, 1984

7.3.   KAPITEL 3

(1)   Die österreichische Sozialdemokratie im Spiegel ihrer Programme. Hg. v.: Ernst Winkler, Wien, 1964. S. 32

(2)   Die österr. Sozialdemokratie im Spiegel .. S. 33 ff

(3)   LEHMANN, Hans Georg: Die Agrarfrage .. S. 46

(4)   ebda, S. 92

(5)   ebda, S. 135

(6)   ENGELS, Friedrich: Die Bauernfrage in Frankreich und Deutschland. In: M/E: Ausgewählte Werke. Moskau. o.J., S. 662 ff

(7)   HAUTMANN, Hans/KROPF, Rudolf: Die österreichische Arbeiterbewegung vom Vormärz bis 1945. Linz, 1976, S.88

(8)   MATIS, Herbert: Die Wirtschaft der franzisko-josephinischen Epoche. In: Wirtschaftsgeschichte Österreichs. Wien, 1971, S. 170

(9)   Parteitagsprotokoll des Parteitages der österreichischen Sozialdemokratie 1891. Wien, 1891, S. 105

(10)   ebda, S. 119

(11)   LEHMANN, Hans Georg: Die Agrarfrage .. S. 231 f

(12)   KRAMMER, Josef: Analyse I.S. 56

(13)   Die einzige mir bekannte Ausnahme stellt die Diplomarbeit von Marianne E. Kager dar, die die Diskussion und die Literatur bezüglich der Agrarfrage in Österr. sehr genau sichtete und darstellte, leider keine Analyse tätigte und keine Schlüsse zog. KAGER, Marianne E.: Die Agrardiskussion in der deutschen und österr. Sozialdemokratie von 1890 -1916. Dipl.Arb.,Wien, 1975

(14)   SCHÄFER, Albert (=Schärf, Adolf): Bauer wach auf! Die Sozialdemokraten kommen! Wien, 1923, S. 11

(15)   ebda, S. 12 f

(16) MATTL, Siegfried: Agrarstruktur, Bauernbewegung und Agrarpolitik in Österreich 1919 - 1929 (= Veröffentlichungen zur Zeitgeschichte 1. Wien - Salzburg, 1981), S. 49

(17) ebda, S. 103 f

(18) SCHIFF, Walter: Grundriß des Agrarrechts. Leipzig, 1903. 100 Jahre Landwirtschaftsministerium. Wien, 1967, S. 193 f, Bauernland Oberösterreich. S. 142 ff. Art.: 12(2) B-VG

(19) Bauernland Oberöstereich. S. 148

(20) ebda, S. 112

(21) vgl. dazu den Roman: Rosegger, Peter: Jakob der Letzte. Eine Waldbauerngeschichte. Leipzig, 1889

(22) RENNER, Karl: Die Irrlehren vom Schutzzoll und die Lage der österr. Volkswirtschaft, Wien, 1914. S. 9 ff

(23) Bauernland Oberösterreich. S. 113

(24) 100 Jahre Landwirtschaftsministerium, Wien, 1967, S.60. 1925-1975 Österreichische Bundesforste. Wien, 1974, S. 161 ff. Zur Aufwertung des Ministeriums bezüglich seiner Stellung in Veterinärangelegenheiten sh.: VORGBL. 174/1906

(25) 40 Jahre Landwirtschaftsförderung in Österreich. Wien 1963, S. 184 ff, RBGL. 70, 9.4.1873

(26) 40 Jahre ...., S. 184 ff

(27) 100 Jahre Landwirtschaftsministerium. S. 38. Dazu auch RGBL. 21/1902

(28) KRAMMER, Josef: Analyse ..., S. 69 ff

(29) ebda, S. 71 ff. Vgl. dazu: SCHIFF, Walter: Grundriß. S. 114 f

(30) Bauernland Oberösterreich. S. 149

(31) RENNER, Karl: Die Irrlehren. S. 7 ff

(32) So schreibt z.B. die Arbeiterzeitung vom 14.11.1907 unter dem Titel "Hungerdemonstration in Nachod" über einen Aufstand der Weber gegen die Lebensmittelteuerung.

(33) Zu Zwangsmaßnahmen siehe: SCHIFF, Walter: Die landwirtschftliche Produktionspolitik in Österreich. Wien, 1926 (= Agrarsozialistische Bücherei 4). S. 3 ff

(34) Über die Nichtsubstituierbarkeit inferiorer Güter/ Giffen - Fall siehe: HENRICHSMEYER, Wilhelm u.a.: Einführung in die Volkswirtschaftslehre. 2. Aufl., Stuttgart, 1979, S. 144

(35) KRAMMER, Josef: Analyse I. S. 90

(36) Bauernland Oberösterreich. S. 110. Von den 1907 gewählten 516 Abgeordneten entfielen auf die Sozialdem. 87, auf die Christl.-Soz. 67 und auf die Konservativen 30.

(37) KRAMMER, Josef: Analyse. S 38 f, und G 66=1878 mit VO. G 47/1882, besonders G 20/1906 mit Durchführungsbestimmungen.

(38) Bauernland Oberösterreich. S. 174

(39) KRAMMER, Josef Analyse. S. 41

(40) KAUTSKY, Karl: Die Agrarfrage. HERTZ, Friedrich Otto: Die agrarischen Fragen im Verhältnis zum Sozialismus. Wien. 1899. S. 2. Hier untersucht der Autor Kautskys Verhältnis zur Agrarpolitik.

(41) Zur Dienstbotenordnung: sh. oben S. 30
SCHIFF, Walter: Grundriß. S. 80 ff. Der Autor gibt einen sehr genauen Überblick über die rechtliche Lage. KRAMMER, Josef: Analyse I. S. 46 ff. Dieser Autor gibt einen sehr differenzierten Überblick über die soziale Lage.

(42) Bauernland Oberösterreich. S. 149 f

(43) der Landbote. Fachblatt der Gewerkschaft der Arbeiter in der Land- und Forstwirtschaft. Nr. 6, 1981, S. 1

(44) Müßte wohl richtig heißen: k.k. Ärar.

(45) der Landbote. S. 1 f. Sh. auch: UHLIRS, Julius: 50 Jahre Gewerkschaft der Arbeiter in der Land- und Forstwirtschaft. Wien, 1956

(46) der Landbote. S. 2

(47) MATTL, Siegfried: Agrarstruktur. S. 100. Vergl. dazu: Die Gewerkschaft. Organ der Gewerkschaftskommission Oesterreichs. XXI. Bd., Nr. 48, 1919, S. 259

(48) 1925 - 1975 Österr. Bundesforste. Wien, 1975, S. 161

(49) Die Gewerkschaft. XII. Bd., Nr. 8, 1910, S. 175

(50) der Landbote. S. 3

(51) der Landbote. S. 4
(52) KRAMMER, Josef: Analyse I. S. 48
(53) Statistischer Mittelwert. Der Verfasser.
(54) Medianwert. ders.
(55) siehe: Protokolle der Parteitage von 1891 - 1900
(56) Arbeiterzeitung (AZ): 2.9.1900, XII. Jg.
(57) siehe: Parteitagsprotokoll Graz 1900. Wien, 1900
(58) AZ, 8.9.1900. S. 2
(59) 100 Jahre Landwirtschaftsministerium. S. 36. Daß die Agrardoktrin der Sozialisten keinen Erfolg hatte, "kann bei der damaligen streng orthodox-marxistischen Haltung ... nicht weiter Wunder nehmen."
(60) Parteitag vom 28.-30.6.1891 Wien. Wien, 1891, S. 105
(61) ebda, S. 119
(62) KRAMMER, Josef: Analyse I. S. 55
(63) Parteitagsprotokoll. 1891, S. 124 ff
(64) ebda, S. 125
(65) ebda, S. 151, zum ersten Antrag S. 149 f
(66) Parteitag 5.-9.6.1892, Wien. Protokoll. Wien, 1892, S. 89. Vgl. dazu: Die Gewerkschaft. 1910, Nr. 8, S.175 INGWER, Isidor: Ein offenes Wort an den Bauernstand. Wien, o.J. S. 29 f
(67) Parteitagsprotokoll. 1892, S. 159 ff
(68) KRAMMER, Josef: Analyse I. S. 55
(69) Parteitagsprotokoll. 1892, S. 98
(70) ebda, S. 108
(71) ebda, S. 89
(72) Parteitag 25.-31.3.1894, Wien. Prot., Wien, 1894, S. 177f, 151 und 166
(73) ebda, S. 115 f
(74) Parteitagsprotokoll. 1894, S. 183

(75) Parteitagsprotokoll. 1894, S. 35. Vgl. dazu: ebda, S. 98. Wortmeldung Filzer.

(76) INGWER, Isidor: Ein offenes Wort an den österreichischen Bauernstand. Wien, o.J.

(77) ebda, S. 10 ff

(78) ebda, S. 16 ff

(79) ebda, S. 24 ff

(80) ebda, S. 21 ff

(81) ebda, S. 27 ff

(82) INGWER, Isidor: Ein offenes Wort. S. 28

(83) ebda, S. 31

(84) KRAMMER, Josef, Analyse I. S. 55

(85) Gesamtparteitag vom 5.-11.4.1896 in Prag. Protokoll. Wien, 1896, S. XVII ff. Anträge Nr.: 23, 36, 37 u. 38

(86) Wir sind hier nur logisch-syllogistisch vorgegangen, vorhandene, rein gefühlsmäßige Bindungen mußten dabei außer Betracht bleiben.

(87) Parteitagsprotokoll. Prag, 1896, S. 139

(88) vergl. dazu: Hertz, Fr. O.: Die agrarischen Fragen, S. 3f

(89) Parteitagsprotokoll, Prag, 1896, S. 140 f

(90) ebda, S. 141. Verkauf gibt an: 1,193.414 landwirtschaftliche Arbeiter mit Allein- oder Mitbesitz, 2.155.355 Arbeiter ohne Besitz und 725.000 Arbeiter mit nur Parzellenbesitz.

(91) Parteitagsprotokoll. Prag, 1896, S. 141 ff

(92) Parteitagsprotokoll. Prag, 1896, S. 153

(93) BAUER, Otto: Der Kampf um Wald und Weide. S. 230 ff

(94) Parteitagsprotokoll. Prag, 1896, S. 153 f

(95) siehe oben: Kap. 1.2.3. S.27

(96) Parteitagsprotokoll. Prag, 1896, S. 154. Vgl. dazu: WYSOCKI, Josef: Infrastruktur und wachsende Staatsausgaben. Stuttgart, 1920 (= Forschungen zur Sozial- und Wirtschaftsgeschichte Bd. 20) S. 41 ff

(97) Parteitagsprotokoll. Prag, 1896, S. 154 f

(98) ebda, S. 155

(99) ebda, S. 155. Allerdings lagen dem Parteitag auch Berichte von Erfolgen in der Landagitation vor (S. 28 und 36), ja sogar von einer spontanen Solidaritätsaktion von Bauern mit streikenden Arbeitern.(S. 32).

(100) ebda, S. 156

(101) ebda, S. 156. Vgl. dazu: SCHÄFER, Albert: Bauer wach auf! Einleitung.

(102) Parteitagsprotokoll. Prag. 1896, S. 156 f

(103) ebda, S. 169

(104) ebda, S. 169 f

(105) Parteitag, 6.-12.6.1897, Wien. Protokoll. Wien, 1897, S. 222

(106) Parteitag, 29.5.-1.6.1898, Linz. Protokoll, Wien, 1898, S. 14. Annahme des Antrages S. 154

(107) AZ, 31.5.1898, S. 1

(108) Gesamtparteitag, 24.-29.9.1899, Brünn. Protokoll.Wien 1899, S. 95

(109) AZ, 25.9.1899, S. 3

(110) Brünner Protokoll. 1899, S. 109 f

(111) Parteitag, Wien, 6.-12.6.1897. Protokoll. Wien, 1897, S. 201

(112) ebda, S. 199

(113) ebda, S. 17 f

(114) vgl. dazu: GENNER, Michael: Mein Vater Laurenz Genner. Wien, 1979, S. 45 ff

(115) Parteitagsprotokoll. 1897, S. 195

(116) ebda, S. 194 ff

(117) vgl. dazu: LASSALLE, Ferdinand: Reden und Schriften. Hg.: Friedrich Jenaczek, München, 1970 (= dtv 676), S. 186 f

(118) vgl. auch: INGWER, Isidor: Ein offenes Wort.

(119) BAUER, Otto: Der Kampf um Wald und Weide. Ders: Sozialdemokratische Agrarpolitik. Wien, 1926

(120) vgl. auch: HERTZ, Friedrich Otto: Agrarfrage und Sosozialismus. 6 Grundfragen unserer Taktik. Berlin,1901

(121) Parteitag, Wien, vom 13.-16.11.1925. Protokoll. S. 245

(122) z.B. Karl Renner oder Wilhelm Ellenbogen.

(123) vgl. dazu: Parteitagsprotokoll. 1911. S. 114 f, 283ff, 301 ff. BAUER, Otto: Der Weg zum Sozialismus. Wien, 1919, S. 18 ff

(124) vgl. dazu: Parteitagsprotokoll. 1900, S. 110 f. HERTZ, Fr. O.: Die Agrarischen Fragen. S. 1 LEHMANN, Hans Georg: Die Agrarfrage. MAYR, Johann: Die Agrarpolitik der öst. Soz.Dem., S. 53 ff

(125) Mitarbeiter waren z.B. Adolf Schärf und Laurenz Genner.

(126) BAUER, Otto: Der Kampf um Wald und Weide. S. 164 ff

(127) SCHIFF, Walter: Die landwirtschaftliche Produktionspolitik in Österreich. Wien, 1925, S. 3 ff

(128) zu Friedrich Otto Hertz (1878-1964) siehe: GLASER, Ernst: Im Umfeld des Austromarxismus. Wien, München, Zürich, 1981, S. 179 f

(129) vgl. dazu: BERNSTEIN, Eduard: Sozialismus einst und jetzt. Berlin, 1922. VOLLMAR, Georg von: Die Bauern und die Sozialdemokratie. Nürnberg, 1893. DAVID, Eduard: Sozialismus und Landwirtschaft. Berlin, 1920 (1903)

(130) Hertz vertrat die Ansicht der Unabdingbarkeit der Handarbeit in fast allen Bereichen der Landwirtschaft.

(131) HERTZ, Fr. O.: Die Agrarischen Fragen. S. 32

(132) vgl. dazu: MC CONELL, C.R.: Volkswirtschaftslehre. Eine problembezogene Grundlegung. Bd. 2, New York, 1972. Dieser Amerikaner kommt aus heutiger Sicht zum gegenteiligen Schluß.

(133) Hertz bleibt bei der Größenangabe über 100 Acres stehen.

(134) HERTZ, Fr. O.: Die Agrarischen Fragen. S. 48 ff

(135) ebda, S. 62 ff

(136) ebda, S. 69 ff

(137) HERTZ, Fr. O.: Die Agrarischen Fragen. S. 69

(138) ebda, S. 69

(139) ebda, S. 73

(140) Hertz spricht auf S. 75 von der Überlegenheit des Kleinbetriebes bezüglich des volkswirtschaftlichen Reinertrages. Darauf möchten wir nicht eingehen, da dazu doch zu viele Variablen fehlen. Zum volkswirtschaftlichen Reinertrag vgl.: STAVENHAGEN, Gerhard: Geschichte der Wirtschaftstheorie. 4. Aufl., Göttingen, 1969 (= Grundriß der Sozialwissenschaften 2). S. 654 ff

(141) siehe dazu: Die graphische Darstellung unten S. 107

(142) Der volkswirtschaftliche Vorteil, der davon gänzlich verschieden sein kann (Absatzkrisen, etc.) wurde nicht betrachtet.

(143) Alle Statistiken aus: Oberösterr. Land- und Forstwirtschaft in Zahlen. Linz, 1978. Die Angaben betreffen aber Österreichs Gesamtbevölkerung von 7,409.000 Ew.

(144) HERTZ, Fr. O.: Die Agrarischen Fragen. S. 80 ff

(145) siehe oben S. 38 ff

(146) THÜNEN, Johann Heinrich von: Der isolierte Staat. Jena, 1930

(147) HERTZ, Fr. O.: Die Agrarischen Fragen. S. 80

(148) ebda, S. 1

(149) Über die allzu heftigen Angriffe auf Kautsky haben wir schon gesprochen. Zu erwähnen wäre noch, daß dies auch Bernstein in seinem Vorwort zum vorliegenden Buch kritisiert.

(150) vgl. dazu: RASMUSSEN, Wilhalm: Dänische Agrarprobleme. In: Der Kampf. Bd. XVIII. 1925, S. 123 ff

(151) HERTZ, Fr. O.: Die Agrarischen Fragen. S. 12 ff

(152) siehe oben S. 52 ff

(153) HERTZ, Fr. O.: ebda, S. 2 ff

(154) Diese Meinung wird häufig vertreten. Vgl. BAUER, Otto: Der Kampf um Wald und Weide. S 225 ff, oder BANG, Gustav: Groß- und Kleinbetrieb in der Landwirtschaft. In: Neue Zeit. 21. Jg., 2. Bd., 1903, S. 330

(155) "Und an diesem Anstoß wird es nicht fehlen. Das industrielle Proletariat kann sich nicht selbst befreien, ohne die landwirtschaftliche Bevölkerung mit zu befreien." KAUTSKY, Karl:Die Agrarfrage. S. 295

(156) HERTZ, Fr. O.: Die Agrarischen Fragen. S. 2

(157) siehe oben: S. 89 ff

(158) HERTZ, Fr. O.: Die Agrarischen Fragen. S. 4

(159) Dies behauptet nicht nur Kautsky. Vgl. dazu z.B. QUESSEL, Ludwig: Landwirtschaft und Industrie. In: Die neue Zeit. 21 Jg., 2. Bd., 1902/1903, S. 481 ff

(160) HERTZ, Fr. O.: Die Agrarische Frage. S. 5

(161) vgl. dazu: BAUER, Otto: Der Kampf um Wald und Weide. S. 229 ff. Ders.: Einführung in die Volkswirtschaftslehre. Wien, 1956, S. 108 ff

(162) HERTZ, Fr. O.: Die Agrarischen Fragen. S. 5

(163) ebda, S. 5

(164) ebda, S. 6

(165) ebda, S. 7 ff

(166) ebda, S. 10

(167) ebda, S. 11

(168) ebda, S. 11 f

(169) ebda, S. 12

(170) siehe unten Kap. 3.2.2.3., S. 117

(171) Zu den folgenden Begründungen siehe HERTZ: Die Agrarischen Fragen, S. 21 ff

(172) Hierbei hat Hertz die Frage der Wirtschaftskraft außer acht gelassen.

(173) Die Annahme, daß nur ein Kleinbauer Genossenschafter sein könne, ist nicht richtig.

(174) HERTZ, Fr. O.: Die Agrarischen Fragen. S. 23

(175) ebda, S. 22

(176) ebda, S. 29

(177) Z.B. behauptet Hertz auf S. 28 f, daß das Großkapital wegen der langen Bindung und des niederen Zinses sein Geld kaum in Hypotheken anlege, ohne dabei die große Wertbeständigkeit derselben zu bedenken.

(178) vgl. dazu: Bauernland Oberösterreich. S. 149 und 643

(179) HERTZ, Fr. O.: Die Agrarischen Fragen. S. 80 ff

(180) Im Jahr 1977 gab es in Oberösterreich 69 Maschinenringe, 11 Erzeugergemeinschaften, 13 Mischgemeinschaften, 8 Gästeringe, außerdem 364 Erwerbs- und Wirtschaftsgenossenschaften. Siehe dazu: Oberösterreichs Land- und Forstwirtschaft in Zahlen. S. 53 f

(181) vgl. dazu: KRAMMER, Josef: Analyse I. S. 69 ff. Ders.: Analyse II. S. 29 ff

(182) HERTZ, Fr. O.: Die Agrarischen Fragen. S. 82

(183) vgl. dazu: MC CONNELL, C.R.: Volkswirtschaftslehre. S. 821 ff

(184) dazu: Bauernland Oberösterreich. S. 201

(185) HERTZ: a.a.O. S. 83 ff

(186) vgl. dazu: MALTHUS, Thomas R.: Eine Abhandlung über das Bevölkerungsgesetz. 2 Bde., Jena, 1924/25

(187) HERTZ, Fr. O.: Die Agrarischen Fragen. S. 88 ff

(188) ebda, S. 88

(189) Nicht nur bei noch freiem Boden nimmt der Mittelbetrieb zu, wie die angeführte neuere österreichische Statistik zeigt. Siehe oben S. 109

(190) vgl. dazu: BAUER, Otto: Volkswirtschaftslehre. S.108ff

(191) HERTZ, Fr. O.: Die Agrarischen Fragen. S. 89

(192) "Diese Concurrenz der Bodenkäufer aber drückt seine (des Bauern, der Verf.) Arbeitsrente in derselben Weise in der Richtung gegen das Existenzminimum, wie die Concurrenz der Arbeitslosen in der Industrie den Lohn." HERTZ, Fr. O.: Die agrarischen Fragen.S.89f

(193) ebda, S. 90

(194) Diese Aussage ist ein Widerspruch zu der in Fußnote 192 zitierten. Ebda, S. 91

(195) Der oberste Punkt des Bodenpreises ist unserer Ansicht der unterste Punkt in der Lebenhaltung; das Existenzminimum. Ebda, S. 91. Mit dieser Aussage bestätigt Hertz indirekt Karl Kautsky!

(196) vgl. dazu: Bauernland OÖ. S. 110 ff. KRAMMER, J.: Analyse I. S. 78. 100 Jahre Landwirtschaftsministerium. S. 31 ff. CHARMATZ, Richard: Deutsch-österr. Politik. Leipzig. 1907. S. 279 ff

(197) vgl. dazu: Bauernland OÖ. S. 110 ff und 148

(198) HERTZ, Fr. O.: Die Agrarischen Fragen. S. 91 f

(199) ebda, S. 91

(200) BAUER, Otto: Der Kampf um Wald und Weide. S. 225 ff

(201) HERTZ, Fr. O.: Die Agrarischen Fragen. S. 92

(202) BAUER, Otto: Sozialdemokratische Agrarpolitik. Wien, 1926, S. 171 ff. "Unser Agrarprogramm hat daher mit der Auffassung des älteren Sozialismus vollständig gebrochen." S. 176

(203) HERTZ; a.a.O., S. 63

(204) ebda, S. 92 ff

(205) BAUER, Otto: Der Kampf um Wald und Weide. S. 164 ff

(206) HERTZ, Fr. O.: Die Agrarischen Fragen. S. 92 ff

(207) ebda, S. 136 ff. Vgl. dazu: DAVID, Eduard: Der Referentenführer. Eine Anleitung zum Erwerb des für die sozialdemokratische Agitationstätigkeit nötigen Wissens und Könnens. 2. Aufl., Berlin, 1908

(208) Das sozialdemokratische Agrarprogramm 1925. Kap. B,IV

(209) HERTZ, Fr. O.: Die Agrarischen Fragen. S. 139

(210) ebda, S. 137

(211) ebda, S. 99

(212) ebda, S. 100 ff

(213) ebda, S. 104

(214) Dabei denkt der Autor z.B. an Wegerechte und Nachbarschaftsrechte.

(215) HERTZ, Fr. O.: Die Agrarischen Fragen. S. 105

(216)   HERTZ, Fr. O.: Die Agrarischen Fragen. S. 106

(217)   ebda, S. 106 ff

(218)   ebda, S. 106

(219)   Denken wir z.B. an den Milchwirtschaftsfonds.

(220)   HERTZ, Fr. O.: Die Agrarischen Fragen. S. 109

(221)   ebda, S. 110. "Wenn heute ein Bauer der Vergantung näher rückt, beginnt ein fürchterliches Schauspiel, der wirtschaftliche Todeskampf. Alles Entbehrliche wird verkauft, der Wald abgeholzt, das Vieh stückweise zu Geld gemacht, ... der Boden ausgeraubt -am Ende hat Niemand etwas davon,... und es ist oft unmöglich, den Schaden überhaupt wieder gut zu machen."

(222)   ebda, S. 111 ff. Vgl. dazu: GENNER, Michael: Mein Vater. S. 45 ff. Kritisch: KRAMMER, Josef: Analyse I. S. 69 ff, und Analsyse II, S. 29 ff

(223)   HERTZ, Fr. O.: Die Agrarischen Fragen. S. 116

(224)   ebda, S. 116 ff

(225)   ebda, S. 121

(226)   ebda, S. 123 ff

(227)   ebda, S. 134

(228)   ebda, S. 95 ff

(229)   ebda, S. 95

(230)   ebda, S. 96

(231)   ebda, S. 96

(232)   ebda, S. 96 ff

(233)   Dieser jährliche Betrag wäre nach qualitativer und quantitativer Maßgabe der Produkte zu berechnen.

(234)   HERTZ: a.a.O., S.72 ff

(235)   HERTZ, Fr. O.: Die Agrarischen Fragen. S. 97. "Damit sind die möglichen Gestaltungen des Besitzverhältnisses der Zukunft keineswegs erschöpft."

(236)   Hertz rückt nach dem Ersten Weltkrieg von der Sozialdemokratie ab und arbeitete als Nationalökonom in humanistischem Sinne (GLASER, Ernst: Im Umfeld. S. 182). Vgl.: Der Weg. Wochenschrift. Hg.v.: Fr.O.Hertz. Wien, 1905 ff

(237) Parteitagsprotokoll. Parteitag Brünn. 1899, S. 95

(238) Parteitag der dt.-österr. Sozialdemokratie vom 2.-6. September in Graz. Protokoll. Wien, 1900, S. 104ff

(239) ebda, S. 114

(240) ebda. S. 104 f

(241) Angenommen wurden die Anträge: 49, 50, 51. Der Parteivertretung zugewiesen: 53 und 54. Abgelehnt: 52 u. 55.

(242) Es gab auch Ausnahmen. HOFER, A.: Bruder Bauer. In: Die Neue Zeit. 19. Jg., 1.Bd., 1901, S. 78 ff

(243) Parteitagsprotokoll. 1900, S. 106 ff

(244) vgl. dazu: oben S. 66 ff

(245) Parteitagsprotokoll. 1900, S. 106

(246) siehe dazu: oben S.89 ff und Parteitagsprotokoll 1896, S. 141

(247) Parteitagsprotokoll 1900. S. 111

(248) siehe dazu: Parteitagsprotokoll 1900 und AZ-Jahrgänge 1891-1914.

(249) Parteitagsprotokoll. 1900. S. 106 ff. Vgl. dazu: HERTZ, Fr. O.: Die Agrarischen Fragen. S. 11 ff und S. 88. Weiters: ZIMMERMANN, Helmut: Sozialgeschichtliche und organisatorische Entwicklungsbedingungen der österreichischen Arbeiterbewegung bis 1914 unter besonderer Berücksichtigung des Austromarxismus. Diss., Marburg, 1976. Einige Aussagen (z.B. Schwinden des Mittelbetriebes) sind nicht richtig. S. 191 ff

(250) Parteitagsprotokoll. 1900. S. 119

(251) ebda, S. 121

(252) ebda, S. 123

(253) ebda, S. 127

(254) Parteitagsprotokoll. 1897, S. 194 ff; sh. o. S: 99ff

(255) Parteitagsprotokoll. 1900, S. 111 ff

(256) ebda, S. 113 ff

(257) ebda, S. 120

(258) Parteitagsprotokoll. 1900. S. 127

(259) ebda, S. 114 f

(260) Die Parteitagsredner nehmen - das ist ganz auffällig, aber dem geltenden Wahlrecht entsprechend - nur auf die Männer Bezug.

(261) Parteitagsprotokoll. 1900, S. 120

(262) ebda, S. 120

(263) Es kann ja nicht Ziel der Sozialisten sein, den Arbeiter von seinen Produktionsmitteln zu trennen, sondern nur das Gegenteil.

(264) Parteitagsprotokoll. 1900, S. 127

(265) Über die Mißstände in der Schulbildung siehe: WYSOCKI, Josef: Infrastruktur und wachsende Staatsausgaben. S. 41 ff

(266) Parteitagsprotokoll. 1900. S. 106

(267) ebda, S. 112. Die Gemeinden müßten sozialistische Politik machen.

(268) ebda, S. 112

(269) ebda, S. 117

(270) Parteitagsprotokoll. 1900, S. 119

(271) ebda, S. 124

(272) ebda. Dazu: ELLENBOGEN, S. 108 ff, VOLLMAR, S. 116 f, ADLER, S. 122 f.

(273) ebda, S. 123

(274) Man denke nur an die diversen Bergbauernförderungen und an Einteilung der landwirtschaftlichen Gebiete in Erschwerniszonen.

(275) Hertz, den der Referent erwähnt (S. 107) hat Spuren hinterlassen.

(276) Mit diesen Aussagen gehen die Referenten über Hertz hinaus.

(277) Parteitagsprotokoll. 1900. S. 113

(278) ebda, S. 125. Vgl. dazu: Die Verhältnisse in Polen heute.

(279) Parteitagsprotokoll. 1897. S. 99 ff

(280) Parteitagsprotokoll. 1900. S. 105 f

(281) Trotz des klar erkennbaren Weges in Richtung Bauernpolitik konnten 1900 natürlich nicht alle Unsicherheiten restlos beseitigt werden; übrigens bis heute nicht.

(282) Parteitagsprotokoll. 1900, S. 110 f

(283) So klar war diese Frage auch bei Aufstellung der Programme 1907 (Parlamentsantrag Renner und Gen.) und 1925 nicht beantwortet. Parteitagsprotokoll.1900. S. 126

(284) Parteitagsprotokoll. 1900. S. 127

(285) ebda, S. 112 (Ellenbogen), S. 115 (Dobiasch)

(286) ebda, S. 118

(287) ebda, S. 121

(288) ebda, S. 112

(289) ebda, S. 128

(290) ebda, S. 122

(291) siehe dazu: HOFER, A.: Bruder Bauer. In: Die Neue Zeit. 1901. S. 78 ff. Dort fordert der Autor auf den Bauernschutz zu verzichten, der Kleinbauer würde ohnedies bald um seine Vergesellschaftung bitten, da sich sehr bald die Überlegenheit des Großbetriebes herausstellen würde. Kautsky vertritt weiter die Überschuldungstheorie für die notwendige Konzentration. In: Die Neue Zeit. 21. Jg., 1. Bd., 1902,S. 75ff

(292) Parteitagsprotokoll. 1900. S. 123

(293) Sten. Protokolle des Abgeordnetenhauses. 3.4.1905. S. 28581. Ellenbogen sagt, die Rübenbauern würden von den Zuckerbaronen so ausgebeutet wie die Heimarbeiter von den Verlegern.

(294) vgl. dazu: SCHÄFER, Albert (= Schärf, Adolf): Sozialdemokratie und Landvolk. Wien, 1920, S. 12 ff. Schärf erwähnt in dieser Schrift Friedrich Otto Hertz, was wir sonst nur noch in Ellenbogens Rede 1900 (S. 107) bemerken konnten.

(295) Parteitag, Innsbruck, 29.10.-2.11.1911. Protokoll. S. 297

(296) 564 d. Beil. zu d. sten. Protokollen d. Abgeordnetenhauses. 1907

(297) Die österreichische Sozialdemokratie im Spiegel ihrer Programme. Hg.v.: Albrecht K. Konecny. Wien, 1977.S.27

(298) Agrarprogramm der SPÖ. Diskussionsgrundlage. Wien, 1983, S. 3

(299) vgl. dazu: Parteitagsprotokoll. 1900. S. 111

(300) BRUCKMÜLLER, Ernst: Landwirtschaftliche Organisationen und gesellschaftliche Modernisierung. Salzburg, 1977 (= Geschichte und Sozialkunde Bd. 1), S. 158

(301) ebda, S. 180

(302) Das Land der, historisch gesehen, freiesten Bauernschaft weist die größte Genossenschaftsdichte/Bevölkerung auf.

(303) siehe oben S. 99 und KRAMMER, Josef: Analyse I. S. 69 ff. Analyse II. S. 29 ff, sowie 564 Beil. zu d. sten. Prot. 1907. Die Regierung wird aufgefordert, bäuerliche Genossenschaften zu unterstützen. Doch sollten nur solche Genossenschaften unterstützt werden, die sich verpflichten, den heimischen Markt über Verbraucherorganisationen unter Ausschaltung des Zwischenhandels zu beschicken, die keine Kartellabreden treffen und demokratisch organisiert sind. Zuwiderhandelnde sollten bestraft werden.

(304) 564 d. Beil. zu den sten. Protokollen d. Abgeordnetenhauses. 1907

(305) BRUCKMÜLLER, Ernst: Landwirtschaftliche Organisationen. S. 187

(306) WYSOCKI, Josef: Infrastruktur. S. 51 ff. Diese Zahlen beziehen sich auf die Gesamtmonarchie. Vgl. dazu: Historisches Geschehen im Spiegel der Gegenwart. Österreich-Ungarn 1867-1967. (Hirt 5008), S. 200. "Nach der Nationalität standen im Jahre 1900 kulturell am höchsten die Deutschen und die Tschechen mit 5 bis 7 % Analphabeten." Z.B. Ruthenen 76 %.

(307) WYSOCKI, Josef: Infrastruktur. S. 53

(308) SCHIFF, Walter: Grundriß. Ders.: Die landwirtschaftliche Produktionspolitik. Wien, 1926

(309) Parteitag. Wien 9.-13.11.1903. Protokoll. S. 48

(310) GENNER, Michael: Mein Vater. S 33 ff

(311)   GENNER, Michael: Mein Vater, S. 182

(312)   Sten. Protokoll. 21.12.1907, S. 387 ff

(313)   ebda, 27.6.1907, S. 113, und ebda, 15.5.1913, S.7019

(314)   ebda, 27.6.1907, S. 91

(315)   Arbeiterzeitung, Nr. 352. 23.12.1907, S. 4

(316)   Parteitag. 19.-24.9.1909. Wien. Protokoll. S. 163 ff. Vgl. dazu: SCHIFF, Walter: Die agarpolitische Gesetzgebung der Landtage 1902 bis 1905. In: Zeitschrift für Volkswirtschaft, Sozialpolitik und Verwaltung. Bd.. XVIIII, Heft 5, 1905

(317)   Die Tätigkeit der sozialdemokratischen Abgeordneten im österr.Reichsrat.Hg.v.: Klub der sozialdemokratischen Abgeordneten. Heft 4, Wien, 1914, S. 39

(318)   Arbeiterzeitung. Nr. 313. 14.11.1907, S. 2

(319)   vgl. dazu: RENNER, Karl: Die Irrlehren vom Schutzzoll und die Lage der österr. Volkswirtschaft. Vortrag. Wien, 1914. BAUER, Otto: Die Teuerung. Eine Einführung in die Wirtschaftspolitik der Sozialdemokratie. Wien, 1910

(320)   KAGER, Marianne E.: Die Agrardiskussion. S. 80

(321)   siehe oben, S. 71 ff

(322)   Die Großgrundbesitzer wollten die internationale Konkurrenz, besonders die ihre Saisonpreise gefährdende Börsenspekulation, ausschalten. Parteitagsprotokoll. 1903, S. 48

(323)   BAUER, Otto: Die Teuerung. Eine Einführung in die Wirtschaftspolitik der Sozialdemokratie. Wien, 1910

(324)   ebda. In: Otto Bauer. Werkausgabe. Bd. 1, Wien, 1975,q S. 643

(325)   ebda, S. 648. Heute hat Österreich einen Selbstversorgungsgrad v.91% und ist damit ein Vollversorgungsland, da der Rest auf leicht substituierbare Güter entfällt. SCHNEIDER, Klaus Peter: Landwirtschaft. In: trend. Das österreichische Wirtschaftsmagazin, Nr. 4, 1980, S. 94

(326)   BAUER, Otto: Die Teuerung. S. 653

(327)   ebda, S. 651

(328)   ebda, S. 671 ff

(329)   BAUER, Otto: Die Teuerung. S. 704

(330)   ebda, S. 704

(331)   ebda, S. 726 f

(332)   siehe dazu: BAUER, Otto: Sozialdemokratische Agrarpolitik. Wien, 1926, S. 47 LEHMANN, Hand G.: Die Agrarfrage. S. 81

(333)   BAUER, Otto: Die Teuerung. S. 726 ff

(334)   ebda, S. 735 f

(335)   ebda, S. 738

(336)   siehe dazu sten. Prot. des Reichsrates 1890

(337)   Wiener Parteitag, 19.-21.10.1917. Protokoll S. 249.

(338)   CHARMATZ, Richard: Deutsch-österreichische Politik. Leipzig, 1907, S. 266

(339)   RENNER, Karl: Die Irrlehren. S. 12 ff

(340)   ebda, S. 4 ff

(341)   ebda, S. 7 f

(342)   ebda, S. 8 f

(343)   siehe oben S. 153 ff

(344)   Bauernzeitung. Hg.v.: Preßverein ober- u. niederösterreichischer Bauern, Urfahr/Linz 1917 ff

(345)   Vgl. dazu: Die Parteiprogramme der faschistischen Parteien.

(346)   Bauernzeitung. 5.1.1917, S. 1

(347)   ebda, 26.1.1917, S. 2

(348)   Bauernzeitung. 26.1.1917. S. 2

(349)   HAUTMANN, Hans/KROPF, Rudolf: Die österr. Arbeiterbewegung. S. 114

(350)   Gesamtparteitag. 2.-6.11.1901 in Wien. Protokoll. S. 138 ff

(351)   Parteitagsprotokoll. 1901, S. 96 f

(352)   ebda, S. 126

(353)　　WINKLER, Ernst: Die österreichische Sozialdemokratie im Spiegel. S. 33

(354)　　Parteitagsprotokoll. 1901. S. 107

(355)　　ebda, S. 106

(356)　　Arbeiterzeitung. 7.11.1901. S. 4

(357)　　Parteitag vom 15.-18.8.1902 in Aussig. Protokoll.S.110

(358)　　Parteitagsprotokoll. 1900. S. 118

(359)　　Antrag Nr. 10. Parteitagsprotokoll. 1902. S. 47

(360)　　ebda, S. 135

(361)　　Parteitag vom 26.-29.9.1904 in Salzburg. Protokoll. S. 147 ff

(362)　　Parteitag vom 30.9.-4.10.1907 in Wien. Protokoll.S.222

(363)　　ebda, S. 218 f, und S. 223

(364)　　Parteitag vom 19.-24.9.1909 in Wien. Protokoll. S. 95 und S. 264.

(365)　　Parteitagsprotokoll. 1909. S. 264 f

(366)　　ebda, S. 98 ff, und 253 ff

(367)　　ebda, S. 165

(368)　　Die Agrarier stellten im steirischen Landtag den Antrag, die hohe Arbeitslosigkeit dahingehend auszunutzen, durch zeitliche Begrenzung der Verpflegungsdauer in den Verpflegungsstationen den Großbauern billige Arbeitskräfte zuzuführen und damit gleichzeitig die Löhne der Landarbeiter zu drücken, wogegen sich die Sozialdemokraten natürlich zur Wehr setzten. Siehe: Protokoll. 1909. S. 165 ff

(369)　　Zur Landwirtschaftspolitik der Sozialdemokraten in den Bundesländern siehe: KONRAD, Helmut: Das Entstehen der Arbeiterklasse in Oberösterreich. Wien, München, Zürich, 1981. S. 396 ff. OBERKOFLER, Gerhard: Arbeiterbewegung in Tirol. Ein Beitrag zu ihrer Geschichte vom Vormärz bis 1917.Innsbruck, 1976,S.68ff

(370)　　Parteitag. Innsbruck vom 19.10.-2.11.1911. Protokoll, S. 296

(371)　　ebda, S. 295 f

(372) Die Landwirtschaft trug 1913 nur 11,2 % zum Bruttonationalprodukt bei. Siehe : HAUTMANN/KROPF. Arbeiterbewegung. S. 85

(373) Wesentlich differenzierter: BAUER, Otto: Der Weg zum Sozialismus. Wien, 1919

(374) Parteitagsprotokoll. 1911, S. 285

(375) ebda, S. 296

(376) ebda, S. 284 ff

(377) ebda, S. 297. Siehe: Johann Filzers Zehn-Punkte-Programm für die Sozialdemokratie. In: Volkszeitung. 8.5.1907, Innsbruck, Beilage Nr. 37

(378) Protokoll. 1911, S. 297 f

(379) Parteitagsprotokoll. 1911, S. 297

(380) ebda, S. 299

(381) ebda, S. 303 f

(382) "Wie übermütig die Agrarier in den Landtagen sind, zeigt sich darin, daß sie in Niederösterreich und in Steiermark, trotzdem das die Landtage gar nicht können, Abschiebung der Arbeitslosen aus den Städten auf das Land und zwangsweise Anhaltung zur Arbeit gefordert haben." Siehe oben S. 178 ff und Parteitagsprotokoll. 1909, S. 166

(383) Parteitag. Wien vom 31.10.-4.11.1913. Protokoll.S.224

(384) Zur Organisierung der Land- und Forstarbeiter siehe oben S. 75 ff

(385) Parteitagsprotokoll. 1913. S. 256 ff

(386) siehe dazu: Vollmars Rede 1900. Parteitagsprotokoll. 1900, S. 116 ff

(387) CHARMATZ, Richard: Deutsch-österreichische Politik. S. 2875

(388) Bauernzeitung. 28.7.1917. S. 1 ff

(389) HAUTMANN, Hans/KROPF, Rudolf: Die österr. Arbeiterbewegung. S. 114

(390) Parteitag vom 19.-24.10.1917 in Wien. Protokoll.S.249

(391) Parteitagsprotokoll. 1917, S. 257

(392) Parteitagsprotokoll. 1917. S. 199 ff

(393) ebda, S. 260

(394) ebda, S. 202 f

(395) ebda, S. 248

(396) ebda, S. 89

(397) Über notwendige Zwangsmaßnahmen vergleiche: SCHIFF, Walter: Die landwirtschaftliche Produktionspolitik. S. 3 ff, und HERTZ, Fr. O.: Die Agrarischen Fragen. S. 105 ff

(398) Parteitagsprotokoll. 1917. S. 251

(399) Denken wir nur daran, daß es amtliche Höchstpreise, Marktverordnungsgesetze, Kommassierungen und Zusammenschlüsse verschiedenster Art auf freiwilliger Basis oder mit Zwangsmitgliedschaft (Kammern) gibt.

(400) siehe dazu oben S. 137ff

(401) Sten. Prot. d. Reichsrates. 33. Sitzung. 12.9.1907. S. 2538 ff

(402) Arbeiterzeitung, vom 13.11.1907, S. 2

(403) Sten. Prot. d. Abgeordnetenhauses, 564 d.Beilagen,1907

(404) Sten. Prot. 12.11.1907, S. 2533 f

(405) Sten. Prot. 12.11.1907, S. 2534 f

(406) ebda, S. 2536 f

(407) ebda, S. 2537

(408) siehe unten: Anhang, Kap. 6.1., S. 233 ff

(409) Sten. Prot. d. Reichsrates. 12.11.1907, S.2538

(410) ebda, S. 2539 ff

(411) Sten. Prot. d. Reichsrates. 12.11.1907, S. 2540

(412) ebda, S. 2541

(413) Sten. Prot. d. Reichsrates vom 12.11.1907, S. 2542

(414) ebda, S. 2544

(415) ebda, S. 2550 f

(416) Sten. Prot. d. Reichsrates vom 12.11.1907, S. 2545 ff

(417) vgl. dazu: ROSEGGER, Peter: Jakob der Letzte.

(418) vgl. dazu: BAUER, Otto: Der Kampf um Wald und Weide.

(419) Sten. Prot. a.a.O., S. 2547

(420) ebda, S. 2546

(421) ebda, S. 2547

(422) ebda, S. 2548 f

(423) ebda, S. 2551

(424) ebda, S. 2552

(425) ebda, S. 2552

(426) RENNER, Karl: Marxismus, Krieg und Internationale. Kritische Studien über offene Probleme des wissenschaftlichen und des praktischen Sozialismus in und nach dem Weltkrieg. Stuttgart. 1917

(427) HERTZ, Fr. O.: Die Agrarischen Fragen, S. 100 ff.

(428) ebda, S. 72 f

(429) RENNER, Karl: Marxismus, Krieg und Internationale, S.73f

(430) ebda, S. 70 ff

(431) vergl. dazu: BAUER, Otto. Die Teuerung. Und oben S. 164 ff. Besonders: Otto Bauer am Parteitag 1911. Protokoll. S. 283 ff

(432) RENNER, Karl: Marxismus ..., S. 74

(433) KAUTSKY, Karl: Die Agrarfrage.

(434) HERTZ, Fr. O.: Die Agrarischen Fragen. BAUER, Otto: Der Kampf um Wald und Weide. Ders.: Volkswirtschaftslehre. Ders. Sozialdemokratische Agrarpolitik. Und auch: RENNER, Karl: Marxismus, Krieg und Internationale. Stuttgart, 1917

7.4. KAPITEL 4

(1) Bauernland Oberösterreich. S. 160. Vgl. dazu: HAUTMANN/KROPF: Die österr. Arbeiterbewegung S.125ff KRAMMER, Josef: Analyse I. S. 73 ff

(2) EBNER, Anton/MAJDAN, Harald: Geschichte 4. Wien, 1975, S. 117

(3) FRASS, Otto: Quellenbuch zur österr. Geschichte IV (1918-1955). Wien, 1967, S. 7

(4) siehe dazu: MATTL, Siegfried: Agrarstruktur, Bauernbewegung und Agrarpolitik in Österreich 1919-1929. HAIDEN, Renee A.: Österreichs Landwirtschaft und Agrarpolitik der letzten drei Jahrzehnte. Wien,1953. DANNEBERG, Robert: Die politischen Parteien inDeutsch-Österreich. Wien, 1927. HAUTMANN, Hans/KROPF, Rudolf: Die österr. Arbeiterbewegung vom Vormärz bis 1945.

(5) G 538/19

(6) G 310/19 - Beendigung G 198/28

(7) Vo 689/19 - Befristet bis 31.12.1922, verlängert bis 1925.

(8) Alpenschutzgesetze gab es bereits in der Monarchie.

(9) Bauernland Oberösterreich. S. 163

(10) ebda, S. 164

(11) KRAMMER, Josef: Analyse I. S. 76

(12) SCHÄFER, Albert (= Schärf, Adolf): Bauer wach auf! S. 22 ff

(13) ebda, S. 27 ff, und ders.: Pachtrecht und Pächterschutz in Österreich. Wien, 1925.

(14) 1923 wurde die sozialdemokratische "Vereinigung der Kleinbauern, Weinbautreibenden und Kleinpächter" gegründet. GENNER, Michael: Mein Vater. S. 46

(15) SCHÄFER, Albert (= Schärf, Adolf): Sozialdemokratie und Landvolk. Wien, 1920. Ders.: Bauer wach auf! Wien, 1923. SCHÄRF, Adolf: Pachtrecht und Pächterschutz. Wien, 1925. RENNER, Karl: Österreichs Volkswirtschaft und die Sanierung. Wien, 1923. Ders.: Der Mensch in der Wirtschaft und der Sozialismus. Wien, 1930. Ders.: Mittelstand und Sozialismus. Wien, 1932. SCHIFF, Walter: Die großen Agrarreformen seit dem Kriege. Wien, 1926. Ders.: Die landwirtschaftliche Produktionspolitik in Österreich. Wien, 1926. BAUER O. DerWegzum Sozialismus. Wien, 1919. Ders.: Volkswirtschaftslehre. Hg.: Wien, 1956. Ders.: Der Kampf um Wald und Weide. Wien, 1925. Ders.: Sozialdemokratische Agrarpolitik. Wien, 1926.

(16) BAUER, SCHÄRF und SCHIFF: siehe oben. HEINDL, Hermann: Das Arbeitsrecht in der Land- und Forstwirtschaft. Wien, 1925

(17) Der Kampf. 18. Jg., Wien 1925, HIRSCH, Johann, S. 170ff, NEUBAUER, Wilhelm, S. 361 ff, RASMUSSEN, Wilhelm, S. 423 ff, SCHÄRF, Adolf, 409 ff, LEICHTER, Käthe, S. 198 ff

(18) Zur Agrarpolitik in der Republik siehe: MATTL, Siegfried: Agarstruktur.

(19) siehe dazu: unten Kap. 4.2., S. 216 ff

(20) SCHIFF, Walter: Die landwirtschaftliche Produktionspolitik. S. 4 f

(21) SCHIFF, Walter: Die landwirtschaftliche Produktionspolitik. S. 6 ff

(22) ebda, S. 9

(23) Ein schwerer Mangel der kapitalistischen Wirtschaftsweise ist auch darin zu erblicken, daß diese Phänomene nur für die Industriestaaten zutreffen, die unterentwickelten Länder leiden hingegen unter gravierendem Lebensmittelmangel, können jedoch nicht in den Besitz dieser Überschußprodukte kommen, weil ihnen dafür das systemimmanente Tauschmittel, das Geld, fehlt.

(24) Parteitag vom 14.-16.11.1923. Wien. S. 159 f (O.Bauer)

(25) siehe oben S. 137 ff

(26) Parteitagsprotokoll. 1923. S. 160

(27) ebda, S. 200 f

(28) BAUER, Otto: Der Kampf um Wald und Weide. S. 3

(29) Parteitag vom 13.-16.11.1925 in Wien. Protokoll. S. 245 ff

(30) NEUBAUER, Wilhelm: Der Kampf um Wald und Weide. In: Der Kampf. 1925, S. 362

(31) BAUER, Otto: Der Kampf um Wald und Weide. S. 165

(32) Über die Theorien für die Nutzung des Waldes von den privaten Waldeigentümern "Waldreinertragswirtschaft" (Theorie der aristokratischen Waldbesitzer) - Bodenreinertragstheorie (Theorie der Kapitalisten) siehe: BAUER, Otto: Der Kampf um Wald und Weide. S. 166 ff.

Die Anwendung dieser Theorien würde, je nach Theorie, nur in verschiedener Geschwindigkeit die Verödung der Waldflächen nach sich ziehen.

(33) ebda, S. 172

(34) BAUER, Otto: Der Kampf um Wald und Weide. S. 198 f

(35) BAUER, Otto: Einführung in die Volkswirtschaftslehre. Wien, 1956. S. 108 ff

(36) BAUER, Otto: Der Kampf um Wald und Weide. S. 232

(37) ebda, S. 234

(38) ebda, S. 237

(39) ebda, S. 239

(40) ebda, S. 241

(41) ebda, S. 241 f

(42) ebda, S. 243 f

(43) STADLER, Karl R.: Adolf Schärf. Mensch - Politiker - Staatsmann. Wien, München, Zürich. 1982, S. 75

(44) RENNER, Karl: Mittelstand und Sozialismus. Wien, 1932. Brechung der Zinsknechtschaft. Wiener Volksbuchhandlung. Wien, o.J.

(45) FRANZ, Günther: Der deutsche Bauernkrieg. München, Berlin. 1939, S. VI

(46) Brechung der Zinsknechtschaft. S 4 d

(47) ebda, S. 14 ff

7.5.   KAPITEL 5

(1) vgl. dazu: OÖ. Tagblatt, 7.12.1985, S. 4. KNAPP, Horst: Grüne Revolution. Kommentar. In: Finanznachrichten 23, Wien, 5. Juni 1986

(2) Agrarporgramm der SPÖ. Diskussionsgrundlage. Wien, 1983, S. 3

(3) ebda, S. 3, 5, 8 f

(4) ebda, S. 3, 6 f

(5)   ebda, S. 9 f

(6)   ebda, S. 5

(7)   ebda, S. 3, 5, 12 f

(8)   Zu erwähnen wären besonders die Aufsätze Ernst Winklers. In: Die Zukunft. Jg. 1945 ff

(9)   GRESSENBAUER, Leopold: Die ehrliche Bauernpolitik. In: Mitteilungen der oberösterr. SPÖ - Bauern 2/87, S.2

(10)   ebda, S. 12

(11)   "Ziele": Die breite Streuung des Eigentums an Grund und Boden." Agrarprogrammentwurf. 1983. S. 10

(12)   NEUBAUER, Wilhelm: Der Kampf um Wald und Weide. S.168

(13)   Agrarprogrammentwurf. 1983. S. 7. Über die österr. Verhältnisse vergl.: STEGER, Gerhard/MOSER, Erhard: Wer profitiert von den Überschüssen in der Landwirtschaft?

(14)   TROELLER, Gordian/ DEFFARGE, Marie-Claude: Die Saat des Fortschritts oder Das Ende der Entwicklung. Fernsehbericht vom Ruin der amerikanischen Bauern. ARD, 4.3.1984. Salzburger Nachrichten, 14.11.1985, S. 3, und OÖN vom 16.2.1985, S. 4

(15)   Bedenke dabei das Problem der nicht-zahlungskräftigen Länder (3. Welt).

(16)   Bedenke dabei auch die sogenannte "Nicht-Anbau-Prämie" der Reagan-Administration.

(17)   Ungefähr 50 Großunternehmen haben die Gemüseverarbeitung monopolisiert.

8. LITERATURVERZEICHNIS

8.1. ZEITUNGEN, ZEITSCHRIFTEN, STATISTIKEN und PROTOKOLLE

NEUE AGRARZEITUNG, Wien, 1946ff

ARBEITERZEITUNG, Organ der österreichischen Sozialdemokratie, Wien, 1889ff

DER FREIE ARBEITSBAUER (vorher: Der Kleinbauer), Wien, 1928ff

DER BAUER, Mitteilungsblatt der Oberösterreichischen Landwirtschaftskammer, 1949ff

BAUERNZEITUNG, Preßverein der ober- und niederösterreichischen Bauern, Linz-Urfahr, 1917ff

ÖSTERREICHISCHE BAUERNZEITUNG, Wien, 1950ff

BUNDESGESETZBLATT für die Republik Österreich, Wien, 1920ff

BUNDESGESETZBLATT für die Republik Österreich, Wien, 1945ff

FINANZNACHRICHTEN, Wien, 1984ff

DIE GEWERKSCHAFT, Organ der Gewerkschaftskommission Oesterreichs, 1898ff

INVESTMENTREPORT, Wien, 1975ff

DER KAMPF, Sozialdemokratische Wochenschrift, Wien, 1907ff

DAS LANDARBEITER-ARCHIV, Monatsschrift für Gewerkschaftsfragen, Sozialversicherung, Sozialpolitik und Agrarpolitik, Wien, 1946ff

DER LANDBOTE, Wien, 1907ff

DER LANDBOTE, Fachblatt der Gewerkschaft Land-Forst-Garten, Wien, 1945ff

DER LAND- UND FORSTARBEITER, Wien, 1920ff

DER OBERÖSTERREICHISCHE LAND- UND FORSTARBEITER, Linz, 1951ff (ab 1969: Mitteilungsblatt der Kammer für Arbeiter und Angestellte in der Land- und Forstwirtschaft für Oberösterreich)

LAND- UND FORSTWIRTHSCHAFTLICHE MITTEILUNGEN, Organ des Landeskulturrates für das Erzherzogthum Oesterreich ob der Enns (seit 1919 für Oberösterreich), Linz, 1888ff

40 JAHRE LANDWIRTSCHAFTSFÖRDERUNG IN ÖSTERREICH, Wien, 1963

MITTEILUNGEN DER OBERÖSTERREICHISCHEN SPÖ-BAUERN, Linz,1970ff

OBERÖSTERREICHS LAND- UND FORSTWIRTSCHAFT IN ZAHLEN, Linz, 1973 (8)

ÖSTERREICHS LAND- UND FORSTWIRTSCHAFT IN ZAHLEN '79, Wien,o.J.

ÖSTERREICHISCHE PARTEIPROGRAMME 1868 - 1966, Hg.v.: Klaus Berchtold, Wien, 1967

DAS NEUE PROGRAMM DER SPÖ, Wien, 1978

PROTOKOLL über die Verhandlung des Gesamtparteitages (über die Verhandlungen des Parteitages der Deutschen - Sozialdemokratie) der Sozialdemokratischen Arbeiterpartei Österreichs, (Monarchie), Wien, 1899ff

PROTOKOLL über die Verhandlungen des Parteitages der sozialdemokratischen Partei (Deutsch)Österreichs, (Republik), Wien, 1919ff

REFORM DER ÖSTERREICHISCHEN WIRTSCHAFT, Wirtschaftsprogramm der SPÖ von 1968, Wien, 1968.

REICHS-GESETZ-BLATT für das Kaiserthum Österreich (ab 1870 für die im Reichsrathe vertretenen Königreiche und Länder), Wien, 1860ff

SALZBURGER NACHRICHTEN, Salzburg, 1960ff

SERVICE FÜR DEN STAATSBÜRGER, Ein Taschenbuch SPÖ, Wien, o.J.

DIE ÖSTERREICHISCHE SOZIALDEMOKRATIE IM SPIEGEL IHRER PROGRAMME, Wien, Hg.v.: Ernst Winkler, 1964, und Albrecht K. Konecny, o.J.

SPÖ - BEREIT FÜR DIE 80ER JAHRE, Entwurf für das neue Parteiprogramm, Wien, 1977

SPÖ - ENTWICKLUNGSPROGRAMM FÜR OBERÖSTERREICH, Linz, o.J.

STAATSGESETZBLATT FÜR DIE REPUBLIK ÖSTERREICH, Wien, 1945

STAATSGESETZBLATT FÜR DEN (1919/20 für die Republik Österreich) STAAT DEUTSCHÖSTERREICH, Wien, 1918ff

STENOGRAPHISCHE PROTOKOLLE der Konstituierenden Nationalversammlung, Wien, 1919

STENOGRAPHISCHE PROTOKOLLE des Nationalrates, Wien, 1920ff

STENOGRAPHISCHE PROTOKOLLE über die Sitzungen des Hauses der Abgeordneten des österr. Reichsrates. Wien, 1890 ff

BEILAGEN zu den Sitzungen der Reichsratsabgeordneten. Wien, 1890 ff

ANHANG zu den Sitzungen der Reichsratsabgeordneten. Wien, 1907 ff

TAGBLATT. Organ für die Interessen des werktätigen Volkes. (oberösterr. Tagblatt),Linz, 1916 ff

O.Ö. TAGESPOST (Oberösterr. Nachrichten),Linz, 1889 ff

LINZER VOLKSBLATT (Neues Volksblatt), Linz, 1870 ff

ZAHLEN 81 AUS ÖSTERREICHS LAND- UND FORSTWIRTSCHAFT. Hg.: Präsidentenkonferenz der Landwirtschaftskammern Österreichs. Wien, 1982

DIE ZUKUNFT. Sozialistische Monatsschrift für Politik und Kultur. Wien, 1946 ff

WAHLPROGRAMM DER SPÖ. Für Österreich und seine Menschen. Wien, 1983

DAS WIRTSCAHFTSPROGRAMM DER SPÖ. Österreich muß vorne bleiben. Wien, 1981

DIE NEUE ZEIT. Revue des geistigen öffentlichen Lebens. Stuttgart, 1883 ff

8.2. LITERATUR

VICTOR ADLERS AUFSÄTZE, REDEN UND BRIEFE. Hg.v.: Parteivorstand der Sozialdemokratischen Arbeiterpartei Deutschösterreichs. 5 Bde., Wien, 1922 - 1925

AGRARAUßENHANDEL IN DER KRISE. Konsequenzen und Alternativen. Hg. v.: Hans Bach. Linz, 1982 (= Schriftenreihe für Agrarpolitik und Agrarsoziologie XXXI)

AGRARPOLITIK ZWISCHEN BEWAHRUNG UND FORTSCHRITT. Die Land-, Forst- und Wasserwirtschaft 1970 bis 1975. Wien, o.J.

AGRARPOLITIK, LANDENTWICKLUNG UND UMWELTSCHUTZ. Festschrift für Hans Bach. Wien, New York, 1982

AGRARPROBLEME. Problemkatalog und Lösungsvorschläge für ein sozialistisches Agrarprogramm. Wien, 1980

AGRARPROGRAMM DER SPÖ. Diskussionsgrundlage. Wien, 1983

DAS PARLAMENTARISCHE AGRARPROGRAMM 1907. In: Stenographische Reichsratsprotokolle. 564 d. Beilagen. Wien, 1907

DAS SOZIALDEMOKRATISCHE AGRARPROGRAMM 1925. In: Die österreichische Sozialdemokratie im Spiegel ihrer Programme. Hg.v.: Albrecht Konecny Wien, o.J.

ARMEE OHNE BROT. Hg. v.: Revolutionäre Gewerkschaftsopposition, o.O., o.J.

DIE INTERNATIONALE ARBEITERORGANISATION. Ihre Gründung, Organisation, politisch-sociale Thätigkeit und Ausbreitung (reprint). Bonn, 1969

Ardelt, Rudolf G.: FRIEDRICH ADLER. Probleme einer Persönlichkeitsentwicklung. Habil., Salzburg, 1982

AUFBRUCH UND UNTERGANG. Österreichische Kultur zwischen 1918 und 1938. Hg.v.: Franz Kadrnoska. Wien, München, Zürich, 1981

Ausch, Karl: ERLEBTE WIRTSCHAFTSGESCHICHTE ÖSTERREICHS SEIT 1945. Wien, 1963

Bach, Hans u.a.: AGRARNEBENERWERB UND ARBEITSMARKT. Studie zur arbeitsmarktpolitischen Bedeutung der Nebenerwerbslandwirtschaft. Linz, 1981 (= Arbeitsmarktpolitik XXIX)

Bauer, Otto: SOZIALDEMOKRATISCHE AGRARPOLITIK. Erläuterungen des Agrarprogramms der Deutschösterreichischen Sozialdemokratie. Wien, 1926 (= Agrarsozialistische Bücherei 6)

ders.: DER KAMPF UM WALD UND WEIDE. Studien zur österreichischen Agrargeschichte und Agrarpolitik. Wien, 1925 (= Agrarsozialistische Bücherei 1)

ders.: DIE ÖSTERREICHISCHE REVOLUTION. Wien, 1923

ders.: DER WEG ZUM SOZIALISMUS. Wien, 1919

ders.: EINFÜHRUNG IN DIE VOLKSWIRTSCHAFTSLEHRE. Wien, 1956

ders.: SOZIALDEMOKRATIE, RELIGION UND KIRCHE. Wien, 1927

ders.: DIE TEUERUNG. Eine Einführung in die Wirtschaftspolitik der Sozialdemokratie. Wien, 1910

ders.: WERKAUSGABE. 5 Bde. Wien, 1975-1980

DER STEIRISCHE BAUER. Leistung und Schicksal von der Steinzeit bis zur Gegenwart. Ausstellungskatalog. Graz, 1966

BAUERNLAND OBERÖSTERREICH. Entwicklungsgeschichte seiner Land- und Forstwirtschaft. Hg.v.: Landwirtschaftskammer Oberösterreich. Linz, 1974

Berchtold, Klaus: ÖSTERREICHISCHE PARTEIPROGRAMME 1868-1966. Wien, 1967

Braun, Adolf: DIE GEWERKSCHAFTEN VOR DEM KRIEGE. 2. Aufl., Berlin, 1921

Bruckmüller, Ernst: BÄUERLICHE GEMEINDE UND AGRARGEMEINSCHAFT. In: Bauernland Oberösterreich.

ders.: GRUNDENTLASTUNG UND SERVITUTENREGULIERUNG. In: ebda.

ders.: DIE GRUNDHERRSCHAFT. In: ebda.

ders.: LANDWIRTSCHAFTLICHE ORGANISATIONEN UND GESELLSCHAFTLICHE MODERNISIERUNG. Vereine, Genossenschaften und politische Mobilisierung der Landwirtschaft Österreichs vom Vormärz bis 1914. Salzburg, 1977 (= Forschungen, Geschichte und Sozialkunde 1)

Brügel, Ludwig: GESCHICHTE DER ÖSTERREICHISCHEN SOZIALDEMOKRATIE. 5 Bde., Wien, 1922-1925

Brügel, Fritz: DER WEG DER INTERNATIONALE. Wien, 1931

Charmatz, Richard: DEUTSCH - ÖSTERREICHISCHE POLITIK. Studien über den Liberalismus und über die auswärtige Politik Österreichs. Leipzig, 1907

Mc Conell, Campbell R.: DIE LANDWIRTSCHAFT. In: Volkswirtschaftslehre. Eine problembezogene Grundlegung. Bd. II, New York, 1972

Danneberg, Robert: DAS SOZIALDEMOKRATISCHE PROGRAMM. Eine gemeinverständliche Erläuterung seiner Grundsätze. Wien, 1920

David, Eduard: DER REFERENTENFÜHRER. Eine Anleitung zum Erwerb des für die sozialdemokratische Agitationstätigkeit notwendigen Wissens und Könnens. 2. Auf., Berlin, 1908

ders.: SOZIALISMUS UND LANDWIRTSCHAFT. Berlin, 1922

Deutsch, Julius: WAS WOLLEN DIE SOZIALISTEN? 2. Aufl., Wien, 1949

Dinklage, Karl: GESCHICHTE DER KÄRNTNER LANDWIRTSCHAFT. Hg.v.: Land- und Forstwirtschaftskammer Kärnten, Klagenfurt, 1966

DOKUMENTE AUS DEM DEUTSCHEN BAUERNKRIEG. Hg.v.: Werner Lenk. Leipzig, 1974 (= Reclam 561)

Eichmeyer/Feigl/Litschel: WEILB GILT DIE SEEL UND AUCH DAS GUET. Oberösterreichische Bauernaufstände und Bauernkriege im 16. und 17. Jahrhundert. Linz, 1976

Ellenbogen, Wilhelm: LOS GEGEN DIE GEMEINWIRTSCHAFT. Wien, 1927

Engels, Friedrich: DIE BAUERNFRAGE IN FRANKREICH UND DEUTSCHLAND. In: Marx/Engels: Ausgewählte Werke. Moskau, o.J.

ders.: DER DEUTSCHE BAUERNKRIEG. In: Marx-Engels-Werke. Bd.7, Berlin, 1960

Firnberg, Herta: LOHNARBEITER UND FREIE LOHNARBEIT IM MITTELALTER UND ZU BEGINN DER NEUZEIT. Ein Beitrag zur Geschichte der agrarischen Lohnarbeit in Deutschland. Baden, Brünn, 1935

Frass, Otto: QUELLENBUCH ZUR ÖSTERREICHISCHEN GESCHICHTE 4. (1918-1955). Wien, 1967

Franz, Günther: DER DEUTSCHE BAUERNKRIEG. München, Berlin, Oldenburg, 1939

Freund, Fritz: DAS ÖSTERREICHISCHE ABGEORDNETENHAUS 1907-1913. Wien, o.J. 1911-1917. Wien, o.J.

Genner, Michael: MEIN VATER LAURENZ GENNER. Ein Sozialist im Dorf. Wien, München, Zürich, 1979

50 Jahre LANDWIRTSCHAFTLICHES GENOSSENSCHAFTSWESEN IN NIEDERÖSTERREICH. Wien, 1936

GESCHICHTE UND GESELLSCHAFT. Festschrift für Karl R. Stadler. Wien, 1974

Glaser, Ernst: IM UMFELD DES AUSTROMARXISMUS. Ein Beitrag zur Geistesgeschichte des österreichischen Sozialismus. Wien, München, Zürich, 1981

Grüll, Georg: BAUER, HERR ODER LANDESFÜRST. Sozialrevolutionäre Bestrebungen der oberösterreichischen Bauern von 1650-1848. Linz, 1963 (=Forschungen zur Geschichte Oberösterr. 8)

ders.: DER BAUER IM LAND OB DER ENNS AM AUSGANG DES 16. JAHRHUNDERTS. Abgaben und Leistungen im Lichte der Beschwerden und Verträge von 1597/98. Wien, Köln, Graz, Böhlau, 1969

ders.: BAUERNKRIEGE, AUFSTÄNDE UND REVOLTEN IM LAND OB DER ENNS. In: Bauernland Oberösterreich.

ders.: ROBOT IN OBERÖSTERREICH. Linz, 1952

Grünberg, Karl: DIE BAUERNBEFREIUNG UND DIE AUFLÖSUNG DES GUTSHERRLICH-BÄUERLICHEN VERHÄLTNISSES IN BÖHMEN, MÄHREN UND SCHLESIEN. Leipzig, 1893/94 ders.: STUDIEN ZUR ÖSTERREICHISCHEN AGRARGESCHICHTE. Leipzig, 1901

DIE HABSBURGERMONARCHIE 1848 - 1918. Die wirtschaftliche Entwicklung (Bd. I, Hg. v. Alois Brusatti). Wien, 1973

Hager, Josef: SOZIALISTISCHE AGRARPOLITIK UNTER BESONDERER BERÜCKSICHTIGUNG DER STELLUNGNAHME DER ÖSTERREICHISCHEN SOZIALDEMOKRATEN. Diss., Wien, 1966

Haiden, Renée A.: ÖSTERREICHS LANDWIRTSCHAFT UND AGRARPOLITIK DER LETZTEN DREI JAHRZEHNTE. Wien, 1953

Hainisch, Michael: DIE LANDFLUCHT. Ihr Wesen und ihre Bekämpfung im Rahmen der Agrarreform. Jena, 1924

Hamscha, Hans/Deutsch, Otto: DIE AUFGABEN DER ÖSTERREICHISCHEN LANDWIRTSCHAFT. Wien, 1937

Hantsch, Hugo: DIE GESCHICHTE ÖSTERREICHS. Wien, Graz, 1947-1953

Haunschmidt, Josef: HISTORISCHE ENTWICKLUNG DER LANDWIRTSCHAFTLICHEN GENOSSENSCHAFTEN IN OBERÖSTERREICH. Linz, 1972. In: Oberösterreich 22

Haushofer, Heinz: IDEENGESCHICHTE DER AGRARWIRTSCHAFT UND AGRARPOLITIK IM DEUTSCHEN SPRACHGEBIET: Vom Ersten Weltkrieg bis zur Gegenwart. Bd. II. München, Bonn, Wien, 1958

Hautmann, Hans/Kropf, Rudolf: DIE ÖSTERREICHISCHE ARBEITERBEWEGUNG VOM VORMÄRZ BIS 1945. Sozialökonomische Ursprünge ihrer Ideologie und Politik. 2. Aufl., Wien, 1974 (=Schriftenreihe des Ludwig-Boltzmann-Instituts für Geschichte der Arbeiterbewegung 4)

Hautmann, Hans: GESCHICHTE DER RÄTEBEWEGUNG IN ÖSTERREICH. Habilitationsschrift. Linz, 1981

Heeke, Wilhelm: DIE LANDFLUCHT IN ÖSTERREICH. Wien, 1937

Heindl, Hermann: DAS ARBEITSRECHT IN DER LAND- UND FORSTWIRTSCHAFT. Wien, 1925 (= Agrarsozialistische Bücherei 2)

Henrichsmeyer, Wilhelm/Gans, Oskar/Evers, Ingo: EINFÜHRUNG IN DIE VOLKSWIRTSCHAFTSLEHRE. 2. Aufl., 1979 (= UTB 680)

Hertz, Friedrich O.: AGRARFRAGE UND SOCIALISMUS. 6 Grundfragen unserer Taktik. Berlin, 1901

ders.: DIE AGRARISCHEN FRAGEN IM VERHÄLTNIS ZUM SOCIALISMUS. Wien, 1899

ders.: DIE ORGANISATORISCHEN FRAGEN IM VERHÄLTNIS ZUM SOCIALISMUS. Wien, 1899

Hertz, Friedrich: KAPITALBEDARF, KAPITALBILDUNG UND VOLKSEINKOMMEN IN ÖSTERREICH. München, Leipzig, 1929. In: Schriften des Vereins für Sozialpolitik 174/4

Hoell, Günter: DIE GRUNDRENTE UND DIE ENTWICKLUNG DES KAPITALISMUS IN DER LANDWIRTSCHAFT. Berlin, 1974

Hoffmann, Alfred: WERDEN, WACHSEN, REIFEN. Wirtschaftsgeschichte des Landes Oberösterreich. Salzburg, 1952

Höllhuber, Dietrich: DIE WIRTSCHAFTSRÄUMLICHE GLIEDERUNG AM BEISPIEL OBERÖSTERREICHS. Phil. Diss., Wien, 1971

Hörnle, Edwin: ZUM BÜNDNIS ZWISCHEN ARBEITERN UND BAUERN. Eine Auswahl seiner agrarpolitischen Reden und Schriften. 1928-1951. Berlin, 1972

Hrdin, Leo W.: DIE WIRTSCHAFT DES WESTLICHEN ALPENVORLANDES OBERÖSTERREICHS. WH-Diss., Wien, 1967

Ingwer, Isidor: EIN OFFENES WORT AN DEN ÖSTERREICHISCHEN BAUERNSTAND. Wien, o.J. (ungef. 1894)

DIE INTERNATIONALE IN DEUTSCHLAND. Hg.v.: Institut für Marxismus-Leninismus beim ZK der SED. Berlin, 1964

Kager, Marianne Elisabeth: DIE AGRARDISKUSSION IN DER DEUTSCHEN UND ÖSTERREICHISCHEN SOZIALDEMOKRATIE VON 1890-1914. Dipl.Arb., Wien, 1975

Kautsky, Karl: DIE AGRARFRAGE. Eine Übersicht über die Tendenzen der modernen Landwirtschaft und Agrarpolitik der Sozialdemokratie. Stuttgart, 1899

ders.: DAS ERFURTER PROGRAMM. Berlin, 1921

ders.: SOZIALDEMOKRATISCHE BEMERKUNGEN ZUR ÜBERGANGSWIRTSCHAFT. Leipzig, 1918

ders.: DIE SOZIALISIERUNG DER LANDWIRTSCAHFT: Berlin, 1919

Kemper, Max: MARXISMUS UND LANDWIRTSCHAFT. Lw.-Diss. 1929, Stuttgart-Hohenheim, 1974 (= Plakat-Bauernverlag 4)

Kienzle, Birgit: JULIE dIE MAGD. "Ich habe nur ein Recht gehabt, keines zu haben." Hamburg, 1983 (= rororo 680)

Klenner, Fritz: 100 JAHRE ÖSTERR. GEWERKSCHAFTSBEWEGUNG. Wien, 1981

ders.: DIE ÖSTERREICHISCHEN GEWERKSCHAFTEN. 3 Bd.,1951-1979

Krammer, Josef: ANALYSE EINER AUSBEUTUNG I UND II. Wien, 1976 (= In Sachen 2 1-2/76 und 3 3-4./76)

Krammer, Josef/Scheer Günter: DAS ÖSTERREICHISCHE AGRARSYSTEM. Probleme, Perspektiven und Alternativen. 2 Bde., Wien, 1978

Konrad, Helmut: DAS ENTSTEHEN DER ARBEITERKLASSE IN OBERÖSTERREICH. Wien, München, Zürich, 1981

Kuhne, Wilhelm: LANDARBEITER. Ein Beitrag zur Geschichte eines Berufsstandes. Wien, 1977 (= Hardenhauser hist. Beitr. 4)

Kulemann, Peter: AM BEISPIEL DES AUSTROMARXISMUS. Sozialdemokratische Arbeiterbewegung in Österreich von Hainfeld bis zur Dollfuß-Diktatur. Hamburg, 1979

Landes, David S.: DER ENTFESSELTE PROMETHEUS. Technologischer Wandel und industrielle Entwicklung in Westeuropa von 1750 bis zur Gegenwart. Köln, 1973

100 JAHRE LANDWIRTSCHAFTSMINISTERIUM. Wien, 1967

Lehmann, Hans G.: DIE AGRARFRAGE IN THEORIE UND PRAXIS DER DEUTSCHEN UND INTERNATIONALEN SOZIALDEMOKRATIE. Vom Marxismus zum Revisionismus und Bolschewismus. Tübingen, 1970 (=Tübinger Studien zur Geschichte und Politik 26)

LEHRBUCH POLITISCHE ÖKONOMIE SOZIALISMUS. Berlin, 1972

Lekusch, Walter: ÖSTERREICHS LANDWIRTSCHAFTLICHE GENOSSENSCHAFTEN. In: Entwicklung und Rationalisierung der österreichischen Landwirtschaft. Wien, 1931 (= Österr. Kuratorium für Wirtschaftlichkeit 7)

Lenin, Wladimir I.: Ausgewählte Werke. Moskau, 1971

ders.: STAAT UND REVOLUTION. Peking, 1971

ders.: STUDIENAUSGABE 1 und 2. Hg.v.: Iring Fetscher, 2 Bde., Hamburg, 1970 (= Fischer Bücher 6012 und 6013)

Leopold, Rudolf: DIE MASCHINE IM BÄUERLICHEN BETRIEB. Wien, 1929

Leser, Norbert: ZWISCHEN REFORMISMUS UND BOLSCHEWISMUS. Der Austromarxismus als Theorie und Praxis. Wien, Frankfurt, Zürich, 1968

Liebknecht, Wilhelm: ZUR GRUND- UND BODENFRAGE. Leipzig, 1876

Leoderer, Bela J./Nowotny, Ewald: OBERÖSTERREICH 1980. Eine Untersuchung der Entwicklung von Bevölkerung, Wirtschaft und Landesfinanzen. Wien, Frankfurt, Zürich, 1969

Luxemburg, Rosa: DIE RUSSISCHE REVOLUTION. In: Schriften zur Theorie der Spontaneität. Hamburg, 1970 (= rororo Klassiker, Philisophie der Neuzeit, Politik und Gesellschaft 15)

Maimann, Helene: ARBEITERGESCHICHTE UND ARBEITERBEWEGUNG. Dissertationen und Diplomarbeiten in Österreich 1918 - 1978. Wien, 1978

Mannert, Josef: AGRARPOLITIK IN ÖSTERREICH. Grundlagen - Zusammenhänge - Leistungen. Wien, 1978. (= Schriftenreihe für Agrarwirtschaft 11)

Marx, Karl: DER ACHTZEHNTE BRUMAIRE DES LUIS BONAPARTE. In: ebda.

ders.: DER BÜRGERKRIEG IN FRANKREICH. In: ebda.

ders.: DAS KAPITAL. Kritik der politischen Ökonomie. 3 Bde., Berlin, 1974

ders.: ZUR KRITIK DER POLITISCHEN ÖKONOMIE. In: ebda.

Marx, Karl/Engels, Friedrich: DAS MANIFEST DER KOMMUNISTISCHEN PARTEI. In: M/E: Ausgewählte Werke.

dies.: AUSGEWÄHLTE WERKE. Moskau, o.J.

März, Eduard: ÖSTERREICHS WIRTSCHAFT ZWISCHEN OST UND WEST. Wien, Frankfurt, Zürich, 1965

Mattl, Siegfried: AGRARSTRUKTUR, BAUERNBEWEGUNG UND AGRARPOLITIK IN ÖSTERREICH 1919 - 1929. Wien, Salzburg, 1981 (= Veröffentlichungen zur Zeitgeschichte 1)

Matzner, Egon: MODELL ÖSTERREICH. Skizzen für ein Wirtschafts- und Gesellschaftskonzept. Wien, Frankfurt, Zürich, 1965

Mayr, Johann: DIE AGRARPOLITIK DER ÖSTERREICHISCHEN SOZIALDEMOKRATEN BIS ZUM ENDE DES ERSTEN WELTKRIEGS. Ein Fallbeispiel für den Beginn des Reformismus in der österreichischen Arbeiterbewegung mit einer historischen Einleitung und mit Vergleichsmöglichkeiten zu klassischen und nachfolgenden sozialistischen Agrartheorien. Phil. Diss., Salzburg, 1984

MELL, Anton: DIE ANFÄNGE DER BAUERNBEFREIUNG IN DER STEIERMARK UNTER MARIA THERESIA UND JOSEF II. In: Forschungen zur Verfassungs- und Verwaltungsgeschichte der Steiermark. Graz, 1901

Nollau, Günther: DIE INTERNATIONALE. Wurzeln und Erscheinungsformen des proletarischen Internationalismus. Köln, 1959

Oberkofler, Gerhard: ARBEITERBEWEGUNG IN TIROL. Ein Beitrag zu ihrer Geschichte vom Vormärz bis 1917. Innsbruck, 1976

1925 - 1975 ÖSTERREICHISCHE BUNDESFORSTE. Wien, 1975

ÖSTERREICHS LAND- UND FORSTWIRTSCHAFT. Hg.v.: Organisationskomitee der X. Generalversammlung der CEA. Wien, 1958

Otruba, Gustav: ÖSTERREICHS WIRTSCHAFT IM 20. JAHRHUNDERT. Wien, München, 1968

ders.: "BAUER" UND "ARBEITER" IN DER ERSTEN REPUBLIK. Betrachtungen zum Wandel ihres Wirtschafts- und Sozialstatus. In: Geschichte und Gesellschaft.

Pelz, Karl: KONJUNKTURENTWICKLUNG UND AGRARPOLITIK VON 1918 BIS 1970. In: Bauernland Oberösterreich.

Pisecky, Franz: WIRTSCHAFT, LAND UND KAMMER IN OBERÖSTERREICH. 2 Bde., Linz, 1976

Pleschberger, Werner: VORARBEITEN ZUR THEORETISCHEN, POLITISCHEN UND EMPIRISCHEN KRITIK HERKÖMMLICHER GEMEINDEPOLITOLOGIE. Phil. Diss., Salzburg, 1974

Pömer, Karl: DIE POLITISCHE UND WIRTSCHAFTLICHE ENTWICKLUNG VON 1848 bis 1918. In: Bauernland Oberösterreich.

Ponta, Wilhard: LANDWIRTSCHAFT. In: Lehrbuch der Wirtschaftswissenschaften. Bd, I., Wiesbaden, 1973

Puhle, H. J.: POLITISCHE AGRARBEWEGUNG IM KAPITALISMUS. Göttingen, 1975 (= Kritische Studien zur Geschichtswissenschaft 16)

Rabovsky, Eduard: ÜBER DIE ENTWICKLUNG DES LANDARBEITERRECHTES in Österreich. Wien, 1947

Ramsauer, Christian: DER KAMPF UMS DORF. Kritische Studie zu Dr. Otto Bauers agrargeschichtlicher und agrarpolitischer Broschüre "Der Kampf um Wald und Weide". Wien, 1926

Rathwallner, Georg: ZUR INZIDENZ DER MILCH- UND BROTGETREIDESTÜTZUNG SOWIE DER TREIBSTOFFVERBILLIGUNG. Dipl.Arb., Linz, 1975

Redlich, J.: ÖSTERREICHS REGIERUNG UND VERWALTUNG IM WELTKRIEGE. Wien, New Haven, 1925

Renner, Karl: LANDWIRTSCHAFTLICHE GENOSSENSCHAFTEN UND KONSUMVEREINE. Referat am 7. Verbandstage des Zentralverbandes Österreichischer Konsumvereine. Wien, 1910

ders.: Die IRRLEHREN VOM SCHUTZZOLL UND DIE LAGE DER ÖSTERREICHISCHEN VOLKSWIRTSCHAFT. Vortrag in der Vertrauensmännerversammlung der Wiener Metallarbeiter. Wien, 1914

Renner, Karl: UNSER KAMPF UM BROT UND ARBEIT! Die Tätigkeit des sozialdemokratischen Verbandes gegen Teuerung und Arbeitslosigkeit. Wien, 1911.

ders.: LANDVOLK UND SOZIALDEMOKRATIE. Wien, 1911 (= Sozialdemokratische Werbeschriften zum Wahlkampf 17)

ders.: MARXISMUS, KRIEG UND INTERNATIONALE. Kritische Studien über offene Probleme des wissenschaftlichen und praktischen Sozialismus in und nach dem Weltkrieg. Stuttgart, 1917

ders.: DER MENSCH IN DER WIRTSCHAFT UND DER SOZIALISMUS. Wien, 1930

ders.: MITTELSTAND UND SOZIALISMUS. Ein klares Wort an Gewerbetreibende und Bauern über die Grundfragen der Wirtschaft. Wien, 1932

ders.: SOZIALISMUS, ARBEITERSCHAFT UND GENOSSENSCHAFT. Hamburg, o.J.

ders.: DAS ARBEITENDE VOLK UND DIE STEUERN. Wien, 1909

ders.: ÖSTERREICHS VOLKSWIRTSCHAFT UND DIE SANIERUNG. Referat. Erstattet auf dem Zweiten deutschösterreichischen Gewerkschaftskongreß. Wien, 1923

Rozdolsky, Roman: DIE GROßE STEUER-UND URBARIALREFORM JOSEPH II. Ein Kapitel der österreichischen Wirtschaftgeschichte. Warschau, 1961

Rumer, Willy: DIE AGRARREFORM DER DONAU-STAATEN. Innsbruck, 1927

SACHWÖRTERBUCH DER GESCHICHTE DEUTSCHLANDS UND DER DEUTSCHEN ARBEITERBEWEGUNG. 2 Bde., Berlin, 1970

Sandgruber, Roman: ÖSTERREICHISCHE AGRARSTATISTIK 1750-1918. Wien, 1978

ders.: DIE ANFÄNGE DER KONSUMGESELLSCAHFT. Konsumgüterbrauch, Lebensstandard und Alltagskultur in Österreich im 18. und 19. Jahrhundert. Wien, 1982

Schäfer, Albert (= Schärf, Adolf): BAUER WACH AUF! Die Sozialdemokraten kommen! Wien, 1923

ders.: SOZIALDEMOKRATIE UND LANDVOLK. Wien, 1920 (= Sozialistische Bücherei Heft 15)

Schafir, J.: DIE AGRARFRAGE IN ÖSTERREICH UND DAS SOZIALDEMOKRATISCHE AGRARPROGRAMM. In: Agrar-Probleme, Bd. 2/1, München, 1929

ders.: DER WEG NACH HAINFELD. In: Die österreichische Sozialdemokratie im Spiegel 1964.

Wysocki, Josef: INFRASTRUKTUR UND WACHSENDE STAATSAUSGABEN. Das Fallbeispiel Österreich 1868 - 1913. Stuttgart, 1975. (= Forschungen zur Sozial- und Wirtschaftsgeschichte 20)

Zimmermann, Helmut: SOZIALGESCHICHTLICHE UND ORGANISATORISCHE ENTWICKLUNGSBEDINGUNGEN DER ÖSTERR. ARBEITERBEWEGUNG BIS 1914 UNTER BESONDERER BERÜCKSICHTIGUNG DES AUSTROMARXISMUS. Gesellschaftswiss. Diss., Marburg, 1976

Zimmermann, Wilhelm: DER GROßE DEUTSCHE BAUERNKRIEG. Berlin, 1974

Zöllner, Erich: GESCHICHTE ÖSTERREICHS. Von den Anfängen bis zur Gegenwart. Wien, 1974

Bisher erschienen:

GESELLSCHAFTS- UND SOZIALPOLITISCHE TEXTE:

Nr. 1   Ernst Miglbauer
        BETRIEBLICHE SELBSTVERWALTUNG IN ÖSTERREICH

Nr. 2   Paul Brandl
        ZWISCHEN BELEGSCHAFT UND UNTERNEHMENSLEITUNG
        Arbeitsorganisation und Informationsfluß im Betriebsratskollegium

Nr. 3   Adolf Brock / Josef Weidenholzer (Hg.)
        DURCH LERNEN ZU PHANTASIE UND PRAXIS

Nr. 4   Evelyn Gröbl (Hg.)
        THEMA: UNGLEICHHEIT

SCHRIFTEN ZUR ARBEITSWELT:

Nr. 1   DIE ZUKUNFT DER ARBEIT

Alle Bücher erhältlich über
Forschungsinstitut für Sozialplanung
Altenbergerstraße 69
Universität Linz
4040 Linz

Schärf, Adolf: INDUSTRIEPROLETARIAT UND LANDARBEITER. Wien, 1925. In: Der Kampf XVIII.

ders.: PACHTRECHT UND PÄCHTERSCHUTZ. Wien, 1925. (= Agrarsozialistische Bücherei 3)

Schiff, Walter: ÖSTERREICHS AGRARPOLITIK SEIT DER GRUNDENTLASTUNG. 2 Bde., Tübingen, 1898

ders.: DAS AGRAR-PROBLEM IN ÖSTERREICH. Moskau, 1928. In: Agrar-Fragen Bd. I/1

ders.: GRUNDRIß DES AGRARRECHTS MIT EINSCHLUß DES JAGD- UND FISCHEREIRECHTS. Leipzig, 1903 (=Grundriß des Österreichischen Rechts Bd. 3/4)

ders.: DIE GROßEN AGRARREFORMEN SEIT DEM KRIEGE. Wien, 1926 (= Agrarsozialistische Bücherei 5)

ders.: DIE AGRARPOLITISCHE GESETZGEBUNG DER LANDTAGE 1902-1905. In: ebda. 5, 1906

ders.: ÜBERBLICK ÜBER DIE GESETZGEBUNG DER ÖSTERREICHISCHEN KRONLÄNDER AUF DEM GEBIETE DER LAND- UND FORSTWIRTSCHAFT, DER JAGD UND FISCHEREI IN DEN JAHREN 1896 - 1901. Wien, 1902. In: Zeitschrift für Volkswirtschaft, Sozialpolitik und Verwaltung 11

ders.: DIE LANDWIRTSCHAFTLICHE PRODUKTIONSPOLITIK IN ÖSTERREICH. Wien, 1926 (= Agrarsozialistische Bücherei 4)

Schlette, Friedrich: GERMANEN ZWISCHEN THJORSBERG UND RAVENNA. Leipzig, Jena, Berlin, 1971

Schobel, Armin: DIE LANDWIRTSCHAFTLICHE GENOSSENSCHAFT IN ÖSTERREICHISCHER SCHAU. Wien, 1947

Schöhl, Harald: ÖSTERREICHS LANDWIRTSCHAFTLICHE GESTALTUNG UND WANDLUNG 1918 - 1938. Berlin, 1938

Schroth, Hans: KARL RENNER. Eine Bibliographie. Wien, Frankfurt, Zürich, 1970

ders.: VERLAG DER WIENER VOLKSBUCHHANDLUNG 1894 - 1934. Eine Bibliographie. Wien, 1977 (= Schriftenreihe des Ludwig-Boltzmann-Instituts 7)

Stadler, Karl R.: ADOLF SCHÄRF. MENSCH - POLITIKER - STAATSMANN. Wien, München, Zürich, 1982

Stamminger, Rudolf: AUFBAU DER SOZIALISTISCHEN AGRARTHEORIE U. AGRARSOZIOLOGIE VON KARL MARX BIS IN DIE NEUZEIT. Diss., Wien, 1961

Stavenhagen, Gerhard: GESCHICHTE DER WIRTSCHAFTSTHEORIE. Göttingen, 1969 (= Grundriß der Sozialwissenschaften 2)

Sternberger, Dolf/Vogel, Bernhard: DIE WAHL DER PARLAMENTE UND ANDERER STAATSORGANE. 2 Bde., Berlin, 1969

Stöllner, Ewald: DIE ENTWICKLUNG DER GENOSSENSCHAFTEN IN DER ERSTEN REPUBLIK. Wien, 1973

Strobl, Ludwig: DIE NOTLAGE DER ÖSTERREICHISCHEN GEBIRGSBAUERN. Wien, 1928

Teifen, T.W.: WÄHLER, MACHT DIE AUGEN AUF, GLAUBT NICHT DEN "SOZI", SONDERN DEN TATSACHEN! Rechenschaftsbericht der christlich-socialen Partei über ihre Tätigkeit für das Wohl der Lehrer, Bauern, Handwerker, Gewerbetreibenden und Arbeiter, erstattet auf Grund der stenographischen Protokolle des niederösterreichischen Landtages 1891 - 1901. Wien, 1902

ders.: WIE DIE ZÖLLE BROT UND FLEISCH VERTEUERN UND WER DIESEN RAUB AM VOLKE EINSTECKT. Zur Aufklärung über die Zollfrage. Wien, 1903

Tremel, Ferdinand: WIRTSCHAFTS- UND SOZIALGESCHICHTE ÖSTERREICHS. Wien, 1969

Trotzky, Leo: DIE PERMANENTE REVOLUTION. Frankfurt, 1969 (= Fischer 6175)

Uhlirs, Julius: 50 JAHRE GEWERKSCAHFT DER ARBEITER IN DER LAND- UND FORSTWIRTSCHAFT. Wien, 1956

Vancsa, Max: GESCHICHTE NIEDERÖSTERREICHS UND OBERÖSTERREICHS. 2 Bde., Gotha, 1905 - 1927.

DAS VERFAHREN DER GRUNDZUSAMMENLEGUNG IN OBERÖSRTERREICH. Eine Informationsschrift des Amtes der O.Ö. Landesregierung. Linz, o. J.

Vollmar, Georg von: DIE BAUERN UND DIE SOZIALDEMOKRATIE. Nürnberg, 1893

Weissel, Erwin: DIE OHNMACHT DES SIEGES. Arbeiterschaft und Sozialisierung nach dem Ersten Weltkrieg in Österreich. Wien, 1976

Winkler, Ernst: DER AGRARSOZIALISMUS IN ÖSTERREICH. . Wiener Neustadt, 1969

ders.: SOZIALISMUS UND LANDWIRTSCHAFT. In: März, Eduard: Die Marxsche Wirtschaftslehre im Widerstreit der Meinungen. Wien, 1959 (= Schriftenreihe des ÖGB 76)